Chinese History for Teenagers

少年中国史

英雄与传奇的世界

三国

佟洵　赵云田·主编

北京理工大学出版社
BEIJING INSTITUTE OF TECHNOLOGY PRESS

版权专有　侵权必究

图书在版编目（CIP）数据

英雄与传奇的世界：三国 / 佟洵，赵云田主编. — 北京：北京理工大学出版社，2020.6 （2021.3重印）
ISBN 978 – 7 – 5682 – 8299 – 4

Ⅰ. ①英… Ⅱ. ①佟… ②赵… Ⅲ. ①中国历史 – 三国时代 – 少年读物 Ⅳ. ①K236.09

中国版本图书馆 CIP 数据核字（2020）第 049869 号

英雄与传奇的世界

三国

出版发行 /	北京理工大学出版社有限责任公司	
社　　址 /	北京市海淀区中关村南大街5号	
邮　　编 /	100081	
电　　话 /	（010）68914775（总编室）	
	（010）82562903（教材售后服务热线）	
	（010）68948351（其他图书服务热线）	
网　　址 /	http://www.bitpress.com.cn	
经　　销 /	全国各地新华书店	
印　　刷 /	河北盛世彩捷印刷有限公司	
开　　本 /	710 毫米 × 1000 毫米　1/16	
印　　张 /	14	责任编辑 / 顾学云
字　　数 /	236 千字	文案编辑 / 朱　喜
版　　次 /	2020 年 6 月第 1 版　2021 年 3 月第 7 次印刷	责任校对 / 周瑞红
定　　价 /	34.00 元	责任印制 / 边心超

图书出现印装质量问题，请拨打售后服务热线，本社负责调换

前言

中国人民大学教授　杨东梁

"三国"时期，一般说始自汉献帝初平元年（190年），终于晋武帝太康元年（280年），共计90年。之所以如此划分，是因为初平元年并州刺史董卓率"凉州兵"控制了中央政权，而勃海太守袁绍则以"诛暴乱"为名，联合关东诸将共同讨伐董卓，揭开了长期军阀混战的序幕。此时的东汉王朝已名存实亡，故历代史家以这一年为"三国史"的开篇之年。那么"三国史"又有什么特点呢？

首先，这是一个充满矛盾的时代。这一时期，分裂与统一对抗，残破与重建交替，停滞与进步相依。当时的社会因战争频仍，满目疮痍，"出门无所见，白骨蔽平原"的惨象比比皆是。而曹操、刘备、孙权等比较有远见的政治家认识到只有恢复经济、稳定民生，才能巩固政权，乃至一统天下。于是，他们各自采取了一些措施，推动了自己统治区内经济的恢复与发展。其中做得较好的曹魏政权为北中国生产力的发展做出了贡献，也为西晋统一中国奠定了基础。

第二，这是一个英雄辈出的时代。正如北宋文豪苏轼所吟唱的："大江东去，浪淘尽，千古风流人物。""江山如画，一时多少豪杰。"（《念奴娇·赤壁怀古》）魏国的创业者曹操被苏轼誉为"固一世之雄也"（《赤壁赋》）；吴国的奠基者孙策，当时人许为"与项籍相似"（《江表传》），其弟孙权则受到曹操的高度评价："生子当如孙仲谋。"当然，东吴还有被称为"谈笑间樯橹灰飞烟灭"的儒将周瑜，蜀汉开国君主刘备也为曹操赏识，许为能与自己比肩的"天下英雄"。为后世所神化的诸葛亮更被称为"三代以下第一人"。而身为曹魏权臣、西晋肇祖的司马懿也被唐太宗李世民誉为"雄略内断，英猷外决"。

除了政治、军事上的英雄人物外，"三国"时期还涌现了许多杰出的文学家、诗人，如"三曹""七子"等。另外，在医学方面又有号称"医圣"

的张仲景、杰出的外科医生华佗；在数学方面则有以研究圆周率（精确到3.1416）闻名的刘徽；在机械制造方面，还有著名的发明家马钧（发明了翻车、指南车和织绫机）。总之，三国时期，在政治、经济、军事、文化、科技等方面，都称得上是人才辈出，群星灿烂。

第三，这是一个让人津津乐道的时代。三国史是一段精彩纷呈，让人眼花缭乱的历史，它具有矛盾性、复杂性、情节的戏剧性和人物的鲜活性等特色。多年来，从列为正史的《三国志》到脍炙人口的历史小说《三国演义》，历久不衰地为人们所关注，所垂青。有关三国的故事广为流传，甚至家喻户晓。可以说三国时期是一个让人津津乐道的时代。

那么，一部三国史又能给人以怎样的启迪呢？

启示之一。有人把三国历史概括为"乱世"两字，这不是没有道理的。因为那个时代的确是遍地狼烟，四处白骨，赤地千里，民不聊生。但是，无论是叱咤风云的政治人物，还是无可奈何的芸芸众生，都力图从"乱"中求"治"，从死处觅生。而人类的文明也正是在曲折中演进。历史的车轮总是向前滚动的，其中或许有暂时的倒退，但奔腾向前的总方向却是谁也改变不了的。

启示之二。国家在历史长河中有分有合，但毕竟要归于一统。统一是大势所趋，人心所向。《三国演义》卷首就说"话说天下大势，分久必合，合久必分"，有人讥之为"历史循环论"，但"分合"之说却不无道理，因为人心所向还是"合"，是统一。须知，只有统一才能安定社会，发展经济，改善民生，国家也才能走向富强。

启示之三。一个国家、一个政权要想繁荣，要想发展，就不能闭关锁国，夜郎自大。当时孙吴政权的经济发展之路就是明证。三国时期，吴国面向大海，有着漫长的海岸线，同时也有发达的造船业，它能造出载重千吨以上的巨舰。吴国的船舶不仅已抵达今天的海南岛和台湾地区，而且远航国外，与林邑（今越南南部）、扶南（今柬埔寨）、狮子国（今斯里兰卡）、天竺（今印度）都有贸易交往，船队最远甚至航至波斯（今伊朗）。正由于有经济发展做保证，吴国在三国中存在的时间才最长。

目录

少年中国史

三国

"织席贩履"的帝胄 / 10

奸雄之路 / 14

江东猛虎 / 18

"四世三公" / 22

宦官末日 / 26

董卓乱政 / 30

伐董联盟 / 34

单骑定荆州 / 38

董卓之死 / 42

曹操收编黄巾军 / 46

血洗徐州 / 50

兖州争夺 / 54

徐州易主 / 58

"挟天子以令不臣" / 62

血色宛城 / 66

"白马将军"公孙瓒 / 70

"道教王国" / 76

将星陨落 / 80

官渡决战 / 84

横扫河北 / 90

"惜哉奉孝" / 94

卧龙出庐 / 98

孙权复仇／102

火烧赤壁／106

潼关争锋／112

威震逍遥津／116

引狼入室／120

汉中称王／124

会战樊城／128

曹丕篡汉／134

夷陵之战／138

白帝托孤／144

七擒孟获／148

武侯北伐／152

"孙吴大帝"／156

秋风五丈原／160

辽东风云／164

高平陵之变／168

淮南三叛／172

甘露之变／178

九伐中原／182

蜀汉悲歌／186

魏晋禅代／190

西陵之战／194

三分归一／198

江南的曙光／202

楷书鼻祖——钟繇／206

神医华佗／210

当世公输——马钧／214

● 建安七子／218

● 中外大事年表对比／222

三国

190年—280年

时逢倾覆之际,英豪俊杰乘时而起
出身官宦的乱世奸雄
织席贩履的皇室之胄
雄踞江东的紫髯将军
两表酬三顾,鼎足而立
成就了一个将星璀璨,英豪辈出的时代

184年—189年

先主姓刘，讳备，字玄德，涿郡涿县人，汉景帝子中山靖王胜之后也……先主少孤，与母贩履织席为业。舍东南角篱上有桑树生高五丈余，遥望见童童如小车盖，往来者皆怪此树非凡，或谓当出贵人。

——《三国志》卷三十二《先主传》

"织席贩履"的帝胄

从西汉初年到东汉末年，汉朝皇室经历了将近四百年的繁衍，宗室成员的数量变得相当之多。其中一些人因家道中落而流落民间，他们虽有帝胄之名，而无贵族之实。刘备正是这些人中的一员。他作为中山靖王刘胜之后，是正牌的汉室帝胄，但此时家道早已中落，只得跟从母亲做些"织席贩履"的小生意。

时间
184年

背景
东汉末年，桓、灵二帝昏乱，天下汹汹，人心思乱，各地豪强纷纷招兵买马，以备不测

主角
刘备

发家之地
涿郡（今河北涿州）

结果
刘备屡立战功，由此步入仕途

典故
织席贩履

正牌帝胄

刘备的祖上是大名鼎鼎的中山靖王刘胜。之所以说他大名鼎鼎，一方面是因为他本人的墓在20世纪60年代在河北被发现，该墓出土了大量精美的陪葬品，其中的"金缕玉衣"更是闻名天下。而另一方面，则是因为他超强的生育能力。据统计，刘胜一生中共有120多个儿子。在这120多个儿子之中，刘贞显得似乎并不是那么起眼：他既不是长子，不能直接承袭父位，同时也没有显要的封爵，在元狩六年（前117年）只得到了涿县陆城亭侯的爵位，后来又因所献"酎金"成色不足而被皇帝削去了侯爵，连小小的亭侯都没有保住。如此一来，刘贞的身份就与普通平民无异。因此，刘贞一家就在涿县当地落户，繁衍生息百余年。

东汉·带有笼头和缰绳的彩釉陶马俑

虽然刘贞一支失去了爵位，形同平民，但毕竟为帝室之后，加之其家族势力较大，故而刘贞的后代在当地还是颇有势力的。史书记载"先主祖雄，父弘，世仕州郡。雄举孝廉，官至东郡范令"。在东汉末年，地方州郡的长官虽然还是由中央任命，但州郡属吏已为地方大族把持，所谓"强龙不压地头蛇"，刺史、太守都得让他们三分。在太守察举孝廉时，这些地方大族也是居于优先地位，能被举为孝廉的人，大都为当地豪强。所以，刘备的父、祖能世代在州郡中担任职位，甚至还曾被察举为孝廉，说明刘备的家族在当地相当有势力。

既然刘备家族在当地是有势力的大族，那么刘备母子为何在后来沦落到"织席贩履"的地步呢？原来，刘弘在刘备很小的时候就亡故了。父亲的去世使家中失去了经济来源，为了贴补家用，刘备只好与母亲做起了"织席贩履"的生意。

"桑下贵人"

在1800多年前的一个盛夏的傍晚，太阳刚刚落山，年幼的刘备随母亲刚刚贩履归来，就被同族的几个小伙伴拉去玩耍，刘备家东南角的那棵大桑树下是他们固定的游戏场所。说来那棵大桑树长得也怪：树干高约五丈，树冠从远处看活像汉代马车的车盖。凡是从树旁路过的，无不驻足观看，有人说这棵树下会出贵人。但这帮年幼无知的小孩却只当它是一个游戏的道具罢了，哪里会想到什么贵人呢？这天，刘备和往常一样同小伙伴们一起玩耍，也许是这天太开心，刘备在树下竟脱口而出，说

刘备逸事

刘备在部下声誉受损或是因特殊原因有发生背叛的可能时往往站出来捍卫部下声誉，保护部下家眷。徐庶母被抓，庶泪崩辞别刘备；麋芳背叛，刘备对愧疚的麋竺说兄弟罪不相及；夷陵之败黄权不得已降魏，刘备依然善待其家人："孤负黄权，权不负孤也。"

刘备沉默寡言，喜怒不形于色，常以谦虚恭敬待人，只是情感很少表露于外。深知"得人心者得天下"的道理，重视以宽仁厚德待人，与那些残民以逞、暴虐嗜杀的军阀迥然有别，因此而争取到了人心。

古人教子，常以德为根基，因为唯有贤德之人，才能服人。刘备死前告诫其子刘禅的遗诏，其言辞恳切，令人莫不动容。文中，刘备劝刘禅最重要的一句话，便是"勿以恶小而为之，勿以善小而不为。唯贤唯德，能服于人"。

桃园三结义
位于河南洛阳关林大殿,所绘的是三国著名故事——刘备、关羽、张飞三人桃园结义壁画。

道:"我以后一定会坐上这样的羽葆盖车。"要知道,刘备口中的"羽葆盖车",那可是皇帝专用的高档马车!这时,刘备的叔父刘子敬正巧路过树下,听到了小刘备的这句话,连忙上前捂住他的嘴,低声呵斥道:"你个臭小子可别乱说话,让别人听到了我们整个家族都会被灭门啊!"

谁知,竟一语成谶,当年在桑下戏语的刘备,数十年后真成了乘"羽葆盖车"的"贵人",为汉家王朝延续了命脉。

少年豪侠

一转眼,刘备已经15岁了。在汉代,15岁是个坎儿。男孩只要满15岁,就要开始为政府服一定的徭役了,也就是开始成人的标志。因此,刘备受母亲之命,与同族的刘德然、辽西的公孙瓒一起,前往同郡大儒卢植处游学。说起这位卢植,那可是位了不起的人物。他曾经师从太尉陈球、大儒马融。又曾先后担任九江、庐江太守,平定蛮族叛乱。后与马日磾、蔡邕等一起在东观校勘儒学经典书籍,并参与续写《汉记》,是位能文能武的全才。

但刘备年幼丧父,家境贫困。所以他在游学时期的开销,一直是刘德然的父亲刘元起负担,这就引起了刘元起妻子的不满,她时常跟丈夫抱怨说:"刘备他们娘儿俩跟咱们又不是一家,你何必一直给他掏学费呢?"但刘元起却说:"刘备是我这个宗族里的,我看他必非常人。"事实证明，刘元起的眼光确实老到，他发现了刘备的过人之处，刘备也并没有让他失望。值得一提的是，刘备的另一位同学公孙瓒，在后来也成为割据一方的一代豪杰，刘备与他关系最好。公孙瓒年长于刘备，刘备就将他视作自己的兄长。乱世将至、风云际会，两个人的缘分就此开始。

虽然刘备有了亲戚的资助，师从当地最有名的老师，但他的心思似乎并不在学习上，而是整天像个公子哥一样，喜好名马猎犬，喜欢听流行音乐，也喜欢买光鲜亮丽的新衣服。由于善于交际，善于结交豪侠，并且能礼贤下士，所以刘备的身边很快就聚拢起了一批豪侠少年。当时来涿郡做生意的人很多，其中马商张世平和苏双看中了刘备的能力，于是就开始资助刘备。这是刘备人生中的"第一桶金"。正是凭借着商人的资助，刘备招揽豪侠的规模越来越大。关羽和张飞就是在此时加入了刘备的队伍，成为其左膀右臂，刘备由此初具实力。

趁势而起

当刘备招兵买马之际，席卷全国的黄巾起义爆发了。河北地区作为黄巾起义的核心地区之一，首当其冲。朝廷下令各州郡招兵买马、整军备战。这时，涿郡校尉邹靖也在紧锣密鼓地筹兵。刘备见天下大乱，正是立功之时，于是便率领手下众多豪侠加入了校尉邹靖的队伍，此后在与黄巾军作战的过程中屡立战功。刘备的英勇作战也让更多人知道了刘备这个名字，在这些人中，有一个名叫刘子平的平原人，这个人几乎改变了刘备的命运。

在黄巾起义平定不久之后，中山太守张纯又联合乌桓发动了叛乱，横扫帝国北境，其众多达10万。朝廷连忙调集人马参与平叛。其中青州刺史也接到了命令，立刻派兵出征。大军兵锋向北，直指张纯的老巢——中山。当青州的部队路过平原的时候，正是那位刘子平向当时的领军将领推荐刘备，刘备得以再一次加入官府军。但当部队在离开平原不久，就在野外遭遇了敌军，随即双方展开战斗。在激战中，刘备受了重伤倒地不起，是靠装死才蒙混过敌人的眼睛。所幸，在敌军撤退后，刘备的一位老朋友在堆积如山的尸骸中翻出了奄奄一息的刘备，于是连忙用车将其运载回营，刘备这才捡回了一条性命。

正是凭借着多次战功，在张纯叛乱被平定后，刘备被朝廷授予中山郡安喜县县尉。这是刘备被朝廷授予的第一个官职，由此开始正式步入仕途，也由此开启了他在乱世中波澜起伏的一生。

刘备　华容芦荻里，一炬可无遗。叹息刘玄德，平生见事迟。——宋·刘克庄

188年

（曹操）尝问许子将："我何如人？"子将不答。固问之，子将曰："子治世之能臣，乱世之奸雄。"太祖大笑。

——《三国志》卷一《武帝纪》

奸雄之路

身为宦官之后的曹操在少年时过着纨绔子弟的生活，然而，当曹操步入官场后，却表现了一派公正严明的"能臣"形象。但这也触怒了当时的权贵豪强，使曹操的仕途屡屡受挫。心灰意冷的曹操甚至一度归家做了隐士。

时间
188年

背景
东汉末年，宦官秉政，朝廷乌烟瘴气，吏治混乱不堪。各种社会矛盾交织，随时可能爆发

主角
曹操

起兵地点
陈留（今河南开封陈留镇）

结果
曹操历经沉浮，对时事失望至极

后世评价
治世之能臣，乱世之奸雄

纨绔少年

曹操的父亲曹嵩，曾任三公之一的太尉，位高权重。而曹嵩本姓夏侯，后来成为纵横四朝的大宦官曹腾的养子。所以，曹操的父、祖均是显赫朝廷的重臣。少年曹操作为权贵子弟，自然是一副贵公子的做派，放纵无度，史书称其"任侠放荡，不治

曹操像
曹操（155年—220年），字孟德，小字阿瞒。年轻时举孝廉而任洛阳北部尉，后因镇压黄巾起义有功，官职不断提升。建安元年（196年），曹操迎汉献帝至许昌，取得"挟天子以令诸侯"的政治优势。曹操死时年66岁，死后被追封为魏太祖。曹操不仅在政治、经济、军事上表现了杰出的才能，在文学上也有很高的成就。曹操和他的儿子曹丕、曹植都是当时文坛上的领袖人物。在他们提倡、带动之下，这个时期的创作成为文学史上光彩夺目的一章，即人们通常所说的"建安文学"。

三国·曹操·衮雪

行业"。所以,在当时人看来,曹操与其他纨绔子弟没有什么区别,并不认为他以后会有太大的出息。但曹操的叔父却对这个整日游手好闲的侄子非常担忧,屡次建议曹嵩对曹操严加管教。曹操在得知叔父经常向自己父亲打小报告后,非常恼怒,决心整治叔父一把。有一天,曹操在路上正巧碰见了他的叔父,就马上装出嘴歪眼斜的样子,叔父赶忙上去询问曹操出了什么事,曹操说自己这是中了风,叔父赶忙跑去向曹嵩报告。但当曹嵩兄弟二人赶到曹操出事的地方时,却又看到他好端端地站在路旁,好像什么事也没有发生。曹嵩就问曹操到底怎么回事,曹操回答:"我本来就没有中风,是因为叔父不喜欢我,所以才会跟您说我的坏话。"从此之后,无论曹操叔父向曹嵩说什么,曹嵩都不再相信了。曹操失去了叔父的束缚,于是变得更加放纵起来。

但梁国桥玄、南阳何颙却看到了曹操非同寻常的一面。桥玄同曹嵩一样,曾任太尉,有一次,甚至对曹操说:"我见过的天下名士有那么多,但从来没见过像你这样的人,你要好好努力,我老了,将来我的妻子和儿女就托付给你了。"当时的名士许子将也评价曹操为:"治世之能臣,乱世之奸雄。"

仕途坎坷

曹操年过20,刚刚举行了加冠之礼,就被举为孝廉,入朝廷做了郎官。这在当时是高官子弟最为常见的入仕道路,做了郎官,就相当于预定了职位,曹操的前途可谓一片明朗。但曹操被授予的官职,却是一个相当容易得罪人的活——洛阳北部尉。洛阳作为国都,下设有洛阳县,具体负责京城及其周边地区的日常事务。而洛阳北部尉,则是分管洛阳北部地区治安的长官。之所以说这个职位容易得罪人,是因为洛阳周边居住有大量的达官显贵,而这些达官显贵往往十分飞扬跋扈,不仅视朝廷法令为无物,更是经常干一些非法的勾当。所以在洛阳周边地区负责治安是一项非常棘手的工作。曹操刚一入职,就派人修缮了官廨,并造数十枚"五色棒",悬挂在门前。明令如果有豪强触犯法律,一律用五色棒杖毙,真是一派万象更新的景象。然而那些豪强并不理会这个愣头青曹操，只当他是"新官上任三把火"，依然我行我素。直到某天深夜，当时权宦蹇硕的叔父公然违反禁令，深夜出行，被人发现逮捕，送至曹操官廨。曹操面对当时朝廷最有权势的宦官的叔父，没有丝毫犹豫，决然派人将其杖杀。这一事件犹如爆炸性新闻一般，迅速在京师内外传播开来，京师内外的权贵纷纷收敛了自己嚣张的气焰，同时也恨透了曹操。但曹操秉公执法，并无可以挑剔之处。所以那些近侍宦官就纷纷向皇帝称赞曹操秉公执法，建议让曹操升迁，企图将其调离洛阳。最终，曹操被迁为顿丘令，远离了是非之地。

此后，曹操又被朝廷征为议郎，重返洛阳。但又恰逢第一次党锢之祸，大将军窦武、太尉陈蕃被杀，朝廷完全落入宦官之手。曹操作为议郎，目睹朝廷昏暗，屡次上书进谏，但终究不为皇帝所采纳。曹操此时也开始变得心灰意冷，干脆从此不再上书。数年后，黄巾起义爆发，曹操临危受命，以骑都尉的身份参与到了平定颍川黄巾军的战役中。黄巾起义被平定后，曹操又被任命做济南相。而这济南相也跟当年的洛阳北部尉一样，都是"烫手的山芋"。当时的济南国共有十来个县，其中有八个县的长官都接受了豪强的贿赂，以致贪赃枉法，与豪强狼狈为奸，吏治极为混乱。不仅如此，当地豪强更借助祭祀神灵的名义，向民间大肆敛财，搞得当地民众日渐贫穷、苦不堪言。而曹操则依旧延续了当年在洛阳做北部尉时严刑峻法的作风，刚一上任，就将这八个涉嫌

东汉·青铜车马出行仪仗
甘肃武威雷台汉墓出土。主车舆车通长36厘米，马高40厘米，奴婢俑高19.5～24厘米。铜车马出行仪仗，由38匹铜马、1头铜牛、1辆斧车、4辆轺车、3辆辇车、2辆小车、3辆大车、1辆牛车、17个手持矛戟的武士俑和28个奴婢俑组成。这是中国迄今发现数量最多的东汉车马仪仗铜俑，气势宏大，铸造精湛，显示了汉代群体铜雕的杰出成就。现藏于甘肃博物馆。

短歌行

对酒当歌,人生几何!
譬如朝露,去日苦多。
慨当以慷,忧思难忘。
何以解忧?唯有杜康。
青青子衿,悠悠我心。
但为君故,沉吟至今。
呦呦鹿鸣,食野之苹。
我有嘉宾,鼓瑟吹笙。
明明如月,何时可掇?
忧从中来,不可断绝。
越陌度阡,枉用相存。
契阔谈䜩,心念旧恩。
月明星稀,乌鹊南飞。
绕树三匝,何枝可依?
山不厌高,海不厌深。
周公吐哺,天下归心。

——东汉·曹操

贪污的县级长官罢免,并且禁断当地祭祀那些在国家规定范围以外的神灵。如此一来,不仅济南国内的吏治得到了极大的改善,也使那些豪强不能再以祭祀为名义剥削平民。史书记载济南由此"政教大行,一郡清平"。

但曹操在济南相的位置上也没有坐太长时间,不久就又被朝廷征召回朝。其中的原因史书没有记载,但估计与触怒当地豪强不无关系。后来朝廷又任命曹操做东郡太守,但此时的曹操已经彻底心灰意冷,他放弃了这次机会,向朝廷称病返家,过起了隐士般的生活。在家乡的曹操过得可谓优哉游哉:他在城外单独筑起了一间小屋,春夏之时在屋中研读经书、《左传》,秋冬之际就外出游猎,自娱自乐。

奸雄之路

然而这样悠闲的生活只维持了很短的一段时间,不久后就被朝廷的紧急征召所打破。原来,此时在西北边地,金城郡(今甘肃兰州)的边章和韩遂杀害刺史、郡守举兵作乱,聚集了十余万的叛军,天下震动。军情紧急,把控朝廷的宦官为了巩固京师防卫,特别设置了"西园八校尉",而曹操所任的典军校尉,就是八校尉之一。

正当危难关头,汉灵帝驾崩,一场决定东汉王朝命运的密谋由此开始酝酿:大将军何进与袁绍等人密谋趁皇帝驾崩之际诛杀宦官,夺回由宦官把控的朝政。曹操虽然有宦官背景,但还是毅然加入了反对宦官的行列中。一次,何进与心腹大臣商议招引外地的军队入京"清君侧"的事,曹操对此提出反对意见,他认为要除掉宦官,只需将其首领诛杀就好,不必大动干戈。但何进不仅听不进曹操的忠言,反倒痛斥其对宦官抱有同情。在当时,宦官的势力遍布朝野,甚至连军队都任其摆布。因此,这一密谋的成败,不仅关乎整个东汉王朝的命运,也同样关乎曹操本人的生死存亡:宦官权势一手遮天,如果政变不成,那么曹操必将难逃一死。乱世将起,曹操即将被历史的乱流卷入旋涡深处。

155年—191年

年十七，与父共载船至钱唐，会海贼胡玉等从匏里上掠取贾人财物……坚行操刀上岸，以手东西指麾，若分部人兵以罗遮贼状。贼望见，以为官兵捕之，即委财物散走。坚追，斩得一级以还，父大惊。

——《三国志》卷四六《孙破虏讨逆传》

江东猛虎

与刘备和曹操不同，孙坚既非帝胄，也非出身于达官显贵。这就决定了孙坚要想在乱世中有所作为，必须靠自己努力打拼。而恰好孙坚本人又勇武异常，他年仅十七岁就曾以一人之力击破海盗。此后通过在战场上屡立战功，不仅因此谋得了官位，也打出了赫赫威名。为此后孙吴政权的建立打下了坚实基础。

时间
155年—191年

背景
东汉末年，全国各地盗贼猖獗，扬州、荆州一带尤为严重

主角
孙坚

根据地
吴郡（今浙江）

结果
孙坚屡立战功，得以加官晋爵，成为一方诸侯

"孤胆英雄"

孙坚的家乡在吴郡富春县（今浙江杭州富阳区），当时属于扬州管辖。在汉代，长江以南地区由于人口稀少，远离政治中心，所以相对于中原地区来讲还较为落后。不仅如此，由于当地民风剽悍，这一地区的盗贼也非常活跃。尤其到了东汉末年，朝政紊乱，内忧外患频发，朝廷应对不暇，江南地区的盗贼也就变得更加猖狂起来。虽然盗贼横行给当地社会带来了不小的破坏，但所谓乱世出英雄，这样的社会现状反倒给了孙坚崭露头角的机会。而后来孙坚的战功，也大都是在与各地盗贼作战时立下的。

孙坚的家族世代在吴郡中做官，在当地也算是大族。所以孙坚年纪轻轻就到富春县做小吏。有一天，孙坚与父亲乘船前往钱塘，但途中遭遇了当时臭名

三国·道教神仙动物纹铜镜

昭著的海盗胡玉。胡玉等人刚刚打劫了一队商人，正在岸上分赃。这时，船上同行的商旅们看到此景，都被吓得瑟瑟发抖，再也不敢让船向前靠近。但少年孙坚不仅毫无畏色，反而告诉他的父亲说："我可以击破这些盗贼，请让我去讨伐他们！"这时孙坚的父亲简直不相信自己的耳朵，直直地瞪了自己儿子半天，他怎么也不相信一个在他眼里乳臭未干的孩子，如何能将那群穷凶极恶的海盗击退。但当父亲回过神来，发现孙坚已经利刀在手，正要跳上岸去。孙坚父亲连忙向孙坚大喊："这不是你能办到的啊！快回来！"但孙坚哪里听得进去，父亲的话音未落，只见他纵身一跃，稳稳上岸，并随即做出指挥人马，围剿盗贼的姿态。实际上孙坚此时哪里有什么人马可以调动，只有他孤身一人而已。但盗贼此时正急着分赃，想要捞上一笔赶紧逃之夭夭。此时突然听见孙坚召集人马的声音，还以为大批官军赶到，于是吓得魂飞魄散，立刻卷着赃物四散逃去。孙坚见计谋奏效，于是壮起胆子向前追击盗贼，最终还斩下了一名盗贼的首级。

也正是因为这次成功的追击战，"孤胆英雄"孙坚的名号响彻郡中，吴郡郡府得知了这件事情，立刻将孙坚召至郡府，让他代理郡尉的工作，负责本地区的治安。要知道，在汉代，郡尉的级别几乎与太守相同，而这时的孙坚却只有17岁。

血战黄巾

当孙坚刚刚升任代理郡尉，还沉浸在自豪与喜悦中时，一次严峻的考验悄然而至，这一年是东汉熹平元年（172年）。此年，会稽郡妖贼许昌反叛，自称皇帝，聚集叛军1万余人，攻掠郡县。眼看情况危急，孙坚于是招募勇士千余人，与州郡其他部队一起大破许昌。刺史臧旻将孙坚的功绩上奏朝廷，朝廷立刻下诏，授予孙坚盐渎县丞一职。此后孙坚又辗转任盱眙县丞、下邳县丞。史书记载，孙坚在担任县丞时期深得百姓爱戴。一些好

孙坚像
孙坚（155年—191年）字文台，吴郡富春（今浙江富阳）人，东汉末期名将，孙策、孙权之父，军事家孙武的后人。

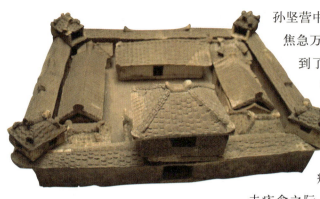

三国·陶院落

这件陶院落前有厅堂，后有正房，两侧有厢房，围墙有前后门，前门正上方筑有门楼，门楼上有"孙将军门楼也"6个划刻文字，围墙四角各有1座角屋，门楼和角屋是用来守护院落的。陶院落虽是随葬明器，但应是模仿当时的建筑形式制作的。这座墓的主人可能是三国时期东吴武昌都督、平荆州事孙述。这种形制的院落模型多出土于孙吴的宗室墓中，因此有专家认为这种院落模型是孙吴宗室特有的随葬物。1967年湖北省鄂州市出土，现藏于中国国家博物馆。

事少年听闻孙坚的名声，都主动依附于他。而孙坚也来者不拒，将这些少年看作自己的子弟，加以抚养。因此，孙坚慢慢地聚集了一批效忠自己的人。

中平元年（184年），黄巾起义爆发。朝廷派遣车骑将军皇甫嵩、中郎将朱俊讨伐盘踞在汝、颖地区（今河南漯河、驻马店一带）的黄巾军。孙坚也积极响应朝廷号召，在江淮地区招兵买马，号称"淮泗精兵"，与朱俊一起征讨黄巾军。孙坚身先士卒，所向无前，屡破敌军。但在西华一战中，由于孙坚孤军乘胜深入，寡不敌众，致使部队被打散，孙坚本人也受伤坠马。为了不让敌人发现，孙坚只能忍痛卧在草丛中，动弹不得，等待同伴救援。与此同时，

孙坚营中的部众正因找不到主将而焦急万分时，孙坚的坐骑突然回到了军营中，正是它带着营中部众回到战场，在草丛中找到了已奄奄一息的孙坚。

但当孙坚回营治疗仅仅十几天后，伤口还未痊愈之际，孙坚再度披挂上阵。最终，朝廷的军队将汝、颖黄巾军困在了宛城中。当朝廷军队对宛城发起总攻时，战斗从一开始就变得异常胶着，敌军顽强据守，城墙也久攻不下。而孙坚这次又扮演了孤胆英雄的角色，他独当一面，第一个攻上了城墙，随即振臂一呼，后面的兵士都像蚂蚁一样奔涌上来。最终官军成功攻破宛城，平定了汝、颖地区的黄巾军。

加官晋爵

孙坚的英勇表现，给主将朱俊留下了深刻的印象。所以在黄巾军被平定后，朱俊就向朝廷上书报告孙坚的功绩，孙坚也由此升任朱俊军中的别部司马。此后，西北战事又起，韩遂、边章作乱凉州，当时还是中郎将的董卓无力抵抗。于是朝廷就派遣司空张温率军征讨叛贼。由于孙坚之前的威名赫赫，所以张温临行前向朝廷上书，特地请求让孙坚同行作为军事参谋。于是孙坚就随军驻扎在长安。由于张温不了解当地情况，就将熟悉西北军务的董卓

招来商议计策。但董卓在接到命令后，不仅迟迟不肯前来，而且后来在面见张温时言辞也十分无理，这令坐在一旁的孙坚无法容忍，当时就上前对张温耳语，劝他立刻杀掉董卓。但张温顾忌杀掉董卓后，此次西征会失去依靠和支援，于是就没有听从孙坚的建议。好在此后的战事进行得颇为顺利，叛军主动归降，朝廷得以兵不血刃地解决危机。

> **南乡子·登京口北固亭有怀**
>
> 何处望神州？满眼风光北固楼。
> 千古兴亡多少事？悠悠。
> 不尽长江滚滚流。
>
> 年少万兜鍪，坐断东南战未休。
> 天下英雄谁敌手？曹刘。
> 生子当如孙仲谋。
>
> ——宋·辛弃疾

西北边患刚平，南疆战事又起。长沙郡盗贼区星自称将军，围攻城邑，地方长官无力征讨，于是朝廷就又想到了能征善战的孙坚。孙坚便又被任命为长沙太守，火速派往长沙平叛。结果没过多久，区星就被孙坚亲率大军攻破，不仅如此，孙坚还同时解决了与区星勾结的零陵、桂阳的盗贼。真可谓是名副其实的"盗贼克星"。从此之后，长沙、零陵、桂阳三郡境内再也没有盗贼作乱。朝廷对孙坚的表现非常满意，加之此前所立的诸多功绩，朝廷晋封孙坚为乌程侯。

自此，孙坚在长沙开始站稳脚跟，但孙坚这头江东猛虎，绝不甘心在边地当一介太守从而草草一生。他将目光投向了更远的未来。然而，未来或明或暗，这是谁又能预知得了的呢？

东汉·西王母陶塑

汉代社会，充满了神鬼迷信。人们祈求长生不死，升天成仙的迷信思想风靡整个东汉社会。当时，人们普遍持有"人死辄为鬼神而有知"的观念。因而反映在崖墓中对神灵崇拜的内容甚多，常见的有西王母、四灵神兽、伏羲女娲等。这些陶塑和画像石，体现了汉代人们的思想意识，包含了人们无法战胜自然（包括生老病死），而向自然祈祷的心理。此陶塑现藏于加拿大皇家安大略博物馆。

▶ ？—202年

袁绍字本初，汝南汝阳人也。高祖父安，为汉司徒。自安以下四世居三公位，由是势倾天下。

——《三国志》卷六《袁绍传》

"四世三公"

袁绍的家庭背景颇为显赫，从高祖袁安以下四代，一共有五名家庭成员官至三公，这在当时是莫大的荣耀。袁绍年少时喜欢结交宾客，由此知名于天下。灵帝死后，何进谋诛宦官，袁绍则是何进最重要的谋主。但最后密谋泄露，何进为宦官所杀，袁绍由此站在了历史的十字路口：是继续何进未竟的事业，还是明哲保身，袁绍此时究竟会做出怎样的抉择呢？

时间
？—202年

背景
袁氏家族在东汉初年明帝时，就颇为显赫，此后传承数代，累世三公

主角
袁绍

发家之地
汝南（今河南驻马店）

结果
何进谋诛宦官反而被杀，袁绍接过反宦官大旗，尽诛宦官。最终董卓入京，袁绍出走河北

后世成语
四世三公

"四世三公"

如今一提到袁绍这个名字，人们的脑海中所能联想到的除了官渡之战，恐怕就是"四世三公"了。"三公"是中国古代朝廷中最尊显的三个官职的合称，但具体是哪三个官职可以被称作"三公"，需要根据具体时代来确定。而在东汉之际，"三公"通常指：司徒、司空、太尉，有时太傅也被算入三公的范畴内。而所谓"四世三公"，是指袁氏家族在东汉之时，连续四代都有家族成员担任三公这样的高官。据史书记载，袁绍的高祖袁安在汉章帝时为司徒，曾祖袁敞曾为司空，祖父袁汤曾为太尉，其父袁逢为司空，其叔父袁隗为太傅。由此可

东汉·带有笼头和缰绳的陶彩釉马俑

见，袁氏家族在东汉时期的巨大影响力与政治能量。

袁绍虽是袁逢的儿子，但却是庶子，因而早年被过继给袁逢的兄长袁成。据说，袁绍出生没多久，父亲袁逢就去世了。因而叔父袁隗和袁成也非常疼爱这个不幸的小侄子。袁隗前面已经提到过，曾任过三公之一的太傅。而这个袁成，虽未曾做过三公，但也不可小觑。史书记载，袁成在当时的京师交际圈内十分活跃，居住在洛阳的贵戚权豪没有不跟他交好的，甚至连当时只手遮天的大将军梁冀，也对他十分恭敬。以致当时在京师内流传一句话："事不谐，问文开。""文开"是袁成的字，这句话的意思是说：如果有什么办不成的事儿，就去问袁成好了。可见袁成当时影响力之大。

隐居京师

正是依靠着叔父们的庇护，袁绍得以无忧无虑地长大成人，并早早地被叔父送入宫中做了郎官。等到20岁行了加冠礼后，郎官袁绍按照当时的

袁绍像
袁绍（？—202年），字本初，汝南汝阳（今河南周口西南）人。东汉末军阀。

惯例被授予了官职，出任濮阳县长。谁知天有不测风云，就在袁绍刚刚到任不久，他的母亲又过世了。悲痛万分的袁绍只好弃官归家，为母亲服丧。在汉代，父母的丧期一般是三年。但三年服丧期过后，袁绍又做出了一个惊人的决定：由于他出生时父亲亡故，所以当时没办法为父亲服丧，于是他打算再为父亲服丧三年，作为弥补。就这样，袁绍在父母的坟前守护了六个寒暑。

等六年丧期服满后，袁绍就在洛阳隐居，行事十分低调。据说如果不是名闻天下的名士，袁绍一概不予相见。与此同时，喜好游侠的袁绍也礼贤下士，主动结交了一些知己好友，其中就有那位之前评价曹操是"乱世之奸雄"的许子将。由此，依附于袁绍的士人越来越多。然而，这种隐居生活并没有持续太久。像袁绍这种官宦子弟，在当时很难逃脱朝廷的征

召。但袁绍对此却一直持消极态度，几次推辞了征召。以致当时专权的宦官中常侍赵忠对袁绍极为不满，有一次曾对手下的小黄门说："袁绍屡次拒绝朝廷的征召，想像那些隐士一样，以此抬高自己的声望。不仅如此，他还养了一大批愿意为他赴死的勇士，不知道这小子想干什么！"这话最后传到了袁绍叔父袁隗的耳中，袁隗惶恐不已，马上斥责袁绍："你小子是想搞得咱家家破人亡啊！"袁绍听到叔父的斥责，自然不敢怠慢，立刻就响应了大将军府的征召，去做了大将军掾。

出走河北

此后，袁绍历任侍御史、虎贲中郎将，中平五年（188年），朝廷设置"西园八校尉"，袁绍任其中之一的佐军校尉。不久后，灵帝驾崩，袁绍立刻劝大将军何进召董卓入京，胁迫太后诛杀宦官。但何进犹豫再三，不肯听从袁绍之计。最终，何进中了中常侍段珪等人的诡计，独身入宫，被宦官杀死。袁绍等人见何进被杀，立即入宫大肆诛杀宦官，死者近2000人。最终，洛阳的变乱给了野心勃勃的董卓以可乘之机。

宦官势力被清除后，董卓入主京师。董卓进京后，凭借着自己手中握有大军，便开始专制朝政。其所做的第一件事，就是要废立皇帝以便自己掌控。为此，董卓曾咨询过袁绍的意见，但袁绍却将责任推给了叔父袁隗，说："这么大的事，还是应当与太傅（袁隗）商量一下吧。"董卓也看出了袁绍的心思，又进一步试探袁绍，说："刘氏的血脉不足以再延续下去了吧？"袁绍只是默不作声，最终横刀长揖而去。

其实，袁绍对于董卓的狼子野心是再了解不过，也深知自己如果继续留在京师，必然会卷入这场废立风波。于是在揖别董卓之后，袁绍立刻逃出京师奔向河北，打算在冀州寻找立足之地。而得知袁绍逃走的消息后，董卓勃然大怒，当即发布命令，在全国范围内悬赏捉拿袁绍。而董卓身边的名士，如侍中周毖、城门校尉伍琼、议郎何颙等人劝说董卓："自古以来，废立皇帝都是大事，不是一般人能承受得了的，袁绍他突然听说了这样的事，惶恐不已所以逃窜。如果您现在在全国范围内悬赏追捕他，必然会有变故。袁氏家族四世三公，门生故吏遍及天下，如果他们起事，那整个山东地区都不会再受您的控制啊！不如您封他一个郡守，这样一来，袁绍会因为罪责被赦免而沾沾自喜，也不会有什么变故。"董卓深以为然，于是任命袁绍为勃海太守，封邟乡侯。

但令董卓万万没有想到的是，就是这么一次带有妥协意味的任命，却为他后来的败亡埋下了种子。袁绍在接到董卓的任命后，得以在河北名正言顺地站稳脚跟，从而开启了自己的霸业。袁绍开始暗中积蓄力量，谋划对董卓的反抗行动。

三国·"位至三公"兽首镜
镜体较厚重,镜纽特大,花纹较简单,多以连弧纹为主,有的有夔凤等纹饰。上有"位至三公"等简单铭文,故名。流行于东汉晚期至六朝初期。现藏于武汉博物馆。

189年

窦武、何进藉元舅之资，据辅政之权，内倚太后临朝之威，外迎群英乘风之势，卒而事败阉竖，身死功颓，为世所悲，岂智不足而权有余乎？

——《后汉书》卷六九《何进传》

宦官末日

东汉中后期，皇帝为了对付强势的外戚势力，扶植起宦官作为抗衡外戚的工具。随着皇帝对于宦官逐渐失去控制，宦官把持了朝政。这引起了士大夫和外戚家族的不满，二者企图联合起来，共同推翻宦官。

时间
189年

背景
东汉末年，宦官专权引发了士大夫和外戚共同的不满情绪，二者企图联合起来诛杀宦官

人物
何进、袁绍、"十常侍"

地点
洛阳

结果
何进被杀，宦官也被屠戮殆尽

后世典故
"十常侍"

东汉桓帝刘志彩塑
位于河南永城芒山汉兴园大汉殿。

宦官专权

东汉宦官专权始于汉和帝时期。自此之后，历代东汉皇帝都是年幼即位，其中最小的殇帝即位时刚满百日，桓帝即位时年龄较大，但也不过十五岁。汉桓帝借助宦官之力消灭外戚梁冀集团之后，宦官势力的发展达到了一个新的高度。

而陷入劣势的外戚集团自然不甘心失败，他们开始尝试联合同样对宦官专权抱有极大不满的士人群体，企图合力推翻宦官集团。于是，就有了两次党锢之祸。宦官倚仗皇帝的支持，大肆打击外戚和士人群体，不仅杀掉了外戚窦武、名士陈蕃等主要参与者，而且禁锢了一大批士人，使之终生不得为官。两次党锢之祸，标志着宦官势力达到了顶峰。灵帝时期，宦官张让、赵忠等十人更是同声连气，形成了名为"十常侍"的宦官集团。他们玩弄小皇帝于股掌之中，以致灵帝称"张常侍

是我父,赵常侍是我母"。十常侍自己横征暴敛,卖官鬻爵,他们的父兄子弟遍布天下,横行乡里,祸害百姓,无官敢管。人民不堪剥削、压迫,纷纷起来反抗。当时一些比较清醒的官吏,已看出宦官集团的黑暗腐败,导致大规模农民起义的形势。

虽然外戚家族遭到了严厉打击,但皇帝还是需要后宫,也需要立皇后。如此一来,新一批外戚就又会粉墨登场。所以在两次党锢之祸后,随着窦氏家族衰亡,皇帝的新宠何贵人在光和三年(180年)被立为皇后,何贵人的哥哥何进从此步入中央政局。新一轮的外戚和宦官的缠斗也开始酝酿。

东汉十侍乱政
宦官"十常侍"扰乱朝政,迫害忠良,祸害百姓,最终导致黄巾起义,出自明张居正《帝鉴图说》。

何、蹇交恶

随着何皇后日益得宠,何进的地位也日益上升。黄巾起义爆发后,何进被任命为大将军,统率左右羽林五营禁军,护卫京师。何进开始掌握军权,对于宦官们来说是一个危险的信号,因为何进随时都有能力率领京城禁军清洗宦官,于是宦官们开始想方设法制约何进。其中最重要的一项措施就是设置"西园八校尉"。

所谓"西园八校尉",是指以宦官蹇硕为统领,辖下设置的八个校尉。这个新设置的机构可以直接统辖京畿地区的部队,甚至连大将军都要听其指令。如此一来,大将军何进的职能不仅被完全架空,其本人也得服从于宦官的命令。虽然蹇硕名义上控制了京畿地区的军权,但实际上其下属的将领并不一定听从他的指挥,比如,八校尉中曹操和袁绍二人,都在后来参与到了谋诛宦官的行动中。因此,蹇硕并不完全对何进放心,还是谋求将何进赶出政治中心。此时恰逢韩遂、边章在西北作乱。于是蹇硕等一众宦官一起蛊惑皇帝,下令让何进率兵征讨。而何进也事先知道了蹇硕等人的阴谋,便以袁绍率兵东征未归为由,迟迟不肯出兵。这件事后来也不了了之,致使蹇硕的计谋没有得逞。

光和六年(183年),汉灵帝病危。何进、蹇硕二人在皇位继承人的问题上又发生了激烈冲突。最初，群臣请立太子，按常理应是皇后之子为太子。但汉灵帝认为何皇后之子刘辩轻佻没有威仪，不适合做皇帝，反倒中意王贵人之子刘协。然而何皇后有宠，何进又位高权重，所以汉灵帝一直犹豫不决。最终，汉灵帝在弥留之际，终于做出了决定——将皇位传给王贵人之子刘协，并将刘协托付给蹇硕。皇帝驾崩后，蹇硕手握遗诏，立即开始策划清除政敌何进，企图借何进入宫奔丧之际杀掉他，从而顺利扶持刘协即位。何进在得知皇帝驾崩的消息后，没有多想就连忙收拾装束准备进宫。但在何进刚要入宫的时候，碰上了老朋友潘隐。潘隐此时正是蹇硕手下的司马，对于蹇硕的计划了如指掌。于是潘隐就用眼神给何进传达信息，阻止其入宫。何进见潘隐神色不对，顿时心领神会，立刻掉转马头返回自己的军营，并上书称自己患病不能入宫。蹇硕的如意算盘又一次落空。在不得已之下，蹇硕只能拥立何皇后之子刘辩，并尊何皇后为何太后，临朝听政。任命大将军何进与太傅袁隗作为辅政大臣。

惊魂未定的何进，对于宦官想要谋杀自己的行为又惊又怒，于是开始与亲信袁绍策划杀掉宦官。由于京城禁军大都为宦官所掌控，所以袁绍建议何进征召外地将领入京，以胁迫太后诛杀宦官。何进听从了袁绍的建议，于是召前将军董卓屯驻关中上林苑，又使泰山王匡征发本郡强弩之士五百人，并召东郡太守桥瑁屯驻城皋，使武猛都尉丁原焚烧孟津，以致火光在洛阳城中都能望见。但就在这千钧一发之际，何进之弟何苗的进言劝止，却又使何进陷入了犹豫。袁绍见何进反复不决，于是再次进谏，说："现在局势已经很明朗了，事情如果再不果断处理，恐怕会生变数，将军你还在等什么？"于是何进再次下定决心，任命袁绍为司隶校尉，加紧筹划剿灭宦官，并命令董卓率军逼近洛阳。

此时，得知董卓即将进京这一消息的宦官们乱作一团，纷纷到何进大将军府门前叩头谢罪。何进又一次陷入了犹豫，并且打算与宦官妥协。袁绍在一旁心急如焚，再三劝谏但仍然无效。正是这一次致命的犹豫，最终断送了何进的性命。

三国·青瓷骑马俑

宦官末日

光熹元年（189年）八月，大将军何进似乎再一次下定了决心，他入宫觐见妹妹何太后，要求将宦官全部诛杀。

良久，何进觐见完毕，走出大殿长舒一口气，正准备乘车出宫。这时，一个小宦官神色匆忙地跑来，说太后又有要事相商，请大将军再入宫一趟。何进心生疑窦，但在迟疑片刻后还是决定再次入宫。然而这一去就再也没回来。

原来，当何进在向何皇后建议杀尽宦官的时候，二人的对话就已经被伏在门外的张让窃听。宦官们在得知这一消息后惊恐不已，便下定决心铤而走险。于是，张让、段珪等一众宦官手执利刃，埋伏在宫中。而那个传信的小宦官，也是他们早已安排好的。等到何进刚一入宫，张让等人就马上露出凶狠的獠牙，他们责问何进道："现如今天下大乱，不能把罪过怪在我们这些人头上。先帝曾经与何太后不和，几乎想要把太后废了，是我们哭泣解救，每人拿出万贯家财作为礼物，和悦先帝之意，才令何皇后度过劫难，我们这么做，只想依托你何氏的门户而已。现在你居然要将我们灭族，这太过分了吧！你说宫中污秽肮脏，那么外朝的公卿又有谁是廉洁的呢？"于是宦官渠穆拔剑，将何进斩于嘉德殿前。

当何进的死讯传出宫门，何进的旧部吴匡、张璋等人悲愤不已，于是连同袁绍、袁术等人一起围攻宫城。张让此时手中没有部队可以调集，他见大势已去，就胁迫刘辩与刘协一同逃出宫城北门。袁绍见状，立刻率兵封锁北宫门，并派兵入宫搜捕宦官。

而祸首张让也没有逃脱惩罚，他胁迫刘辩、刘协逃至小平津时，被朝廷的追兵追上，张让穷迫之下，只得跳河自尽。第二天，公卿百官迎接皇帝回宫，一切似乎又归于平静。

东汉与明朝宦官专政对比

东汉	明朝
太后与皇帝争权，太后培养外戚，皇帝扶植宦官	皇帝为了对付文官集团，宠信宦官
外戚专擅和宦官专权交替出现，形成恶性循环	宦官成为皇权的一部分，成为皇帝监视和整治文官集团的最得力工具
反面代表人物：十常侍	反面代表人物：刘瑾、王振、魏忠贤
正面代表人物：蔡伦	正面代表人物：郑和、冯保
专权自汉和帝起，能操纵和左右皇帝	专权自明英宗起，生死掌握在皇帝手里
代表性事件：党锢之祸	代表性事件：东林党争
朝政腐败，民生凋敝，最终导致了黄巾大起义	朝政腐败，加剧了社会动荡

> 189年—190年

（董卓）尝遣军到阳城。时适二月社，民各在其社下，悉就断其男子头，驾其车牛，载其妇女财物，以所断头系车辕轴，连轸而还洛，云攻贼大获，称万岁。

——《三国志》卷六《董卓列传》

董卓乱政

董卓早年混迹在羌胡之中，因而颇受羌胡信赖，也由此聚集了一批依附于自己的军事力量。恰逢彼时西北动荡，熟知西北人情且手握精兵的董卓于是迅速崛起。此时在朝廷内部，何进与宦官的斗争日趋白热化。何进听从袁绍的建议，召董卓入京共诛宦官。最终，外戚与宦官两败俱伤，董卓不费吹灰之力入主京师，从而开启了东汉王朝史上最黑暗的一幕。

时间
189年—190年

背景
何进召董卓进京共诛宦官，最终反而被杀，宦官势力随后也被消灭殆尽。董卓顺利入主京师

人物
董卓

地点
洛阳

结果
董卓专制朝政，废少帝而立献帝

董卓像
董卓（？—192年），字仲颖，陇西临洮人。中平六年（189年），董卓废掉少帝，立刘协（汉献帝）即位，后被各诸侯讨伐而迁都长安。

凉州豪侠

董卓生长于汉帝国的西北边陲——凉州。凉州在东汉时期受到附近羌胡民族的连年侵扰，饱经战乱。同时，也有一些羌胡部落归顺汉朝，因而在凉州地区，形成了胡汉杂居的格局。所以，董卓早年曾有机会在各个羌族部落中游历。久而久之，董卓竟与羌族中各部落的豪帅结为好友。但董卓毕竟是汉人，不能久居羌族部落，所以在游历了一段日子后，董卓决定归家耕田。谁知那些羌族豪帅与董卓交情日深，不愿从此离开董卓，于是就干脆一路追随，和其一起返家。董卓本来也是崇尚侠气，他见这些羌豪如此重情重义，颇为感动，就将自己原本要用来耕地的耕牛杀了，以此来招待他们。而这些豪帅被董卓的

三国·鎏金铜龙头勺
铜质，勺首雕成龙头状，龙口含珠，双目有神。勺身线条流畅，造型优美。通体鎏金已不可见。现藏于美国纽约大都会艺术博物馆。

豪迈所打动，于是他们就一起凑了近千头牲畜送给董卓，以此报答宴请之恩。董卓也因此开始为众人所知。

崭露头角

董卓的名声传到了郡府，于是郡府就征召董卓为郡吏，负责缉捕盗贼。彼时常有胡人抢劫汉地居民，郡府无可奈何。凉州刺史成就任命董卓为州从事，令其率领骑兵追捕胡贼。董卓不负众望，首战告捷，斩获近千首级。

汉桓帝时，董卓以六郡良家子的身份被征召为羽林郎。由于董卓膂力惊人，无人能比，并且在马上能够左右驰射，所以在羽林郎中很快就崭露头角。由于在跟随中郎将张奂北征并州的战斗中表现出色，董卓升任郎中，并且受赐锦缎九千匹。

此后，董卓的仕途可谓顺风顺水，先后任并州刺史、河东太守。黄巾起义爆发后，又升任中郎将。然而董卓却在与黄巾军的作战中吃了败仗，被免去了官职。但韩遂、边章在凉州声势浩大的叛乱又令董卓受到重用。因为在朝廷将领中，没有人比董卓更熟悉凉州了。加之此前朝廷派去平叛的皇甫嵩无功而返，所以朝廷最终决定，重新起用董卓作为司空张温的副将出征凉州。

经过数年苦战，韩遂、边章的叛军终因内乱而解散。董卓也借着此次平叛之机，扩充了自己的实力，训练出一支效忠于自己的羌胡精兵。与此同时，朝廷开始渐渐提防起董卓来。中平六年（189年），朝廷征召董卓入京为少府，实际上是想剥夺他的兵权。而董卓对此也心知肚明，便以羌胡不愿归属他人为借口拒不奉诏，朝廷最终也无可奈何。不久后，灵帝病危，又征召董卓为并州刺史，并将他手下的部队划归皇甫嵩管辖。但董卓再一次以各种理由抗旨不遵。灵帝驾崩后，何进和宦官的矛盾迅速激化，朝廷中正因新皇帝的人选而钩心斗角，哪有余力来对付屡次抗旨的董卓。而董卓也看准了这样的时机，于是将部队集结在距离京师较近的河东，观望朝廷的变局。

正在这时，董卓收到了一封从洛阳传来的加急邮书。

引狼入室

这封信是从大将军府发出的。原来,何进密谋诛杀宦官,但苦于京城禁军大都为宦官掌握,于是就听从袁绍的建议,命令各在外驻军的将领迅速返回京师,共诛宦官。而董卓手握精兵,实力最强,自然成为何进最重要的引援对象。何进命令董卓驻扎在长安上林苑,以备不测。

废汉帝陈留践位
董卓入主洛阳之后,废汉少帝,立陈留王刘协为帝,是为汉献帝。

董卓得到消息后,见其中有利可图,便迅速行动,没过几日就到达了指定地点。然而京师政局风云诡谲,随着何进与宦官之间的关系日趋紧张,袁绍为了防备宦官提前下手,就以大将军府的名义,命令董卓火速进京。当董卓火急火燎,快要抵达京城的时候,却收到了何进被杀、宦官尽数被消灭的消息。此时的京城,既无外戚秉政,又无宦官专权,而皇帝又年少,正处于群龙无首的状态。于是,手握强兵的董卓刚一入京,就顺利地接管了朝政。

虽然董卓控制了洛阳,但毕竟他辖下的亲兵人数只有3000人,与京师数以万计的禁军相比,还是显得实力不足。董卓因此想出了一条妙计:每隔四五日,就连夜派部队悄悄出城,等第二天再大张旗鼓地进城,如此一来,就给人一种董卓部队源源不断入城的假象。但董卓自己也明白,这种方式只能虚张声势,不是长久之计。所以,为了继续扩充自己的势力,董卓派吕布暗杀了执金吾丁原并收编了他的部队,加上之前何进、何苗兄弟所统率的旧部也在此时归附董卓。一

时间，董卓的势力大增，在京城内外再也无人能与其匹敌。

肆虐京师

有了足够的实力，也就有了足够的底气。此时的董卓站在权力的巅峰，竟开始筹划废立皇帝的事。在一次朝廷会议上，董卓提出了废少帝刘辩而立刘协的决定。群臣听后大惊，没有人敢站出来说一句话。董卓见众臣议论纷纷，又大声喝道："如果谁敢反对这个提议，一律军法从事！"顿时，朝堂上鸦雀无声。

于是，少帝刘辩被废，不久之后便被杀害。同时，董卓又借口杀掉了何太后，立刘协继任皇帝，这就是后来的汉献帝。继而董卓升任太尉，封郿侯。不久后，董卓又自加官职，升任相国，享受"入朝不趋，剑履上殿"的特殊待遇。这是当年萧何立了大功后，汉高祖刘邦才给他这样的待遇。因此，能获得如此待遇的，都是一些位极人臣的人物。

在董卓不断给自己加官晋爵的同时，也没有亏待他手下的兵士。他放纵兵士到处杀人放火，奸淫妇女，劫掠物资，把整个洛阳城闹得鸡犬不宁。初平元年（190年）二月，董卓部属的羌兵在阳城抢劫正在乡社集会的老百姓。士兵们将男子全部杀死，凶残地割下他们的头颅，血淋淋地并排挂在车辕上，令人触目惊心。此外，他们还趁机掳走大批妇女和大量财物。回到洛阳后，他的手下将领把头颅集中起来加以焚烧，而把妇女和财物赏赐给士兵，却对外人宣称是战胜敌人所得。此外，董卓还大肆打压异己。卫尉张温曾担任太尉，素来对董卓的行为极为不满。董卓也视张温为眼中钉，为了除掉这一心头大患，董卓便在朝中散布谣言，诬蔑张温与袁术长期勾结，对抗朝廷。不久，便以"莫须有"的罪名，笞杀了张温。

董卓在京城的倒行逆施，不仅给人民带来了极大的痛苦，也令整个朝廷变得噤若寒蝉，唯董卓之命是从。这样的现状很快就引起了士大夫群体的不满和广大民众的愤恨。于是，此时在东方，一场声势浩大的讨董行动正在悄然酝酿着。

三国·青瓷杵臼俑
俑首着空顶帽，即以一巾在额际环脑一周束发而成。目视前方，肥鼻大眼，嘴微张，眉额间印有"白毫相"，跪于瓷板之上，板上置一瓷臼，右手执杵，左手扶钵，呈舂物状。

190年

初平元年春正月，后将军袁术、冀州牧韩馥、豫州刺史孔伷、兖州刺史刘岱、河内太守王匡、勃海太守袁绍、陈留太守张邈、东郡太守桥瑁、山阳太守袁遗、济北相鲍信同时俱起兵，众各数万，推绍为盟主。

——《三国志》卷一《武帝纪》

伐董联盟

董卓在洛阳的倒行逆施，终于引发了士大夫们的不满。初平元年（190年）正月，关东各地方群雄推举勃海太守袁绍为盟主，正式起兵讨伐董卓。董卓见关东联军势力强大，被迫放弃洛阳，挟天子迁都长安，继续其残暴的统治。但与此同时，关东军内部却内讧不断，造成联军内部分裂，最终不仅没有实现联合计董的目标，反倒形成了群雄割据的局面。

时间
190年

背景
董卓废立皇帝、专制朝政、野蛮横暴，引起了关东各地方刺史、郡守极大不满

联盟主要人物
袁绍、袁术、曹操

地点
关东地区

结果
董卓被迫挟皇帝西迁，关东联军也因内讧分裂

京师劫难

初平元年（190年）正月，各地群雄起兵，打出讨董的旗号，当中包括：勃海太守袁绍、后将军袁术、冀州牧韩馥、豫州刺史孔伷、兖州刺史刘岱、河内太守王匡、陈留太守张邈、东郡太守桥瑁、山阳太守袁遗、济北相鲍信。董卓见关东军来势凶猛，提出要迁都到旧都长安。而这一提议被杨彪、黄琬等人一再劝阻。董卓大怒，当即免去了黄琬、杨彪等人的职务。然而大臣伍琼和周毖不畏强权，仍然直言进谏，董卓盛怒之下，令人残忍地处死了伍琼和周毖。自此之后，再也无人敢反对迁都。

三国·青瓷跪姿持盾俑
此俑头戴尖顶卷沿圆帽，身着盔甲，粗眉大眼、高鼻阔耳，右手握剑扛于肩上，左手持盾于左胸前，右腿前蹲，左腿后跪，通体施青釉。

消除了朝堂上的反对意见，迁都之事便开始着手进行。董卓以车驾先送献帝西迁。又以步兵、骑兵逼洛阳数百万人迁徙到长安。在迁徙途中，百姓被人踩死、被马踏死、饥饿而死、遭抢劫而被杀的不可胜数，尸骸堆积在道路上随处可见，惨不忍睹。而董卓则留在洛阳毕圭苑，继续盘剥洛阳城中的财富。他下令捉拿洛阳城内的富豪，罗织罪名将他们杀害，从而没收他们的财产。此外，董卓为了聚敛财富，竟干起了盗墓的勾当，他派吕布掘开先帝帝陵及公卿以下的冢墓，将其中的珍宝盗取一空！最后，在临行之前，董卓又下令放火烧了洛阳宫庙、官府、居家，致使洛阳200里内的建筑物全部沦为焦土，渺无人烟。

一代名都，最终竟毁于豺狼之手，不禁令人扼腕叹息！

三国·青瓷牛车

各怀鬼胎

虽然董卓退居长安，但联军仍然畏惧董卓手下的精兵，所以谁都不愿打头阵。但曹操认为既然起兵讨董，就应有所行动，所以便独自率兵向西追赶董卓，准备进驻成皋。然而，此时的曹操手下不过五千新兵而已，要想对付兵强马壮的董卓军，谈何容易。陈留太守张邈见曹操勇于出战，就派卫兹率军支援曹操。不想曹操军到荥阳汴水，就遇上了董卓大将徐荣，双方血战整日，曹军终因寡不敌众败退，曹操不仅自己被流箭射中，坐骑也受了重伤。所幸曹操堂弟曹洪将马给了曹操，自己徒步追从，这才趁夜逃走。虽然关东联军首战失利，但曹操的殊死搏杀也让徐荣感到关东联军并不好对付。所以此战过后，徐荣率军向西撤回了关中。

当曹操带伤率残部回到联军的大本营——酸枣后，所见到的景象让他气愤异常：那些诸侯不仅不加紧筹划如何讨伐董卓，反而整日设宴饮酒，不思进取。曹操气愤之余，还是为联军继续出谋划策。但当时各路诸侯心怀鬼胎，都想保留自己的实力，而让别人去当炮灰。加之当时曹操人微言轻，所以根本没人理会他的建议。

更让人心寒的是，各路诸侯不仅不思进取，反而趁机互相吞并。先是冀州刺史韩馥因为惧怕勃海太守袁绍势力坐大，吞并整个冀州，减少了对河内和酸枣的粮食供应，最终导致酸枣大本营

少年中国史

《匿玉玺孙坚背约》插画

解散,各路诸侯返回领地。但韩馥的计策并没有奏效,最终还是将冀州刺史的位置让给了袁绍。而刚得到冀州的袁绍,就与北方的公孙瓒开战,双方你来我往,打得不可开交。其次,是兖州刺史刘岱与东郡太守桥瑁的冲突。刘岱一向厌恶桥瑁,就找了个机会将桥瑁杀害,从而换上了自己的亲信王肱任东郡太守。

善有善报

关东联军的迟疑却给了骁勇善战的孙坚出人头地的机会。孙坚此前为长沙太守,听闻关东联军联合讨伐董卓的消息,自己也率军北伐,一路打到鲁阳(今河南平顶山)境内。此时董卓尚未胁迫皇帝迁都。董卓此前随从司空张温讨伐韩遂、边章时,与孙坚有过一面之缘,因而了解孙坚一贯能征善战。所以董卓这边也不敢怠慢,派遣大将胡轸、吕布、华雄等率五千精骑迎战孙坚。两军遭遇后,双方互有胜负,最终在阳人(今河南汝州境内)这个地方,孙坚大破董卓军,并将都督华雄等人斩首。但当孙坚正准备乘胜进攻的时候,不料袁术听信谗言,怕孙坚抢了头功,于是中断了对孙坚的粮食供应。孙坚得知消息后大怒,连夜骑马赶赴袁术大营,义正词严地质问袁术为何中断供粮。这让袁术惭愧不已,立刻调发军粮给孙坚。

然而当孙坚准备继续向前进攻的时候,从洛阳传来了董卓胁迫皇帝迁都长安的消息。孙坚于是快马加鞭,率军一路直抵洛阳城下,而此时的洛阳已成一片废墟。董卓将汉献帝先转移到长安,自己与吕布率军殿后,以防止关东联军追击。于是,孙坚和董卓在洛阳城郊汉朝皇帝的陵墓间遭遇,双方展开激战,最终董卓败走,退军驻守在渑池(今河南三门峡境内)。孙坚作为第一个攻入洛阳的将领,目睹曾经的雕栏玉砌变成如今的残砖断瓦,不禁惆怅万分。一代英雄见此情此景，也难掩悲痛，难过得竟流下了眼泪。

随后，孙坚派遣士兵打扫汉朝宗庙，以太牢之礼重新祭祀，并将董卓盗掘的帝陵重新填补。孙坚的善举似乎真的感动了汉朝宗庙里的神灵，在孙坚驻扎军队的地方有一口井，名为甄官井。这口井在每天早上会发出五色的光芒，以致士兵们都不敢到井中打水。孙坚得知这一奇闻后，决心一探究竟，于是派人下井打捞。这一捞不要紧，谁知竟捞出了传国玉玺。原来，当时宦官张让等人作乱，劫持皇帝出奔，但在乱军中与左右侍从走散，负责掌管玉玺的宦官就在仓促间将玉玺投在这口井中，直到如今才被孙坚发现。

袁术像
袁术（？—199年），字公路，汝阳（今商水县）人。袁绍之兄，东汉末年大豪强之一。曾与孙坚共破董卓，称雄淮南；后称帝，建号仲氏。称帝后奢侈荒淫，横征暴敛，渐失民心，先后为吕布、曹操所破，终呕血而死。

诸侯纷起

此次战役，虽然名义上是联合讨伐，但实际上却是群雄间互相估量对手、保存自身实力的角力场，各方为此也结下不少仇怨。联盟中两个最负盛名的角色——袁绍、袁术反而成了最先挑起内斗的人，袁绍首先用计夺取了韩馥的冀州，与公孙瓒开战。而袁术拥有南阳，与新任的荆州刺史刘表交恶。此后袁家兄弟俩又相互决裂，形成了中原混战的格局。另外，曹操也因私怨进攻徐州陶谦；刘岱、桥瑁、张杨等较弱势力也纷纷明争暗斗。由于朝廷在名义上和实际上都已经被董卓控制，各地诸侯间公开的杀戮也已经无人能管束，甚至再也不需要假借任何名义，群雄割据、弱肉强食的时代从此全面展开。

190年

时江南宗贼大盛,宗党共为贼。又袁术阻兵屯鲁阳,表不能得至,乃单马入宜城,请南郡人蒯越、襄阳人蔡瑁与共谋画……乃使越遣人诱宗贼帅,至者十五人,皆斩之而袭取其众……江南悉平。

——《三国志》卷六《刘表传》

单骑定荆州

孙坚响应关东联军号召,率军北伐时,途中因为私怨杀掉了荆州刺史王睿。荆州由此群龙无首,民间武装纷纷兴起,局势一片混乱。正当此时,汉朝宗室刘表被董卓任命为荆州刺史。然而刘表作为一介文士,手下并无一兵一卒。那么,单枪匹马的刘表面临荆州如此复杂的形势,又该如何收拾残局呢?

时间
190年

背景
孙坚杀害荆州刺史王睿,致使荆州群龙无首,局势一片混乱

主角
刘表

地点
荆州

结果
刘表拉拢当地大族,陆续平定叛乱

刘表像
刘表(142年—208年)字景升,山阳高平人,汉景帝的后代,是东汉末期的一个割据诸侯。

党锢名士

刘表(142年—208年)字景升,是汉景帝之子鲁恭王之后。刘表年少时,身长八尺、容貌不凡,曾与张俭、岑晊等七位名士共被称作"八友"。东汉末年,宦官把持朝政,刘表在京师也参与到太学生反对宦官的斗争中,因此在第二次党锢之祸中被缉捕,被迫逃亡隐匿。

中平元年(184年)二月,黄巾起义爆发,汉灵帝惧怕起义军与地方上的党锢名士相结合,掀起更大的风暴,于是下令解除党锢,赦免党人。刘表由是得以解放,不久后便被大将军何进征辟为大将军府掾属。此后,刘表又被任命做北军中候,监管洛阳城北部的五营禁军。

荆州乱局

初平元年（190年），董卓废少帝刘辩而立刘协，激起关东诸侯的强烈不满，因而组成了"讨董联军"。此时身为长沙太守的孙坚也积极响应，即刻率军北伐。而与此同时，荆州刺史王睿也响应号召，出兵讨董，然而想到武陵太守曹寅与自己关系不佳，于是扬言出兵前要先杀掉曹寅。曹寅在听到王睿的话后大惊失色，急得像热锅上的蚂蚁。最终曹寅心生一计：他伪造光禄大夫温毅的信件并交给孙坚，信中斥责刺史王睿的种种罪过，并命令孙坚将王睿迅速收押行刑。孙坚在得到书信后，则立刻掉转兵锋，去偷袭王睿的住所，最终逼迫其自杀。

其实，曹寅的毒计之所以能够得逞，王睿本人要负很大一部分责任。原来，王睿与孙坚在此前征讨零陵、桂阳的盗贼时就有过嫌隙，王睿认为孙坚是个武官，所以言辞间颇为轻慢，想来二人最终也不欢而散。而曹寅正是看准了孙坚与王睿之间的矛盾，得以利用孙坚除掉王睿，最终保全了自己的性命。

王睿之死，使原本微妙复杂的荆州局势一时间陷入混乱：吴人苏代自称长沙太守，贝羽自称华容县长官，都拥兵自重不服从朝廷命令；原本就活跃的"宗贼"势力变得更加肆无忌惮。所谓"宗贼"，是汉政府对于那些举家作乱、不服从朝廷管辖的宗族的称呼。他

赞刘表

绍姿弘雅，表亦长者。
称雄河外，擅强南夏。
鱼俪汉舳，云屯冀马。
窥图讯鼎，禋天类社。
既云天工，坐谈奚望。
矜彊少成，阒资人亮。
回皇家孥，身颓业丧。

——《后汉书·袁绍刘表传赞》

们通常以宗族为单位，同时吸纳外地流民，从而形成对抗官府的组织，达到其不纳赋税、不服徭役的目的。此外，盘踞在南阳盆地的袁术也对荆州地区虎视眈眈。一时间，荆州面临着四分五裂的危局。

这时，朝廷新的任命已经下达：任命刘表为新一任荆州刺史，即刻上任。

单骑定荆州

按常理，面对荆州如此复杂的形势，刘表应当招募兵士前往镇压。但袁术盘踞在南阳盆地，牢牢扼守住荆州的北大门，即使刘表率军前往，也一定会被袁术阻击。于是，刘表只得孤身一人潜入宜城（当时属荆州南郡）。

刘表深知要想平定荆州，非争取当地的士族不可。因为这些士族不仅文化程度较高，刘表易于接触，而且他们家族往往有着相当强的军事力量，甚至有的跟宗贼还有着千丝万缕的联系。所以，刘表刚到宜城，就派人将南郡（今

《聘庞图轴》（局部）
绢本设色，现藏北京故宫博物院，明代倪端绘。描绘三国时，荆州刺史刘表亲至山林聘请隐士庞德公的故事。此局部绘刘表侍从在院外恭候的情景。

湖北荆州）人蒯越、襄阳（今湖北襄阳）人蔡瑁请来共商大事，此二人在当地都是有名望的大族。刘表忧心忡忡地问二人道："这里宗贼甚是强盛，民众都不归附我，袁术因此而作乱，祸事如今已近在咫尺！我希望在这里征兵，但恐怕并不能聚集很多人马，众位有何对策呢？"蒯越献计，说："兵不在多，在能得其人。袁术这个人勇而无断，苏代、贝羽都是一勇之武夫，不足为虑。而宗贼首领多贪财横暴，为其属下所忧。我本来就豢养了一些人（暗指宗贼），如果使人用利益引诱他们，他们一定会来。到时候诛杀那些不遵守道义的人，再任用那些有才能的人。如此一来，百姓得知您为人有德，必定扶老携弱而至。然后兵集众附，南据江陵，北守襄阳，荆州所辖八郡可传檄而定。袁术等人就是到了荆州，也无能为力了。"刘表听后大喜，便同意了蒯越的计划。

于是，就派蒯越写信，将那些宗帅（宗贼领袖）诱骗到宜城。最终，一共来了十五名宗帅。而当这些宗帅到达宜城后，刘表便下令将这些宗帅一律杀掉，不留活口。刘表的铁腕政策终于奏效，不仅除掉了宗贼头目，而且成功收编了这些宗族武装。此外，据守襄阳、负隅顽抗的宗贼张虎、陈坐，也被蒯越亲自说服，归降了刘表。在收编了这些宗贼后，刘表得以占据襄阳、江陵两郡。而荆州地区其他郡守见刘表威名卓著，都纷纷解去了自己的印绶，辞官离开。从此，刘表将整个荆州收入囊中，从而有了立足之地。

明哲保身

估计袁术也万万没想到，刘表一介文士，竟然能在荆州一步步扎下根。眼看着荆州这块肥肉就要从嘴边溜掉，袁术于是立即与孙坚联合，想借助孙坚之力一举拿下荆州。初平三年（192年），孙坚开始进攻荆州。刘表派部将黄祖迎击，但被孙坚击溃。首战告捷的孙坚乘胜追击，包围了刘表驻守的襄阳。然而天有不测风云，孙坚一次独自外出，途经岘山的时候，被黄祖的军士射杀。想来孙坚一生骁勇善战，最终却折在了小小的山谷间，不禁令人唏嘘。于是经此一役，袁术再也无力征伐刘表，只得另作打算。

此后，汉献帝东奔洛阳，被曹操迎接到许昌。刘表一面派人向汉献帝奉献贡物，另一面又与袁绍暗中勾通。治中邓羲得知此事后颇为不满，于是上书进谏刘表。刘表回答他说："我这样做，一来履行了作为皇帝臣子奉献贡物的义务，另一方面又没有背叛盟主（指袁绍），这是天下人都公认的正义之举，治中又为何要怪罪呢？"邓羲收到刘表的回信后，便辞职回家，终生不在刘表政权中做官。

邓羲固然是忠义之士，但刘表的做法也可以理解：这种两面讨好的举动看似首鼠两端，但这正是刘表的政治哲学——以保境安民为重。正如曹操在官渡之战后对刘表的评价："刘表这个人，当我攻打吕布的时候他不在后方作乱，当我在官渡与袁绍对峙的时候，他又不帮助袁绍，可见这人是个'自守之贼'，不足为虑。"正是这样的政治哲学，使荆州成为乱世中的一方乐土。但也正是这样的政治哲学，使刘表政权最终成为曹操砧板上的一块鱼肉，难逃被吞并的厄运。

三国·青釉猪圈
圈内有猪三只，其旁设厕所，极其生动地反映了当时的社会生活景象。随葬陶圈厕是汉魏时期流行的习俗。

> ▶ 192年

(初平)三年四月……布使同郡骑都尉李肃等,将亲兵十余人,伪著卫士服守掖门。布怀诏书。卓至,肃等格卓。卓惊呼布所在。布曰"有诏",遂杀卓,夷三族。

——《三国志》卷六《董卓传》

董卓之死

董卓挟持汉献帝退居长安后,一方面固守关中,另一方面变得更加荒淫和暴虐。这使得原本就不得人心的董卓变得更加令人唾弃。最终,司徒王允联合董卓部将吕布发动政变,一举杀掉了董卓。汉家王朝似乎又看见了一丝曙光。那么,董卓的死真的能让天下重新归于太平吗?

时间
192年

背景
董卓胁迫汉献帝迁居长安后,变得更加暴虐荒淫,群臣和百姓苦不堪言

计谋设计者
王允

实施者
吕布

结果
董卓被杀,关中陷入了更大的混乱

王允像
王允(137年—192年),字子师,东汉太原祁(今山西祁县)人。原为郡吏,灵帝时任豫州刺史,献帝即位后任司徒。

豺狼本性

如果说董卓在洛阳时,还顾忌士大夫的议论,行为还有所收敛的话,那么此时皇帝和公卿百官全被董卓掳掠到他的地盘上,董卓这匹豺狼便像是完全挣脱了牢笼一样,变得更加肆无忌惮,穷凶极恶。

首先,他继续给自己加官晋爵。刚到长安时,他将自己封为太师,后来又不满足,企图自称"尚父"。"尚父"是当年周武王给姜子牙的尊号。商周之际,姜子牙尽心辅佐周室,讨伐无道,加之德高望重,周武王为了让全天下都尊崇姜子牙,所以才赐予了他这个尊号。董卓与姜子牙相比:不仅不忠于王室,而且专制朝政、废立皇帝、滥杀无辜,这差距可谓十万八千里。然而董卓还恬不知耻地幻想自己能得到"尚父"的称

号,可见此时董卓已经放肆到何等地步。董卓在给自己加官晋爵的同时,也没有忘记自己的亲属。他的弟弟董旻被任命为左将军,封鄠侯;他的侄子董璜为侍中、中军校尉典兵。史书记载董卓一家"宗族内外并列朝廷"。甚至连尚在怀抱的婴儿,都被封了侯。真可谓"一人得道,鸡犬升天"!

除此之外,董卓还屡行僭越之事,在生活的各个方面都享受与皇帝一样的待遇。比如,董卓曾乘坐青盖金华车出行。所谓青盖金华车,是指车盖是青色,并且配有金饰的马车,按制度规定只有皇帝才能乘坐,但董卓却公然乘坐此车招摇过市。最终被蔡邕劝谏,才改成臣子专用的黑色车盖的马车。不仅如此,公卿百官在街道上遇见董卓的车马,都要下车敬拜,但董卓并不回礼。

其次,董卓暴虐滥杀的本性到了长安后不仅没有收敛,反而变得更加疯狂。一次,朝中许多官员被董卓邀请去赴宴。宴会上,董卓兴致高昂,招呼大家畅怀痛饮。酒过三巡,董卓突然起身,神秘地对在场的人说:"为了给大家助酒兴,我将为各位献上一个精彩的节目,请欣赏!"说完,击掌示意,狂

三国·青瓷五联灯

笑不已。顿时,整个宴席变成了肃杀的刑场。董卓把诱降俘虏的几百名反叛者押到会场正中央,先命令士兵剪掉他们的舌头,然后有的人被斩断手脚,有的人被挖去眼睛,其手段之残忍,令所有在场官员和士兵惨不忍睹,许多宾客手中的筷子都被吓得抖落在地。董卓却若无其事,仍然狂饮自如,脸上还流露扬扬得意的神色。

罪有应得

大臣们终究无法容忍董卓如此暴虐的行径。初平三年(192年)四月,司徒王允、尚书仆射士孙瑞与董卓的亲信吕布共同密谋诛杀董卓。之前,王允先后与司隶校尉黄琬、尚书郑公业、执金吾士孙瑞等人多次商议诛杀董卓的事情,但都苦于没有一个刺杀董卓的合适人选。最终,在反复考虑后,王允物色了董卓的亲信吕布作为内应。

吕布年轻勇猛,武力超群。起初董卓对他深为喜爱和信任,收他为义子,并提拔他担任骑都尉。后来,董卓又迁吕布为中郎将,封他为都亭侯。董卓把吕布当作自己的贴身侍卫,不管董卓走到哪里,吕布总是形影不离,负责保护董卓的安全。一次,吕布不小心得

罪了董卓，董卓大怒，随手抽出刀戟向吕布掷去，幸亏吕布眼疾手快，才得以幸免。当时，吕布并没直接顶撞董卓，而是立即向他谢罪道歉，董卓便不再追究，以后也根本没把这件事放在心上。可是，吕布却从此心怀私恨。加之吕布之前与董卓的婢女私通，由此心中十分不安。于是，吕布便与王允联合，密谋刺杀董卓。

不久后，刺杀董卓的行动一切准备就绪，正可谓"万事俱备，只欠东风"。说来也巧，就在此时，正好赶上皇帝大病初愈，朝中文武大臣都集会于未央殿，恭贺天子龙体康复。吕布借此机会，事先安排同郡骑都尉李肃等人带领十多名亲兵，换上卫士的装束隐蔽在宫殿侧门的两边。等到董卓刚到侧门，便遭到李肃等人的突袭。但董卓在外衣里穿了铠甲，没有被刺中。董卓大惊，慌忙向吕布呼救。吕布正襟危坐，大声道："我们是奉诏讨杀乱臣贼子！"董卓破口大骂："你个狗奴才怎么敢这么做！"话音未落，只见吕布冲上前去，一矛刺中董卓，后面的兵士随即乱刀将董卓砍死。

董卓被杀后，满朝文武和所有士兵都高呼万岁，长安城的老百姓高兴

《除董卓吕布助司徒》插图

得在大街小巷载歌载舞,并将董卓的金银财宝换成美酒好肉,在大街上欢呼庆祝。据说董卓死后,被暴尸东市,守尸小吏把点燃的捻子插入董卓的肚脐眼中,点起天灯。因为董卓肥胖脂厚,点的天灯竟过了数日都没有熄灭。当年,董卓在洛阳杀了连同袁隗在内不少袁氏家族的人,现在那些袁氏家族的门生故吏,出于对董卓的极端愤恨,将董卓的尸体焚烧后挫骨扬灰。此外,皇甫嵩又攻破了董卓在郿县的老巢,将其全家尽数杀戮。

但董卓之死,不仅没有给汉王朝带来重生的希望,反而将其推向了更黑暗的深渊。

变乱又起

董卓虽死,但董卓手下的部众力量依然强劲。驻守在陕县(今属河南三门峡)的牛辅是董卓的女婿,拥兵数万,在听到了董卓被杀的消息后,他率兵东进,在汝、颖一带掳掠百姓。吕布派李肃讨伐牛辅,但没有成功。也许是董卓死后人心涣散,牛辅的部队最终竟无缘无故地溃散,他本人也被乱兵斩首,首级被送到长安。

牛辅死后,其部将李傕、郭汜无处可归,正打算逃回乡里。但贾诩却为二人出谋划策,说与其狼狈逃窜,不如趁着长安空虚,收集散兵拼死一搏。于是,二人便听从了贾诩的建议,沿途收集残部,向长安进攻。等二人到了长

郿坞

衣中甲厚行何惧,
坞里金多退足凭。
毕竟英雄谁得似,
脐脂自照不须灯。
——宋·苏轼

安,军队已达10万余人。长安虽然城池坚固,易守难攻,但无奈吕布军中出了内奸,李傕、郭汜不费吹灰之力攻入长安。司徒王允殊死抵抗,最终兵败自尽,吕布也率军出奔。

于是,李傕、郭汜二人便控制了长安朝廷。汉献帝刚出狼窝,又入虎口。董卓残忍凶暴,李傕、郭汜二人也并非善类,等待汉献帝的不知又将是何等的未来。

三国·青瓷杂耍俑
杂技在汉代被称为"百戏",是当时极为盛行的一种娱乐方式。其体系的正式形成于东汉时期,奠定了现代杂技的基础。

▶ 192年—196年

青州黄巾众百万入兖州,杀任城相郑遂,转入东平。刘岱欲击之,鲍信谏曰……岱不从,遂与战,果为所杀……(曹操)追黄巾至济北。乞降。冬,受降卒三十余万,男女百余万口,收其精锐者,号为青州兵。

——《三国志》卷一《武帝纪》

曹操收编黄巾军

黄巾起义被朝廷镇压后,部分黄巾军依然活跃在青州、徐州等地区。其中势力最大的要数青州黄巾,其规模有百万之众。他们携家带口,辗转各地以求得生存。在汉献帝初平三年(192年),他们来到了兖州地界。等待他们的将会是怎样的命运呢?

时间
192年

背景
青州黄巾军余党入侵兖州,兖州刺史刘岱败死

地点
兖州

结果
曹操击败并收编了青州黄巾军,实力大增

影响
兖州成为曹操地盘

陈宫像
陈宫(154年—198年),字公台,东郡(今河南濮阳西南)人。东汉谋士,曾为曹操和吕布部下。吕布战败后因不愿投降曹操而被处死。

兖州危机

初平三年(192年),大量青州黄巾余党突然涌入兖州,人数多达百万。他们迅速占领了兖州要地——东平和任城二郡。但兖州刺史刘岱却并没有把这些乌合之众放在眼里,想要一举击溃他们。当时的济北相(济北国之相,级别与太守等同)鲍信却极力反对,他劝告刘岱说:"这些黄巾贼人有数百万,百姓们都非常惊恐,军队也都没有斗志,不可正面与他们交锋。我观察这些贼人并没有携带辎重,所以他们一定是靠抢劫度日生存。现在我们不如按兵不动、积蓄士卒的力量,同时也坚壁清野,那么这些人求战不得,又没有攻打城池的能力,久而久之,就会不攻自破。到时候选派精兵,把守一些战略要地,就能轻而易举地将他们击破。"然而,刘岱并没有听从鲍信的意见,最终果然兵败被杀。

在得知刺史刘岱战死的消息后，曹操的谋士陈宫建议曹操趁此良机，立刻接任兖州刺史的位置，进而以此地为根基拓展霸业。同时又亲自去劝说兖州的大小官员，说服他们接纳曹操。而在另外一边，眼看兖州马上就要落入敌手，鲍信于是下定决心，到东郡请老友曹操代理兖州刺史，以重新凝聚人心，共抗强敌。但是，当时黄巾军切断了去往东郡的道路，鲍信只能与州吏万潜且战且行，行至寿张县东时，被黄巾军团团围住。鲍信战斗到了生命中的最后一刻，才勉强将黄巾军击退，而其本人也死于乱军之中。在得知好友战死的消息后，曹操悲愤异常，立刻悬赏寻找鲍信的尸体，但最终还是无果。无奈之下，曹操只好命人用木头刻成鲍信生前的样子以祭祀鲍信。

蒿里行

关东有义士，兴兵讨群凶。
初期会盟津，乃心在咸阳。
军合力不齐，踌躇而雁行。
势利使人争，嗣还自相戕。
淮南弟称号，刻玺于北方。
铠甲生虮虱，万姓以死亡。
白骨露于野，千里无鸡鸣。
生民百遗一，念之断人肠。
——东汉·曹操

以少胜多

随后，曹操立即亲率将士千余人奔赴前线。但黄巾军毕竟人数众多，且身经百战，战斗经验丰富；而曹操的手下多为没有经过训练的新兵。所以当曹操第一次攻击黄巾军大营的时候，损失惨重。首战不利，恐慌的情绪开始在兵士中蔓延。曹操见状，于是披上铠甲，亲自到兵营中鼓舞将士。而将士们听到主帅亲临军阵，顿时重拾信心，燃起斗志。等到再交战的时候，将士们奋勇争先，成功击退了黄巾军的进攻。

黄巾军见曹操军队不易对付，于是就寄给了曹操一封信，想说服曹操放弃抵抗。信中说："当年你在济南做济南相的时候，废除淫祀，毁坏神坛，这与中黄太乙的宗旨相同（中黄太乙为太平道所崇尚的最高神灵，其宗旨反对偶像崇拜），你似乎有些明白了我们的大道，但现如今为什么又会陷入迷惑呢？汉朝的气数已尽，黄家应当代汉而立。这是上天定下的运数，不是你一人能够左右得了的。"接到信的曹操哭笑不得，大声呵骂来送信的使者，并敦促黄巾军速速投降，并巧设埋伏，不分昼夜地攻击黄巾军，并且每战都有擒获。黄巾军力不能支，开始撤退。

收编黄巾

这年冬天，黄巾军被迫北撤。曹操也一路乘胜追击，在济北（今山东长清区南）又击败了黄巾军。黄巾军穷途末路，只能被迫投降。于是，曹操受降卒30余万，家属近百万口，遂将其健壮精锐者编组为军，号为青州兵，将老弱妇孺安置屯田。

曹操收降了青州黄巾军以后，吸取黄巾军缺乏粮草的教训，建安元年（196年）在许下屯田，取得满意的成绩。在范县、东阿屯田，兴修水利，依靠了农民军"男女百余万口"基本劳动力和生产技术，还有他们随身携带的耕牛和农具。当时屯田分军屯和民屯两种，办法是一样的。无牛的公家贷牛，所获公家得六成，私人得四成；有牛者所获平分。取得初步成果后，遂在北方普遍推广，州郡例置田官，有典农中郎将、典农都尉等专职领导，"数年所在积粟，仓廪皆盈"。屯田的好处是不仅能供应连年战争的军粮，还增加了生产，减轻了农民的负担，节省了农民远道运输的劳动，也使百姓富足，生活提高，为曹操统一北方打下经济基础。

而那些青州黄巾军中的作战人员在投降曹操后，从原来无组织无纪律的农民起义军变为训练有素的"青州兵"，为曹操统一北方的事业做出了很大贡献。这支部队子承父业，长期存在，青州兵的名号共存在了28年。

从此，曹操不仅通过收编青州兵扩充了军事实力，同时也控制了大量可以用于耕作的人口，这为其以后的扩张打下了坚实的后勤基础。更重要的是，通过与黄巾军的艰苦作战，曹操由东郡太守一跃成为兖州刺史，从而控制兖州全境，使战略空间得到空前扩大，曹操的霸业也由此奠基。

三国·青瓷乐俑（一组）

193年—194年

太祖父嵩……为陶谦所害，故太祖志在复雠东伐。夏，使荀彧、程昱守鄄城，复征陶谦，拔五城，遂略地至东海。还过郯，谦将曹豹与刘备屯郯东，要太祖。太祖击破之，遂攻拔襄贲，所过多所残戮。

——《三国志》卷一《武帝纪》

血洗徐州

当占据兖州的曹操雄心勃勃，正要放眼天下时，突然得知了父亲曹嵩及家人在泰山被徐州刺史陶谦全部杀害的噩耗。顿时，复仇的怨念在曹操的心头充斥。他即刻挥师东征。在击败陶谦的军队后，曹操又在徐州展开了报复性的屠杀，致使百姓涂炭。

时间
193年—194年

背景
曹操的父亲早年在徐州躲避战乱，曹操担任兖州牧以后，就派人迎接曹嵩到自己的住所，但路过泰山时，曹嵩一家被陶谦的部将张闿谋财害命

人物
曹操、曹嵩、陶谦、张闿

地点
兖州、徐州

结果
曹操大举进攻徐州，并在当地展开屠杀

泰山血案

初平四年（193年）的一天，曹嵩的家里上上下下忙作一团，一派马上就要举家启程的样子。原来，几日前曹嵩接到了儿子曹操的来信。在信中，曹操向父亲汇报了自己近来的情况，并说由于成功地讨伐了青州黄巾，自己已经升任兖州牧，而现在兖州的局势已经安定，所以希望曹嵩带家人来兖州一起居住。曹操还在信中说，自己已经通知泰山太守应劭，让他派遣人马护送曹嵩一家过境。于是，曹嵩立刻令管家尽快收拾财物行装，等待应劭的到来。

当曹嵩还沉浸在与儿子欢聚的期待中时，家丁来报：一大队人马正靠近住所。曹嵩认为这一定是应劭来迎接的队伍，因此毫无防备，只是吩咐家丁打开家门，准备出发。谁知，曹嵩等来的不是应劭的队伍，而是一场残酷的杀戮。那些兵士见大门敞开，毫不犹豫地冲了进去，到门前迎客的曹操之

三国吴·漆木镶石砚

弟曹德，一刀便被砍翻。如梦方醒的曹嵩见状惊恐不已，想带着小妾从后墙逃走，但无奈小妾体形庞大，无法翻墙，于是就逃到了厕所中。但这依然没能躲过残酷的杀戮，曹嵩与小妾二人一同遇害于厕内。由此，曹嵩及其家人全部遇害。等到应劭率领人马到达曹嵩住宅时，所看到的只有满地血迹斑斑的死尸。惊恐不已的应劭害怕曹操怪罪，直接弃官逃奔袁绍。

那么，这场血案究竟是何人指使呢？原来，在一年前，徐州有个叫阙宣的人聚集了数千人，自称天子。而身为徐州牧的陶谦不仅不讨伐，反而跟阙宣勾结在一起，进攻兖州，最终夺取了泰山郡的华、费二县。这最终招来了兖州牧曹操的反击，曹操一连攻下陶谦十几座城池，吓得陶谦龟缩在城内不敢出头。不久后，陶谦得到了曹嵩要从华县迁居的消息，于是就派遣手下将领张闿率领人马前往华县堵截。而张闿又是一个极其贪财、残忍的人，所以就一不做二不休，不但将曹嵩一家的财物尽数劫走，更残忍地将其全家杀害。

复仇之师

在得知父亲及其全家被陶谦派人屠杀后，悲愤的曹操即刻率兵杀向徐州。数日间，曹操就攻下了陶谦十余座城池。陶谦于是派主力部队到彭城

陶谦像
陶谦（132年—194年），字恭祖，丹阳郡（治今安徽宣城）人，为东汉末年徐州牧。

（今江苏徐州）迎击曹操，不想又吃了败仗，数万士兵被杀。元气大伤的陶谦再也不敢出战，只得在郯城（今山东临沂南部）内龟缩不出。眼看曹操就要将徐州收入囊中，但在此时军中粮食耗尽。曹操只得暂时退回兖州。但这样的战果并不能平息曹操的愤怒。于是在撤退的路上，曹操又攻克了虑、睢陵、夏丘（均在河南商丘境内）三县，并在这三县进行了惨无人道的大屠杀，死者达数十万，甚至连泗水的河道都被尸体堵塞而断流。这些无辜的百姓都是刚从关

中地区逃亡至此，没想到躲过了李傕、郭汜的魔爪，但最终没能躲过曹操的屠刀。

虽然曹操暂时撤回了兖州，但他并没有善罢甘休。到第二年夏天（194年），兵精粮足的曹操再度挥师东进，并留荀彧、程昱坚守鄄城。这次东征比上次更加深入，曹军向东一路攻打至东海郡（濒临海边，是徐州最东部的郡之一）。在回师的过程中，陶谦派遣部将曹豹和刘备在郯城东部截击曹操，但依然被曹操击败，附近的襄贲县反而被曹操占领，并遭到了曹操的屠杀。主力丧失殆尽的陶谦此时也失去了抵抗的信心，打算就此放弃徐州，向南逃到扬州的丹阳避难。但是，就在他做出决定的最后一刻，形势发生了扭转。

原来，当曹操在徐州大举征伐之时，从长安逃出的吕布正率残部向兖州靠近。更要命的是，曹操的队伍中出了内奸：曾与曹操并肩作战的张邈，以及曾为曹操出谋划策的陈宫在此关键之时叛变了曹操，将兖州兵力空虚的实情秘密通知了吕布。此时的吕布刚被李傕、郭汜从长安赶出，先后辗转在刘表、袁绍等势力间，但都不被接纳，犹如丧家之犬。其实，吕布到兖州也只是碰碰运气，没想到中了大奖。因此，在张邈、陈宫的策应下，吕布以极快的速度攻下了兖州的大部分郡县。但鄄城由于荀彧和程昱的固守并没有攻破。荀彧也同时写信，请曹操速速返回兖州。

曹操在获悉自己的后院起火后，哪还有心思继续在徐州多留，于是带着军队火速撤退。就这样，徐州的战事就告一段落了。而在兖州，一场虎狼之争才刚刚开始上演。

借赵云
清代杨柳青年画。描绘三国时，曹操围攻徐州，徐州牧陶谦向刘备求救，刘备向公孙瓒借赵云相助的故事。

三国吴·青瓷卧箜篌乐俑

卧箜篌是箜篌的一种,是历史悠久的中国传统乐器。在古代的皇室和贵族音乐中,箜篌是不可缺少的,而且还是演奏中主要的乐器之一。有弦数组,不仅能演奏旋律,也能奏出和弦。此青瓷乐俑头戴包巾,双手正抚过膝盖上的卧箜篌,右手边还放着一瓷鼓,神情怡然,仿佛正沉浸在美妙的乐曲之中。

> **194年**
>
> 会张邈与陈宫叛迎吕布，郡县皆应。荀彧、程昱保鄄城，范、东阿二县固守，太祖乃引军还。布到……遂进军攻之……太祖陈乱，驰突火出，坠马，烧左手掌。司马楼异扶太祖上马，遂引去。
>
> ——《三国志》卷一《武帝纪》

兖州争夺

被赶出关中的吕布辗转流离，先后投奔袁术、张杨、袁绍等人帐下。然而吕布为人跋扈张扬，不能久居人下。于是，最终在袁绍的追杀下，吕布率军逃奔兖州。而此时曹操东征陶谦，兖州正处空虚之际。曹操的老朋友张邈此时也正在暗中谋划着一场叛变阴谋。

时间
194年

背景
吕布被赶出关中后，漂泊无定，先后依附于袁术、张杨、袁绍等人

参战双方
吕布、张邈、陈宫；曹操

地点
兖州

结果
吕布被曹操击败，撤出兖州

吕布
吕布（？—199年），字奉先，并州五原郡九原（今内蒙古包头九原区）人，东汉末年著名武将与军阀。先后为丁原、董卓的部将，也曾为袁绍效力，后趁刘备与袁术交战时而占据徐州，自成一方势力。建安四年（199年）在下邳被曹操击败并处死。

丧家之犬

话说吕布杀了董卓后，与司徒王允一武一文共同主导长安城的局势。然而不久后，董卓部将李傕、郭汜率十余万人杀回关中，包围长安。吕布、王允兵力不支，长安随后被攻破，王允最终以死殉国。而吕布则率残部杀出重围，从武关（今陕西商洛境内）逃向南阳地区。

此时，南阳为袁术所据守。袁术作为当年起兵讨董的诸侯之一，与董卓不共戴天。加之吕布是手刃董卓之人，对袁氏有恩（此前董卓曾将在洛阳的袁氏家族成员全部杀害），所以袁术接纳了吕布，并且给吕布相当丰厚的待遇。但吕布不仅不知感激，反倒自恃对袁氏有恩，骄横放纵起来，率领兵士在袁术的辖境内抢劫。于是，袁术开始对吕布

不满。吕布不久后也意识到了袁术态度开始发生微妙的变化，因此内心不能自安，就率兵离开了南阳，去投奔盘踞在河内的张杨。然而，李傕对吕布的悬赏令此时也正好传到河内，张杨的下属部将都想把吕布杀了向李傕请功。吕布私下里得到了这个消息，非常惊恐，就去主动找张杨，劝他说："我跟您是老乡，您现在把我杀了，功劳也未必增多，不如把我活着交给李傕，这样就可以得到更多的封赏。"张杨同意了吕布的建议。然而，这只是吕布的缓兵之计，他因此赢得了逃跑的时间，便率军逃出了河内。

吕布从张杨的手中死里逃生，一路北逃，又投奔到袁绍的麾下。此时正值袁绍讨伐黑山贼张燕之际，袁绍见骁将吕布来投奔自己，正好可以派上用场，就派遣吕布做先锋征讨张燕。张燕此时手下有精兵万余人，战马数千匹，实力不容小觑。但吕布不仅胯下有赤兔宝马，手中更有成廉、魏越等一干健将，勇猛异常。因此在与张燕作战的十几日中，吕布每日都数次冲击张燕的阵地，每次都斩获颇丰。张燕最后终于支撑不住，被吕布击溃。

然而吕布再次犯了居功自傲的毛病，他自恃有功，就去袁绍那里要求更多的兵马，但袁绍并没有答应。加之吕布的手下屡教不改，横暴难治，所以袁绍也开始担忧不能制约吕布。吕布由此再次心生不安，请求回到洛阳。袁绍也就做了个顺水人情，答应了吕布的请求。但又担心吕布将来成为自己的劲敌，袁绍便以派人为吕布送行的名义，在送行的队伍中安插了刺客，企图在途中杀掉吕布。但机智的吕布再次用计躲过，一路向南逃走。走投无路的吕布想要再次投奔张杨，但在路过陈留的时候，太守张邈的一个决定改变了吕布的命运。

忘恩负义

张邈原本与曹操关系极好，曹操最初起兵时，得到了他不少帮助。此后，关东诸侯结盟讨伐董卓，但大都按兵不动，在曹操愤然独自进军洛阳的时候，只有张邈一个人派兵支援曹操。

另一方面，张邈与袁绍也是好友，但当袁绍当了盟主以后，变得十分骄矜，张邈对此颇为不满。有一次，张邈正色斥责袁绍，袁绍大怒，当时就要杀掉张邈。但曹操不同意，斥责他说："张邈是咱们亲密的老朋友，所以不管是对是错你都应该包容他。现在天下未定，不应该自相残杀啊！"袁绍听后这才打消了杀掉张邈的念头。张邈后来听说了这件事，就对曹操非常感激。后来，曹操在第一次征讨陶谦之前，对他的家人说："我如果这次回不来，你们就去依从张邈吧。"当曹操安全返回兖州，见到张邈后眼泪就流了下来。

但随着袁绍的势力不断扩大，其在北方的影响力也不断增强，以至于连曹操有时都要服从他的命令。张邈由此

《曹孟德大战吕布》插画

心怀不安，害怕曹操哪天迫于压力，将他交给袁绍。正当此时，曹操为了报父仇再次讨伐徐州，兖州正处于空虚之际。吕布的到来，让张邈心生一计：拥立吕布乘虚而入，夺取兖州，而吕布与袁绍刚刚结怨，必然不会将自己送给袁绍发落。就这样，张邈背弃了与曹操的情义，投向了吕布阵营。

兖州苦战

张邈的背叛，并非一人一城的背叛。曹操的谋士陈宫、从事中郎许汜、王楷也一并投靠了吕布。陈宫原本为曹操把守东郡（今河南东北部和山东西部区域），此时率众西迎吕布，吕布由此占据了濮阳。如此一来，兖州的其他郡县也纷纷响应，只有鄄城、东阿、范三县还忠于曹操。

惊闻老巢失守的曹操，火速从徐州撤兵，在濮阳与吕布遭遇。这时濮阳大姓田氏密谋响应曹操。当曹操抵达濮阳城下时，田氏派人焚毁东门，曹操由此得以顺利进入濮阳。但当正式开战的时候，却情况大变。曹操以阵中精锐——青州兵打头阵，然而吕布发挥了自己的骑兵优势，率先以骑兵冲击曹操的阵地，青州兵顿时大乱，四向奔散，曹操大军由此乱了阵脚，被吕布的骑兵冲击得七零八落、溃不成军。

曹操见军队逐渐被吕布包围，便掉转马头准备从战火中突围。但在慌忙之中，曹操不慎坠落马下，致使左手掌被火灼伤。正当此时，吕布的兵士冲上来抓住了他，但这个士兵之前并没有见过曹操，所以并不知道他是谁，就问道："曹操何在？"曹操慌忙反手一指，说："那边骑黄马的就是！"于是，兵士放过了真曹操而去追骑黄马的人。司马楼异见状，立刻重新将曹操扶上马，这才使其脱离险境。但曹操的部下在战后都以为曹操已经遇难，惶恐不已。曹操安然回来后，亲自到各营劳军，并让各军制造攻城器械，准备重新与吕布决一雌雄。

于是，曹操与吕布就在濮阳附近相持了一百多日，转眼已来到了秋天，正是农民收获的时节。但谁知就在这收获的季节，兖州地区出现了大蝗灾，致使多地粮食歉收，一斛谷子的价格高达几十万钱。曹操和吕布都因军中缺粮而罢兵。曹操撤回了鄄城，但还是因为粮食不足而裁撤了许多新招募的士兵，甚至一度想要归附袁绍。但这立刻被谋士程昱劝止。而那边吕布的日子也不好过。当吕布到乘氏县（今山东菏泽境内）征粮的时候，居然被当地民间武装击败。不得已之下，吕布只得向东屯守山阳（今山东菏泽巨野东南）。此后，吕布又屡次进犯曹操，但都被曹操设计打败。不得已之下，吕布只得率军撤出兖州。

成功收复兖州的曹操再次巩固了自己的根据地，而逃向徐州的吕布，却从此给徐州带来了更大的灾难。

194年

曹公征徐州，徐州牧陶谦遣使告急于田楷，楷与先主俱救之……谦表先主为豫州刺史，屯小沛。谦病笃，谓别驾麋竺曰："非刘备不能安此州也。"

——《三国志》卷三十二《先主传》

徐州易主

面对曹操的大军压境，陶谦只得龟缩在郯城内坚守不出，并派使者前往公孙瓒部将田楷处求援。于是，田楷便率领刘备驰援徐州。到达徐州后，陶谦对刘备格外赏识，向朝廷推荐刘备做豫州刺史。正当此紧要关头，年迈的陶谦猝然病逝。他在遗书中指定刘备作为继任者，这对于刘备来说，究竟是福是祸呢？

时间

194年

背景

曹操为报父仇，大举进攻徐州；陶谦力不能支，于是向公孙瓒部将田楷求援

主角

陶谦、刘备

地点

徐州

结果

陶谦病死，刘备入主徐州

辗转流离

且说刘备当年因为讨伐黄巾军立有战功，被授予了中山郡安喜县（今河北安国附近）县尉一职。但没过多久，朝廷就下了一道命令，说：如因军功而成为郡县长官的人，都要重新精挑细选，从而淘汰掉一批不称职的人。这下刘备可慌了神，因为他自己就是因为军功而当上了县尉。果不其然，不久之后，该郡的督邮（负责监督郡内各县行政事务的官员）就来到了安喜县。刘备知道这一天迟早要到来，于是就抱着最后的希望，到督邮入住的驿站求见，想要当面向督邮求情。但督邮这边也知道刘备来求见的目的，所以就对外宣称得了病，闭门不见。刘备眼看自己马上就要丢了乌纱帽，心急如焚，于是便一不做二

三国·青瓷带盖簋

簋是古代中国用于盛放煮熟饭食的器皿，也用作礼器，圆口，双耳。先秦时多为青铜制作，是当时富贵人家的盛饭器皿。原始青瓷簋出现于商代，汉时多有烧制。

不休，回到自己办公的地方，带着手下的吏卒冲入了督邮所住的屋子，并大声说道："太守下了密令，让我来收捕督邮！"于是刘备派人用大杖打了督邮二百下，随后将其绑在了拴马桩上，并把自己的印绶取来，挂在了督邮的脖子上。但刘备心头的怨恨并没有消除，甚至想将督邮杀了了事，但在督邮的苦苦哀求下，刘备也于心不忍，最终将其放走。

泄了愤的刘备也自知犯下大错，于是立刻弃官，与关羽、张飞等人一并逃走。此时，正值何进与宦官激烈交锋之时，由于在京城的军事力量大都为宦官把控，于是何进就派人到各地募兵。都尉毌丘毅就是其中之一，被派往丹杨（今安徽宣城境内）募兵。亡命在外的刘备听闻此讯，就立刻加入了毌丘毅募兵的队伍。结果部队到了下邳一带，遇到了盗贼拦路，刘备作战英勇，又一次立下了战功，因此又被任命做了下密县（今山东昌邑境内）县丞。但不久以后，刘备又弃官不做，于是朝廷又任命其为高唐县（今山东聊城境内）县尉，后升任高唐县令。

然而好景不长，刚做了县令的刘备，就在一次与盗贼的战斗中失利。无奈只得逃往老友公孙瓒处避难。而公孙瓒此时也处于用人之际，于是就上书朝廷，任命刘备为自己部下的别部司马，

成都武侯祠中的刘备雕像
刘备早年颠沛流离，备尝艰辛，投靠过多个诸侯。最终在诸葛亮的帮助下，靠其宽厚待人的性格在乱世中取得了一方帝业。

并派其同青州刺史田楷一道，抵抗冀州牧袁绍。刘备凭借着在与袁绍作战中屡次立下的战功，最终升任平原国国相。当时由于战乱频繁，不少民众难以维持生计，往往干出一些聚众抢劫的勾当。刘备上任后，对外防备贼寇，对内保境安民。只要是士人，无论身份高低，刘备都以礼待之，所以很多人都来归附刘备。但平原人刘平却一直瞧不起刘备，于是就派遣刺客打算刺杀刘备。但当刺客到了刘备的住所时，刘备并不知情，还是像往常对待其他宾客一样厚待他，刺客既惭愧又感动，于是就将刘平的刺杀计划告诉了刘备，扬长而去。由此可见，刘备在当地还是颇得人心的。

驰援徐州

而这时的徐州，正在经受着曹操复仇之师的蹂躏。面对曹操的大军压境，陶谦屡次出击，但都无功而返，最终只得龟缩在郯城内坚守不出，并派使

《陶恭祖三让徐州》插画

者前往公孙瓒部将田楷处求援。于是，田楷便率领刘备驰援徐州。此时，刘备手下除了原有的一千多人马以及幽州乌桓族的骑兵之外，又沿途掳掠了饥民数千人，由此实力大增。

等田楷、刘备人马到了徐州，陶谦对刘备十分器重，当即拨给刘备四千丹杨精兵。而刘备见陶谦如此器重自己，也辞别了田楷，转而为陶谦效力。正当此时，吕布占据了兖州，后院起火的曹操连忙撤回兖州，徐州危机暂时得以缓解。此后，陶谦又向朝廷上书，推荐刘备做了豫州刺史，并派刘备屯守在小沛（今江苏沛县），协助自己抵御曹操。

不久之后，陶谦病逝，享年六十三岁。在陶谦临死前，曾将亲信糜竺召至病床前，对他说："除刘备之外，没有人能使徐州安定。"并令糜竺迎接刘备作为继任者。于是在陶谦病故后，糜竺便率领徐州本州人士前往小沛迎接刘备继任徐州牧。刘备得知陶谦病故及自己将接管徐州的消息后，大吃一惊，连忙谢绝糜竺，认为以自己的名望不足以担此重任。但徐州名士陈登和北海太守孔融相继力劝刘备接管徐州。十是，在犹豫再三之后，刘备最终决定接受糜竺的邀请，主政徐州。

祸福相依

刘备虽然接管了徐州，但他自身名望尚不足以支撑这个重要的位置，急切地需要被别人承认。于是，陈登就写信给袁绍，叙说刘备接管徐州的原委，以求得到袁绍的认可。袁绍此时正在河北与公孙瓒激战，而刘备原来作为公孙瓒的部下，现在反而主动来联络自己，袁绍自然是大喜过望，于是爽快地承认了刘备在徐州的地位。

但刘备主动联络袁绍的举动，一下子激怒了袁术。要知道袁绍和袁术这对兄弟此时已经水火不容。刘备的这个小动作无异于对袁术的挑衅。因此，袁术从寿春派兵来攻击徐州。然而袁术的敌人却不止袁绍一个，还有身在兖州的曹操。曹操打击袁术，此时也开始拉拢刘备，向朝廷上书推荐刘备为镇东将军，封宜城亭侯。刘备见曹操和袁绍两大势力都支持自己，便变得理直气壮起来。为了迎击袁术，刘备亲率大军到盱眙（今江苏盱眙）、淮阴（今江苏淮安）拒敌。那么面对气势汹汹的袁术，刚接管徐州的刘备又是否能成功度过此次危机？此时，吕布在与曹操争夺兖州的战争中失利，即将向徐州方向逃窜，刘备似乎又将面临内外交困的严峻考验。

孔融像
孔融（153年—208年），字文举，鲁国（今山东曲阜）人，孔子的二十世孙，曾任北海相，亦称孔北海。曾力劝刘备接管徐州。东汉文学家，"建安七子"之首。

196年

太祖遂至洛阳,卫京都,暹遁走。天子假太祖节钺,录尚书事。洛阳残破,董昭等劝太祖都许。九月,车驾出辕辕而东,以太祖为大将军,封武平侯。

——《三国志》卷一《武帝纪》

"挟天子以令不臣"

李傕和郭汜在占据长安不久后,便反目成仇,相互攻击。汉献帝则乘机逃出关中,重回洛阳。但残破的洛阳已经无法令献帝安身。于是,献帝派人前往关东,说服各诸侯前来护驾。但关东诸侯反应不一。那么,刚刚收复了兖州的曹操,又会如何处理此事呢?

时间

196年

背景

献帝历经千辛万苦,逃出李傕、郭汜的控制,最终抵达旧都洛阳,但安全依然堪忧

得益者

曹操

凭借方式

挟天子以令不臣

结果

曹操确立了自己在诸侯中的地位,占尽了政治优势

三国·青瓷虎子

落魄天子

董卓死后,李傕、郭汜反攻长安,最终逼死王允、击走吕布,得以专制朝廷。此二人比之董卓却是有过之而无不及,如果说董卓对于皇帝还保留有最后一丝尊敬的话,那么李傕、郭汜连这最后一丝尊敬都不给皇帝。

是时长安新遭战乱,城内很不稳定,盗贼白天就在大街上公然掳掠,李傕、郭汜、张济等人虽然在城中分区管理治安,但仍然不能够禁止。反倒纵容自己的子弟们盘剥百姓,搞得城中物价飞涨,尤其是粮食价格,当时谷子一斛的价格高达50万钱,豆麦的价格也都涨到20万钱一斛。而百姓们是无论如何都负担不起如此高昂的粮价的,最终致使饿殍遍地,白骨遍野,尸体腐烂的恶臭布满长安城的大街上,有些地区甚至出现了人吃人的惨状。据统计,在董卓当政时期,三辅地区尚有10万户的人口,经历了盗贼和李傕、郭汜的掳掠、相互攻击,在不到两年的时间内,人口竟然死亡殆尽!而汉献帝和公卿百官的日子也不好过。当时宫中的宫女大多在战乱中失去了衣服,献

李傕、郭汜大交兵

东汉末，李傕、郭汜二人劫持汉献帝，谋乱于长安。汉太尉杨彪用离间计使李傕、郭汜内讧，自相攻伐。

帝看不过眼，就想调拨国库所藏的绢布为宫人做衣服，但李傕以"宫中有衣"的借口拒绝了献帝的请求。此后，献帝为了接济公卿百官和百姓的生活，卖掉了厩中100多匹马，并且调拨大司农府的绢帛2万匹，打算赐给公卿百官以及失去生活保障的百姓们，但李傕得知此事后，又借口将这批财货截取，运送至自己的营中。可见，汉献帝在李傕面前，几乎毫无尊严可言。

不久后，诸将争权，李傕杀掉了樊稠，又与郭汜反目，一时间长安城内战乱又起。李傕挟持献帝到自己营中，将皇帝御用之物抢到了自己的家中，并一把火把长安的宫殿、官署一齐烧毁。李傕派遣公卿百官去郭汜营中请和，但不想郭汜却乘势将百官扣押作为人质。李傕见状大怒，又开始与郭汜恶斗。而此时李傕的部将杨奉反叛，使李傕势力受到了削弱。鏖战数月后，原本驻扎在陕县（今河南三门峡境内）的张济入关，调解李傕、郭汜的纠纷，由此二人和解，汉献帝也得以东归。汉献帝由此踏上了一条并不平坦的归途。

流亡之路

汉献帝刚刚逃出虎口，到了新丰、霸陵附近（位于长安东部），郭汜又派兵追来，企图将其再次掳掠到郿坞。汉献帝于是逃到李傕的叛将——杨奉的大营中。杨奉在击退郭汜后，打算保护汉献帝返回旧都洛阳。此时，李傕和郭汜才如梦方醒，发现汉献帝快要逃出自己的手掌心，因此又摒弃前嫌，合兵一处追击杨奉和汉献帝，最终在弘农（今河南三门峡境内）大败杨奉和董承等人。狼狈不堪的汉献帝为了躲避追兵，只得带着皇后和身边的随从数人仓促北渡黄河，途中只能留宿在平民的屋舍中。当时又正逢蝗灾，不少农民都面临绝收的境地。所以无粮可用的献帝一行人，只好用野枣和野菜充饥。而当献帝和群臣在沿途临时朝会的时候，只能在农家的篱笆间进行，许多兵士都趴在篱笆上，像是看笑话一样在偷看。堂堂天子，巍巍群臣，最终竟沦落到如此地步，真是威严扫地！

历经千辛万苦，献帝一行人终于

抵达洛阳。此时的洛阳已是一片废墟：宫室被完全焚毁，街道阡陌一片荒芜，百官只得在荆棘野草、残垣断壁间落脚。粮食消耗殆尽，而此时关东诸侯竟无一人来洛阳护卫和上贡，致使原本就缺粮的汉献帝日子更加难熬。尚书郎以下的官员，都要出去砍柴、采集食物，才能勉强度日，有些人白天出去就饿死在路上，最终再也没能回来。

虽然如此，汉献帝为了笼络身边仅有的一点军事力量，还是任命杨奉和董承为辅政大臣，韩暹为征东将军、胡才为征西将军、李乐为征北将军。而杨奉、韩暹、胡才、李乐等人，原本都是被人称为"白波贼"的盗贼集团成员。

奉迎天子

汉献帝虽然得以逃出李傕、郭汜魔爪回到洛阳，但其在洛阳连最基本的生活需要和人身安全都得不到保障。于是献帝便派遣使者，分别到各个关东诸侯那里请求援助。但诸侯们的反响颇为冷淡：刘表只愿意供奉一定的贡物，不愿派兵赴洛阳护卫天子；袁绍最初积极响应，但听从手下谋士的建议，说奉迎了天子后会处处受到朝廷限制，反而会制约自身发展，袁绍最终只得作罢；袁术的做法更加过分，他不仅不派遣援兵、供奉贡物，反而将天子的使者扣押。

起初，曹操的响应也颇为积极，但手下将领有人反对，荀彧则坚持一定要奉迎天子，认为曹操如果不趁此时抓住良机，将来献帝一旦落入他手，便会追悔莫及。于是，曹操下定决心，派出曹洪率军前往洛阳，但洛阳方面的董承，以及驻扎在陈留的袁术则抵制曹操接近天子，派人在险要处驻扎，曹洪没办法通过，由此无功而返。但不久之后，洛阳内部发生了内讧，韩暹由于居功自傲，干预朝政，引起了董承等人的反感。但由于韩暹掌握军权，所以董承就派人暗通曹操，召曹操入京勤王。曹操这次也得以顺利进入洛阳，成功奉迎汉献帝。韩暹此时恐惧不已，于是逃到了杨奉军中。但汉献帝认为韩暹、杨奉护驾有功，所以并不问罪。

曹操见洛阳已经破败至此，不适合再作为皇帝居住的地方，于是就谋求迁都。此时，董昭建议迁都到许县（今河南许昌）。于是，在建安元年（196年）九月，曹操护卫着汉献帝到了许县，改许县为许都，由此也将自己的统治重心从兖州迁往许都，兖州的事务则交给程昱负责。

得到了庇护的汉献帝，终于结束了颠沛流离的日子，但还是没有改变寄人篱下的窘境。而手握天子的曹操，也开始在众多诸侯中脱颖而出。然而在此时，北方最具实力的势力却不是曹操，而是河北的袁绍。袁绍在击败张燕后掌控了冀州全境，其麾下兵强马壮、粮草丰足。在听闻曹操掌握了天子以后，袁绍既悔又恨，同时对曹操心生妒忌。那么，袁绍和曹操的关系将会有怎样的发展呢？袁绍对曹操会善罢甘休吗？

三国·青瓷碓

碓是用木石做成的舂米器具,一般是利用水力,用柱子架起一根木杆,杆的一端装一块圆锥形石头。下面的石臼里放上准备加工的稻谷。此套青瓷碓应为随葬明器。

> **197年**

韦被数十创，短兵接战，贼前搏之。韦双挟两贼击杀之，余贼不敢前。韦复前突贼，杀数人，创重发，瞋目大骂而死。

——《三国志》卷十八《典韦传》

血色宛城

曹操护卫献帝定都许昌后，为了保证都城的安全，开始清除许昌周边的军阀势力。盘踞在宛城的张绣首当其冲。建安二年（197年），曹操征讨张绣。而此时张绣的实力颇为虚弱，在听闻曹操大兵压境便立刻投降，但仅十余天后便又反叛。最终，张绣的突袭令曹操付出了极其惨重的代价。

时间
197年

背景
曹操挟献帝定都许昌，开始清除周边势力

参战双方
曹操、张绣

交战地点
宛城

结果
曹操初次征讨宛城失利，损失惨重；最终张绣听从贾诩建议，归降曹操

京剧韦典脸谱
典韦（？—197年），陈留己吾（今河南商丘宁陵县己吾城村）人。东汉末年曹操部将，相貌魁梧，膂力过人，英勇无敌，被拜为校尉，宿卫曹操。建安二年（197年），张绣背叛曹操时，典韦为保护曹操而独挡叛军，但最终因寡不敌众而战死。其京剧脸谱为黄色花三块瓦脸，以黄色象征其骁勇凶暴的人物性格。

进军宛城

曹操将汉献帝迎奉到了许县后，改名为许昌，又称作许都，"挟天子以令诸侯"。然而，许昌位于中原腹地，四通八达，处于四面环敌的不利位置，地理形势并不理想。此时，周边形势对于曹操也颇为不利：袁绍在河北逐渐处于主导地位，他对曹操奉迎天子之事又悔又恨，于是与曹操之间渐生嫌隙，甚至开始谋划进攻许昌的行动；袁术被曹操和袁绍合力击溃后，逃至淮南地区，又纠集起一批人马妄图称帝；吕布在被曹操从兖州逐出后投奔刘备，但最终反倒将刘备驱逐，从而自己占据徐州；驻扎在宛城的张绣，虽然依

靠刘表生存，但距离许都近在咫尺。所以，曹操要想将献帝稳稳地把控在手中，就必须先将这些割据势力——扫除干净。

在这些势力中，宛城位于南阳盆地，与许昌近在咫尺，所以张绣可称得上是曹操的"肘腋之患"。当年，张绣的叔父张济由于粮草不济，便从关中到南阳穰城（今河南南阳境内）劫掠粮食，不想却被当地武装的流矢射中身亡。张绣不得已之下，只得暂时依附于刘表生存，所以其自身实力并不强劲。于是，曹操综合各方面考虑，首先将矛头指向了张绣。但令曹操没想到的是，张绣这个看起来"最好捏的柿子"最终却让他付出了惨痛的代价。

大难临头

建安二年（197年）正月，曹操率大军讨伐张绣，驻扎在淯水河边。张绣听闻曹操大兵压境的消息，惶恐不已，当即决定率众归降曹操。曹操见张绣主动来降，非常高兴，便邀请张绣及其将帅，一同置酒高会。曹操行酒时，一名身材魁梧的卫士手持大斧，一直护卫在曹操身边，寸步不

武汉龟山三国城典韦塑像
典韦（？—197年），陈留己吾（河南宁陵县西南）人，三国时期曹操帐下的猛将。

离。每当曹操到别人面前祝酒时，这人都要握紧大斧、双目圆睁地瞪着对方。等酒宴结束后，张绣及其将帅均不敢看他。此人不是别人，正是曹操的帐下猛将——典韦。

典韦其实很早就加入了曹操阵营，并且每日侍奉在曹操左右，至忠至谨。曹操因此也非常信任典韦，让他日夜守在自己的大帐外，所以典韦也很少回到自己的家中。典韦还有一个特点，就是擅长使一双大戟和长刀。因此，军营中都流传这么一句话，叫作："帐下壮士有典君，提一双戟八十斤。"

此时，志得意满的曹操不禁有些忘乎所以，在宴会结束后，他就做出了一个致命的决定——收纳张济的遗孀邹夫人为妾。古人有云："长兄如父，长嫂如母。"张绣在得知自己的寡婶被曹操霸占，羞愧异常，于是对曹操怀恨在心。加之曹操又送金银给张绣所亲近的部将胡车儿，这令张绣变得更加不安，以为曹操要收买胡车儿刺杀自己。而张

三国·青瓷猫头鹰插座

绣的愤怒与不安，很快就传到了曹操的耳朵里。曹操于是暗中决定除掉张绣。但曹操的计划也被泄露，所以消息又传回到了张绣那里。张绣见自己的猜测果然属实，就听从谋士贾诩的建议——先下手为强，突袭曹操大营！十几天后，张绣以率军请求从曹操营旁的大道路过为由，使曹操放松警惕，进而向曹操大营发动了突然袭击。于是，一场血战就此开始。

血色宛城

遭到袭击的曹操猝不及防，根本无法组织起有效的抵抗，只得仓皇骑马逃出大营。但张绣的军队攻势凶猛，矢如雨下，曹操不仅本人右臂中箭，连其坐骑绝影也被射中了面颊和马足。曹操的长子曹昂见状，便将自己的马让给曹操，自己回身与敌军奋战。但谁知这竟成了父子相见的最后一面。

而此时的典韦为了给曹操赢得更多的时间脱身，正率领十余名壮士在军营大门前把守。等到敌军攻来时，壮士们无不以一当十，拼死血战。然而，张绣后继的援军越来越多，但典韦毫无惧色，反倒越战越勇。敌军的长矛犹如一簇簇松针一样向前刺来，只见典韦大喝一声，操起惯用的长戟奋力抵抗，十多杆长矛顿时应声折断。尽管典韦及其手下拼死抵抗，但毕竟寡不敌众。

渐渐地，典韦身边的壮士越战越少，最终只剩下他孤身一人，身上受的伤也大大小小有十几处。

但他依然不打算放弃。敌军向前越逼越近，典韦扔下长戟，拔出短刀，准备与敌军做最后一搏。突然，数名敌军向典韦扑来，典韦用双手一手擒住一名敌军将其击杀，其余人再也不敢上前挑战。杀红了眼的典韦见突围无望，决定与敌军同归于尽。他拖着残躯，又一次冲入了敌军阵中。在手刃数人后，典韦身上的创伤崩裂，他深知自己已经突围无望，于是怒目圆睁、大骂敌军后力尽身亡。由于典韦异常勇猛，以至于张绣的部队在反复确认典韦已死后才敢上前探视，他们估计从未见过如此勇猛的将军，于是割下了典韦的首级在军中传阅。

曹操最终得以顺利脱身，安全撤回舞阴县（今河南平顶山境内），但自己也被流矢射中负伤。张绣的这次突袭，不仅使曹操损失了爱将典韦，更令曹操的长子曹昂、侄子曹安民丧命。曹操在脱身后悲痛欲绝，但他此时并没有失去理智，他知道张绣追兵一定正在路上。

于是曹操便率领残部在路边设伏,最终大破张绣,得以安全地撤回许昌。

尽弃前嫌

就在这一年（197年）的十一月,曹操心有不甘,再次率军征讨张绣。行军途中路过清水旧营,曹操面对此情此景,不禁心生感伤,于是便在水边设坛祭拜此前的阵亡将士。想到了已故的长子、侄子和爱将典韦,曹操再也忍不住悲痛,痛哭流涕起来,众人见此情此景,也纷纷潸然泪下。

此后不久,袁绍的大军开始南下,并与曹操在官渡附近对峙。为了制约曹操,袁绍遣人招降张绣。但贾诩却当着张绣的面回绝了袁绍的来使,并劝告张绣说,袁绍度量狭隘、不能容人,投降曹操却有三点优势：曹操挟天子以令诸侯,名正言顺；曹操兵力较弱,更愿意拉拢盟友；曹操志向远大,一定能够不计前嫌。张绣于是听从了贾诩的建议,率众归顺曹操。曹操闻讯后大喜,果然不计前嫌,接纳了张绣等人。为了打消张绣的顾虑,曹操还任命张绣为扬武将军,并让其子曹均娶张绣之女为妻。

曹操尽弃前嫌,接纳了张绣的归降,不仅壮大了自己的队伍,更打消了后顾之忧,可以专心致志应对袁绍的进攻。而在曹操征伐张绣的这段时间,袁绍与公孙瓒在河北也进行着一场决定命运的生死战,那么,他们的胜负又如何呢？

战宛城
旧时,山东潍县戏出年画。描绘张绣降曹,迎接曹操进城的场景。左二为典韦。

192年—199年

瓒常与善射之士数十人，皆乘白马，以为左右翼，自号"白马义从"。乌桓更相告语，避白马长史。

——《后汉书》卷七十三《公孙瓒传》

"白马将军"公孙瓒

公孙瓒早年出身低微，但凭借着赫赫战功，成为汉帝国北疆的实力派人物。幽州刺史刘虞上任后，对塞外民族推行的怀柔政策让公孙瓒失去了用武之地。于是公孙瓒和刘虞之间展开了明争暗斗。最终，公孙瓒杀掉了刘虞，独霸北境。但此时，崛起于河北的袁绍与公孙瓒的冲突也愈演愈烈。

时间
192年—199年

背景
公孙瓒在河北不断扩张，与刘虞、袁绍发生冲突。公孙瓒杀害刘虞，并与袁绍展开角逐

主角
公孙瓒、袁绍

地点
河北地区

结果
公孙瓒败亡，袁绍取得河北霸权

传世典故
"白马将军"

公孙瓒像
公孙瓒（？—199年），字伯珪，辽西令支（今河北迁安西）人。东汉末年军阀。

忠义少年

公孙瓒（？—199年）原本是贵族子弟，家中长辈屡有2000石的高官。在汉代，按照如此优越的家世，年轻的公孙瓒应该能有一个比较好的出路。然而，因为母亲出身低微，所以公孙瓒只能从郡中的书佐小吏做起。但公孙瓒毕竟出身贵族，气质异乎常人，很快就因容貌英俊、声音洪亮而且才智超群而受到太守赏识，被太守聘为女婿。由于太守非常赏识公孙瓒，于是便资助他去跟从郡中大儒卢植学习。而此时跟从卢植学习的，还有前面提到的刘备等人。这样一来，公孙瓒便与刘备成了同窗好友。

但好景不长，太守随后因为犯法，被廷尉用囚车传唤至中央以审明案情。汉代法律规定，在这种情况下，太守所亲近的官吏不得随从。但公孙瓒不忍太守一人独自前往，便改

辽阳汉魏壁画墓群北园一号墓壁画《车马出行图》

辽阳汉魏壁画墓建于1700年前三国时期,当时诸侯割据,社会动荡,而公孙氏割据下的辽东郡则相对稳定,经济、文化发展较快,丧葬之风盛行。公孙氏的子孙在此统治五十余年,留下了大量的壁画墓群。该墓群的壁画反映了辽东地区的经济文化发展状况,有着重要的史料价值。

易容貌、更换衣服,装作侍卒,为刘太守驾驭车马,一路服侍至洛阳。数日后,廷尉裁决将刘太守发配至日南(今越南境内)。当时的日南距离洛阳数千里,路途遥远且瘴气弥漫,一般人认为只要发配到那里,十有八九是回不来了。但公孙瓒还是决定毅然前往。所幸,当太守一行人即将要出发的时候,朝廷发布赦令,宣布赦免太守不再发配日南。公孙瓒也由此躲过一劫。

白马义从

公孙瓒归来后,因此卓著的德行被举为孝廉,此后升任为辽东属国长史。后因战功升迁为涿县(今涿州市)县令。光和年间(178年—184年),渔阳(今北京密云西南)人张纯引诱辽西乌桓首领丘力居等叛乱,攻占右北平郡(今河北丰润东南)、辽西郡属国的城池。公孙瓒以三千骑兵追讨张纯等叛贼,立下战功,因此又晋升为骑督尉。此时,属国乌桓首领贪至王率众归降公孙瓒,公孙瓒又因功升为中郎将,封为都亭侯,进驻属国。

到了中平五年(188年),张纯、丘力居再次率军进犯边境,公孙瓒率军反击,大败张纯等人。张纯见大事不妙,于是抛弃妻子,逃入鲜卑境内。公孙瓒见旗开得胜,便继续率军追击,想要一劳永逸地解决叛军。然而,由于孤军深入，公孙瓒被丘力居的大股部队包围，只得拼死应战。最终，公孙瓒的部队死伤惨重，但依然坚守。而在此时，丘力居的部队也粮尽疲乏，被迫远走柳城（今辽宁朝阳境内）。

此后，公孙瓒依然统领兵马，守护边境。每当听到敌人来袭时，公孙瓒马上变得声疾色厉，提刀出战，作战时如同在攻打自己的仇人一样，有时甚至一直战斗到深夜。几次交手过后，乌桓人都对公孙瓒非常恐惧，不敢再来进犯。由于公孙瓒的身边常常聚集着数十个善于骑射的人，他们有一个共同的特征，就是都骑一匹白马，相互为左右翼，他们因此自号"白马义从"。以至于在乌桓人之间便开始流传这样一句话："作战的时候一定要避开那个骑白马的长史！"

交恶刘虞

不久后，朝廷任命刘虞为幽州牧。但刘虞对待乌桓的政策是以安抚为主，这与公孙瓒截然不同。刘虞到任后，便派遣使臣到乌桓族中晓以利害，责令他们献上张纯的首级。其实，乌桓此时也因连年与公孙瓒征战，变得疲惫不堪，求和的愿望也颇为强烈。乌桓族首领丘力居等听说了刘虞的政策后，纷纷派遣使者前来沟通归附之事。

刘虞的怀柔政策初见成效，这令公孙瓒开始十分担心，他害怕刘虞因此立功，而自己从此再无用武之地，于是派人在途中暗杀这些使者。乌桓使者在得知情报后，便抄小路觐见刘虞。在安抚了乌桓之后，刘虞立即上报朝廷撤掉驻防军队，只留下公孙瓒统辖的万余人屯驻在右北平（今河北唐山境内）。这令公孙瓒的实力大损，公孙瓒也由此开始与刘虞交恶。

此时，正值汉献帝谋求东归洛阳之际。朝廷为求外援，便派刘虞之子刘和逃出长安，联络刘虞派兵接驾。然而当刘和途经袁术驻地时，却不经意间将此事告知了袁术。袁术深知，刘虞的手中有大批实力强劲的骑兵。为了逼刘虞为己所用，便扣留了刘和，并让刘和给刘虞写信，答应等刘虞率兵前来为袁术后援，一起奔赴长安迎驾，实际上是想一举吞并刘虞。公孙瓒知道袁术的诡计，因而极力劝止刘虞，但刘虞不听，执意前往。公孙瓒因此担心袁术知道这件事后怨恨他，就抢先

三国·青瓷剖鱼俑
该俑首着空顶帻，厚鼻大眼，眉额间印"白毫相"，上着交领右衽衣，下系多褶裳。跪于四足俎前，左手按俎上之鱼，右手操刀，做除鳞剖鱼状，神情专注。

《袁绍磐河战公孙》插图

一步派遣堂弟公孙越率千余骑兵到袁术处讨好袁术,而暗地又让袁术扣留刘和并夺占刘和兵马。因此,公孙瓒与刘虞的矛盾进一步加深。

角逐河北

当公孙瓒与袁术正打得火热时,袁绍、袁术兄弟反目。袁术便派遣公孙越帮助部将孙坚攻击袁绍的部将周昂。然而,公孙越在战斗中被流矢射中身亡。公孙瓒听闻消息后大怒不已,说道:"我弟弟的死,都是袁绍的过错啊!"于是出兵驻扎在磐河(今河北境内)准备报复袁绍。袁绍得知消息后非常惊恐,立即把渤海郡太守的位置让给了公孙瓒堂弟公孙范,并派他到南皮,想以此求得公孙瓒的原谅。但公孙范随后背叛了袁绍,并以渤海兵力协助公孙瓒,攻破青州、徐州黄巾军,兵势日益强盛。由此,公孙瓒声望大振,任命严纲为冀州牧,田楷为青州牧,单经为兖州牧,并任命了忠于自己的郡守县令。一时间,公孙瓒横跨四州之地,变得势不可当,其与袁绍之间的冲突也变得不可避免。

初平三年(192年),袁绍的部队进驻广川县(今河北枣强东北),与公孙瓒的部队在界桥遭遇。公孙瓒有精兵3万。袁绍命其将麴义领精兵800在前,布强弩千张于两翼。公孙瓒轻视袁绍兵少,便放手让骑兵出战。麴义命令士兵埋伏在盾牌下,等公孙瓒的骑兵快要抵达阵前的时候,只听麴义一声令下,弩兵一齐起身放箭。而公孙瓒的骑兵猝不及防,纷纷中箭落马,大将严纲在交战中被斩首,公孙瓒军由此大败而归。公孙瓒一路躲避袁绍的追兵,最终逃到蓟县(今北京大兴区),并在县城东南另筑小城自守。袁绍则乘胜追击,派部将崔巨业率兵攻打公孙瓒的故安县(今河北易

夫妻对坐图
由东汉一直到三国魏时期，公孙氏一直统治辽东及辽西郡。这是一幅出自公孙家族墓葬的壁画，画中描绘的家具陈设及服饰等，就是当时望族名门的真实生活。

县附近），但没有成功。当袁绍军队南归时，公孙瓒率军拍马杀到，造成袁军伤亡七八千人。此时，公孙瓒也想乘胜追击，却又被袁绍打败，双方由此战成均势。

初平四年（193年），刘虞与公孙瓒再起嫌隙。刘虞于是率兵10万攻打公孙瓒。但由于刘虞的部队缺乏训练，反而被公孙瓒以少胜多。刘虞本人也落入公孙瓒之手。于是，公孙瓒诬陷刘虞与袁绍谋取称帝，在蓟县的闹市中将刘虞及其妻子儿女处死，并将刘虞的首级送到京师。

公孙瓒杀了刘虞之后，得到了整个幽州的控制权，由此日益骄矜起来，并且开始不体恤百姓，致使民众渐生怨气。

兵败自焚

建安三年（198年），袁绍传书给公孙瓒，想跟他握手言和。但公孙瓒没有答复，反而增强守备。袁绍见公孙瓒想要抵抗到底，于是进军其老巢——易京。

此前不久，公孙瓒的一个别将

被袁绍部队围困，向其求援。但公孙瓒不仅不肯相救，反而说："如果这次救了他，那以后众人都会只等救兵而不肯卖力了。"等到袁绍大举来攻时，公孙瓒的界桥别营都认为自己独木难支，而公孙瓒又必不肯相救，于是或降或逃，致使袁绍轻而易举地就攻到了易京城门前。公孙瓒见状，一方面派他的儿子公孙续向黑山（今河南浚县西北）黄巾军求救；另一方面，又想亲自率兵冲出重围，切断袁绍军的后路，但随后被谋士关靖劝止。公孙瓒于是决定不离开易京，等待其子搬来救兵，内外夹攻袁绍。

建安四年（199年）三月，黑山帅张燕与公孙续率兵10万，分三路救援公孙瓒。援兵还没到，公孙瓒秘密派人送信给公孙续，让他率5000骑兵在接近易京时，举火把为号，公孙瓒就从城内出战，内外夹击袁绍部队。不想袁绍劫得了这封信，于是将计就计，派人在城外举起火把。公孙瓒见城外火起，以为救兵到了，大喜过望，立即率兵出击。但等公孙瓒刚出城池后，袁绍的伏兵四起，公孙瓒因此大败，又退回到城内坚守。袁绍见易京城池坚固，便派人掘地道到城楼下，使城楼地基不稳，从而倒塌。随着袁绍军的土工作业不断向城内推进，易京的防御开始崩溃。最终，袁绍军的地道渐渐挖到了易京中

◆ **界桥之战** ◆

界桥之战是袁绍与公孙瓒为争夺冀州而开打的战争。汉献帝初平二年（191年）冬，公孙瓒屯兵磐河，袁绍在界桥应战。在界桥以南20多里外，公孙瓒3万余人并排，分左右两翼各5000骑兵，中心主力为"白马义从"。麴义以800步兵与弩兵数千人应战，袁绍则集结数万步兵在后。公孙瓒因麴义兵少而轻敌，命令骑兵进攻。麴义的步兵成功牵制公孙瓒的骑兵，并以弩兵射倒骑兵，斩杀严纲及千余人。

央的土丘中。公孙瓒见大势已去，自料必败无疑，于是在高楼上引火自焚。一代枭雄，最终灰飞烟灭！

公孙瓒的覆灭，使河北再也没有能与袁绍抗衡的力量，袁绍由此开始独霸河北。但这却远远不能令袁绍满足，他开始将目标投向了下一个敌人——曹操。

三国·青瓷牛车

▶ 200年

张鲁字公祺,沛国丰人也。祖父陵,客蜀,学道鹄鸣山中,造作道书以惑百姓,从受道者出五斗米,故世号米贼。陵死,子衡行其道。衡死,鲁复行之。

——《三国志》卷八《张鲁传》

"道教王国"

东汉末年,天下大乱。诸侯纷纷起兵,割据一方。益州牧刘焉本想偏安一隅,拥兵自守,于是派遣亲信张鲁率众袭取巴蜀门户——汉中,以断绝中原与益州的联系。可是令他万万没有想到的是,随着张鲁势力不断坐大,汉中竟然逐渐脱离了其控制,进而形成一个别具一格的"道教王国"。

背景
东汉末年,天下大乱,诸侯纷起,拥兵自重

主角
张鲁、刘焉、刘璋、张修

信仰
五斗米教

地点
汉中

结果
建立一个独具特色的"道教王国"

三国·青瓷熏篮与熏筒
1956年武昌钵盂山303号墓出土,现藏于湖北省博物馆。熏篮扁圆腹,高圈足,附两短耳系,腹壁镂空,熏筒呈圆柱体,柱身镂菱形孔。熏篮流行于三国、西晋时期,在长江中下游地区同期墓葬的随葬器物中较为常见,是一种用来蒸煮酒具和食器的卫生器皿,器身镂空是为了便于漏水。

楔子

建安五年(200年),汉中的冬天似乎显得格外寒冷。此时的张鲁在私舍正与几位治头大祭酒密议商谈。突然,一名满身血污的鬼卒风风火火地闯入房间,如丧考妣地哭了起来。张鲁心中一沉,缓缓问道:"出什么事了?"鬼卒泣声渐止,说道:"禀师君,大事不好,刘璋大将庞义率大军距汉中已不过百里,太夫人……太夫人她也被……"还没等他把话说完,张鲁已拂袖转身,走入内室。良久,张鲁按剑疾步走出,满眼通红。宝剑出鞘,青锋南指。众人此时听到了张鲁的怒吼:"点兵出城!"

对于张鲁来说,这一天迟早会到来。关于这一点,他自己其实也是心知肚明。

刘、张恩怨

那么,张鲁和刘焉、刘璋父子究竟有何恩怨,以致闹到如此剑拔弩张的地步呢?这一切恐怕还要从九年前讲起。

初平二年(191年),那时的张鲁还只是一个住在成都的平头百姓,但是他的母亲却不同寻常,史书记载她"有姿色,兼挟鬼道,往来焉家"。正是凭借着美色与巫术,张鲁的母亲居然能够频繁地出入当时地区最高行政长官——益州牧刘焉的府邸。由此,张鲁母子二人便日益得到刘焉的信任。而此时的刘焉也是刚到益州不久,统治根基尚未稳固,正是用人之际。所以,此时作为刘焉心腹的张鲁便被授予了一项至关重要的任务——袭取汉中。

汉中北依秦岭,南屏巴山,是四川平原通向关中地区的咽喉要塞。秦朝在此区域内修筑了闻名于世的褒斜栈道,汉朝承续前代,不断地对栈道进行整修。由此,汉中成为秦汉以来关中平原,乃至整个中原沟通巴蜀的最主要的通道。占据汉中,对于刘焉来说即是掌握了蜀地通向中原的门户,从而变得进退自如。除此之外,刘焉还有其不为人所知的险恶用心:汉中既然作为中原政权控御蜀地的重要通道,那么封锁汉中,就意味着与中原政权完全断绝联系,从而可以实现其将益州据为私有的企图。张鲁攻取汉中后"断绝斜谷,杀使者"的举动,也正是刘焉的授意。

于是就在此年,张鲁被刘焉授予"督义司马"的称号,与别部司马张修一道,率兵悄悄地逼近了汉中境内。此次奇袭也进行得非常顺利,张鲁、张修不费吹灰之力就袭杀了汉中太守苏固,从而一举占据汉中。然而随后不久,张鲁就觉察出了异常:张修在汉中的影响

张道陵像

张道陵(34年—156年),一名张陵,字辅汉,东汉沛国丰县(今江苏徐州市丰县)人,被视为正一道的创始者,是五斗米教的创始人。道教徒称他为张道陵天师、祖天师、正一真人。张道陵临终时,将剑印传予其子张衡(称嗣师),张衡传子张鲁(称系师),张鲁是三国时割据汉中的主要势力,在汉中地区实施"政教合一"的统治,推行很多公共福利事业,颇得民心,后来归顺了曹操。

陕西汉中褒斜古栈道
褒斜道，南口在汉中以北的褒谷，北口在眉县的斜谷，通称褒斜谷，全长470千米。

力，似乎要远远超过他这个主将。其实，这个别部司马张修，看似是刘焉手下的一员普通将领，但其实际身份却要复杂得多。史书上记载，张修是曾与黄巾起义领袖张角齐名的宗教领袖。所谓"东方有张角，汉中有张修"，其所建立的"五斗米教"在汉中地区的影响力相当大，甚至连周边的蛮夷都敬信他。张鲁后来在汉中建立的那一套宗教制度，有相当一部分是承袭张修的事业。而此时的张鲁，仅仅是凭借着裙带关系上位的宠将而已。与张修相比，无论是实力还是影响力都差得太远。但张鲁作为主将，又不甘心屈居于张修之下，从而杀心渐起。兴平元年（194年），刘焉病故，其子刘璋代立。而刘璋暗弱的性格，使张鲁看到了机会。

"道教王国"

最终，在建安五年（200年），张鲁袭杀了张修，独自占据了汉中。张鲁的这一举动，不啻于对刘璋的挑衅。因为张鲁当初作为刘焉亲信，而张修是当地实力派，刘焉之所以派此二人袭取汉中，本就有使二人相互制衡之意。此时张鲁杀掉张修，独据汉中，这是刘璋所不能容忍的。于是作为报复，刘璋杀掉了留在成都的张鲁之母及其家人，并遣大将庞义率兵进攻汉中。于是，就有了本章开头的那一幕。而此次庞义的进攻并未得逞，反倒被张鲁击败。由是，刘璋已经完全失去了对于张鲁的控制。张鲁由此走上了独立发展的道路。

张鲁独霸汉中后，在承袭张修故业的基础上，建立了一套独特的政治、社会制度。史书上讲：张鲁自称"师君"。那些来学道的，开始都称"鬼卒"。其中受道到了笃信程度的，改称"祭酒"。那些教民手下都有军队，拥有兵马最多的，做治头大祭酒。张鲁教导人们要诚实讲信用，不要欺诈，有了缺点、错误，要自我反省和检讨，这一教义大致与黄巾军相同。各位祭酒都盖起了义舍，就像今天路旁的驿站一样，又置买义米、义肉挂在义舍中，行人视自己肚量大小吃饱为止；如果吃得太多，鬼神就让他生病。教民如果犯了法，前三次可以原谅，再犯就被处以死刑。

这样一套类似于公社的独特制度，在当时的乱世中对于普通民众极具吸引力。因此，张鲁政权在当时不仅吸引了大量关中流民，甚至连居于山间的蛮夷也愿意服从张鲁统治。如此一来，张鲁的势力不断增强，成为割据一方的诸侯。

三国·青瓷人顶灯

道教主要典籍

道教的经书数量非常庞大，各派的主要经典也各不相同。

道教奉老子《道德经》、庄子《南华经》为重要经典。南北朝时期，陆修静编的道教《三洞经书目录》，收集前代道家著作，不仅包括哲学和道家理论，而且包括炼丹、养生、治病、气功等方面的著作。

记载道教符箓、斋醮、科仪、修炼方法的经典主要有《正统道藏》《道藏辑要》《万历续道藏》。

《周易参同契》是最早的丹经，称为丹经之祖。《抱朴子》是道教丹鼎派的基本经典。《太平经》和《老子想尔注》也是道教早期的主要经典。《黄庭经》和《上清大洞真经》则是上清经箓派的主要经典。《度人经》和《三皇文》则是灵宝派和三皇派的主要经典。《阴符经》和《常清静经》也是道教非常重要的经书，是道士必须诵习的经书。此外，《玉皇经》和《心印妙经》也是道教徒的日常功课之一。北宋后出现了《悟真篇》《金丹四百字》等经典。

199年

布与其麾下登白门楼。兵围急,乃下降。遂生缚布,布曰:"缚太急,小缓之。"太祖曰:"缚虎不得不急也。"……于是缢杀布。

——《三国志》卷七《吕布传》

将星陨落

吕布在被曹操逐出兖州后,逃往徐州依附刘备。此后吕布反客为主,将刘备逐出徐州。刘备不得已之下投奔曹操。建安四年(199年),曹操亲率大军再次杀向徐州,包围了下邳城。众叛亲离的吕布最终开城投降,被曹操缢杀枭首。一代将星就此陨落。

时间
199年

背景
吕布逃到徐州后反客为主,驱逐刘备,并与袁术勾结,称霸一方

主角
吕布、刘备、曹操

地点
徐州

结果
吕布兵败被杀

后世典故
辕门射戟

虎牢关
作为河南洛阳东边门户和重要的关隘,虎牢关为历代兵家必争之地,因周穆王在此牢虎而得名。东汉末年,吕布在此大战刘、关、张,更使虎牢关威名大震。

反客为主

吕布败走兖州后,一路东奔徐州,打算投靠刘备。吕布到了徐州,便邀请刘备到其帐中叙旧。二人相会后,吕布对刘备非常尊敬,便向刘备诉苦道:"我和阁下都是北疆边境的人。我当时见关东军起兵,就想要诛杀董卓。但等我杀了董卓后到了关东,却发现关东诸将没有一个接纳我,都想要杀了我。"并请刘备坐在帐中的床上,令妻妾向刘备行礼,为刘备斟酒献食,并亲切地称呼刘备为贤弟。虽然吕布非常客气,但刘备却对其非常厌恶,认为吕布语言无常,不能与其共事。但刘备还是接纳了吕布,并将小沛(今江苏沛县)分给吕布居住。

兴平二年(195年),袁术率军攻打徐州,与刘备在盱眙、淮阴相持了将近一个月,双方互有胜负。袁术见难以速胜,便心生诡计,企图勾结吕布在刘备的后方作乱。于是,袁术写信给吕布,许诺送上20万斛大米,诱使其袭击下邳。吕

布接到信后大喜过望，立即率军水陆并进。军队抵达下邳西40里时，刘备的中郎将丹杨人许耽派司马章诳前来迎接吕布，说张飞正要杀了刘备部将曹豹，城内大乱，驻扎城内的1000多名丹杨兵都迫切地等待吕布的到来，愿为内应。这正中了吕布下怀，吕布下令加速行军，在第二天清晨就到达了城下。天亮后，丹杨兵打开城门，吕布坐在城门上，指挥军队大破张飞，并俘虏了刘备的妻妾儿女及其部属的家眷。

此时，刘备为袁术所败逃往海西（今江苏灌南），饥饿疲惫，士卒间出现了人吃人的惨状，又恰逢此时听闻徐州遇袭、家眷被掳的噩耗。万般无奈之下，刘备只得向吕布请降。而在另一边，吕布正恼火袁术不遵守先前运送粮草的承诺，又见刘备请降，就准备了车马迎接刘备，并归还了刘备的家眷，与其重归于好。为了安置刘备，吕布便向朝廷请求，让刘备担任豫州刺史，派他驻守小沛。吕布则自称为徐州牧。

辕门射戟

建安元年（196年），袁术派大将纪灵带领步骑共3万多人马征讨刘备，刘备向吕布求援。吕布手下将领说：

辕门射戟
旧时，天津杨柳青戏出年画。描绘吕布射戟，刘备、纪灵一旁观看的场景。

"将军您一直想除掉刘备，如今可借袁术的手除掉他。"吕布说："并非如此，袁术如果占据了小沛，就会联合北面泰山一带的部队，我们就会被袁术所包围，所以我不能不救刘备。"于是领步兵千人、骑兵200，飞速赶往小沛。纪灵等人听说吕布前来援救刘备，只好收兵，不敢轻举妄动。吕布在离小沛西南一里的地方扎下营寨，派卫士去请纪灵等将领，纪灵等人也请吕布一起饮酒。吕布对纪灵等人说："玄德，是我吕布的贤弟。如今他被诸位所围，我特意赶来救他。我吕布生性不爱看别人互相争斗，只喜欢替别人解除纷争。"吕布说罢，便命门候在营门中竖起一支戟，说："诸位看我射戟上的小枝，如一发射中，诸君当立即停止进攻，离开这里，如射不中，那你们就留下与刘备决一死战。"只见吕布挽起袍袖，搭上箭，扯满弓，引弓向戟射出一箭。这一箭，弓开如秋月行天，箭去似流星落地，正中画戟小枝。诸将大为震惊，夸赞说："将军您真是有天神般的威力呀！"第二天，吕布又与诸将欢会宴饮，然后各自回兵。

将星陨落

建安三年（198年），反复无常的吕布反叛朝廷，再次与袁术结盟，并派部将高顺、张辽攻打沛城，击败了刘备。曹操派夏侯惇援救刘备，也被高顺打败。九月，高顺等人攻破沛城，俘虏了刘备妻儿，刘备率残部投靠曹操。

曹操于是亲自率兵攻打吕布，大军势如破竹，直抵下邳城下。在发动攻击之前，曹操先送了一封信给吕布，劝他尽早投降。吕布见曹军来势汹汹，在接到信后便想要出降。但陈宫等人由于之前背叛过曹操，知道投降后自己肯定没有好下场，便极力反对，吕布最终只得作罢。为了抵御曹操，吕布还暗中派人向袁术求救。等到援军接近下邳城时，吕布亲自率领1000多骑兵出城，想要里应外合夹击曹军，但却被曹军多次击退。吕布见外援无法接近城池，只得老老实实坚守孤城，再也不敢出战。

如此你来我往，转眼间已经过去了三个月。曹操见吕布被围如此之久但仍然不降，不禁有些心灰意冷，想要收兵回朝，但后来被郭嘉等人劝止，并听从诸位谋士的建议，决水围城。于是，曹操命令士兵掘开下邳城附近的河道。顿时，汹涌的河水从河道奔涌出来，下邳城外不出一日便成一片汪洋。这样一来，下邳城成了进不得进、出不得出的孤岛。吕布的兵士原本就士气低落，此时又逢大水围城，因此变得更沮丧起来。不久后人心思叛，吕布的部下侯成、宋宪、魏续趁陈宫不备，将其抓住，出城投降了曹操。

吕布见内外交困、大势已去，于是放弃了抵抗，数日后下城投降。吕布被捆到曹操面前，向曹操求情道："这绳子把我绑得太紧了啊！"曹操笑着说："捆绑老虎，哪能不紧呢！"吕布见曹操不肯松口，便又说："曹公如果将我收至麾下，让我率领骑兵，曹公您自己率领步兵，那可真是天下无敌了。"曹操听后开始心动，但刘备在一旁说："明公您看见吕布是如何侍奉丁建阳（丁原）和董太师（董卓）的吗？"曹操听罢，不由得为刚才自己的糊涂惊出一身冷汗，于是命人立刻将吕布推出处死。吕布见刘备如此落井下石，就向他呵骂道："大耳贼刘备最不可相信！"

最终吕布被缢杀，并被斩首。其部属陈宫、高顺也因为拒绝投降而被处死，大将张辽则领兵向曹操投降。由此，一代骁将吕布命殒下邳。随着吕布势力的灭亡，使得曹操在北方又少了一个劲敌。然而，袁绍的大军正虎视眈眈，随时准备南下。

《白门楼吕布殒命》插图

200年—201年

秋八月，公进军黎阳，使臧霸等入青州破齐、北海、东安，留于禁屯河上。九月，公还许，分兵守官渡。冬十一月，张绣率众降，封列侯。十二月，公军官渡。

——《三国志》卷一《武帝纪》

官渡决战

在曹操和袁绍各自清除了自己的主要对手后，北方的局势变得明朗起来：袁绍控制黄河以北区域，曹操则控制黄河以南大片区域。一山不容二虎，袁绍先发制人，企图一举消灭曹操。反观曹操，似乎并没有多少胜算。曹操甚至因此一度失去了坚守的信心。

时间
200年—201年

背景
曹操奉迎天子后，与袁绍的关系不断恶化。袁绍整军备战，随时准备南下攻击曹操

参战双方
曹操、袁绍

地点
官渡（今河南中牟县东北）

双方兵力对比
曹操：约2万
袁绍：约11万

结果
曹操通过奇袭袁绍粮草大营，反败为胜，最终一举击败袁绍

影响
奠定了曹操统一北方的基础

官渡之战曹操与部将议事模拟场景
位于河南许昌曹丞相府议事厅内。

部署

建安四年（199年）六月，袁绍挑选精兵11万，战马万匹，浩浩荡荡地向南进发，兵锋直指许昌。由此，官渡之战的序幕正式拉开。

袁绍举兵南下的消息传到许都，曹操部将多认为袁军强大，不可阻挡。但曹操却根据他对袁绍的了解，认为袁绍志大才疏，胆略不足，而且对待臣下刻薄寡恩，刚愎自用，其军队数量虽然众多，但指挥系统却相当紊乱，所以不必过于惊慌。

曹操为了应敌，亲率主力进军黎阳（今河南浚县东，黄河北岸），阻击袁绍渡河。除了对正面战场的部署，曹操为了稳固左右两翼，还派遣臧霸率精兵自琅琊（今山东临沂北）进入青州，占领齐（今山东临淄）、北海（今山东昌乐）、东安（今山东沂水）等地，从东部牵制袁绍，防止袁军从东面袭击许都；并令驻守在长安的钟繇安抚关西和凉州的势力，从而稳固西方的防线。

从以上部署看，曹操所采取的战略方针是：在正面战场从北到南形成以黎阳—白马、延津—官渡为防御核心的三道防线。而位于三条防线最南端的官渡，地处鸿沟上游，濒临汴水。鸿沟运河西连虎牢、巩、洛要隘，东下淮泗，为许都北、东之屏障，是袁绍夺取许都的要津和必争之地。加上官渡靠近许都，后勤补给也较袁军方便。但是，官渡的背后就是无险可守的平原，一旦官渡失守，许昌也必然不保。所以，官渡成了曹操防御体系的重心所在。

插曲

建安四年（199年）十二月，当曹操正紧锣密鼓地部署对袁绍作战时，却发现自己的后院起火。原来，汉献帝皇后之父——国舅董承对于曹操把持朝廷的现状早有不满，企图与刘备里应外

官渡古战场艺术宫辕门
河南中牟县官渡桥村是古官渡之战处。

咏史上·袁绍

许中四面尽仇雠，
曹弱袁强正是愁。
一日四州都奉予，
安用犹遣定徐州。
——宋·陈普

合，起兵反操，刘备由此得以占领下邳。雪上加霜的是，当时活跃在东海的贼寇昌豨也起兵响应，依附于刘备。因此，刘备一下子势力大增，军队增至数万人，并与袁绍相呼应。

如此一来，曹操的东线战场在一夜之间落入敌手，自己的侧翼也完全暴露在袁绍的威胁下。为了稳固东线战场局势，保持许昌与青、兖二州的联系，曹操决定出兵徐州，先解决掉刘备这个心腹之患。于是，曹操于次年二月亲自率精兵东击刘备。由于害怕袁绍偷袭后方，曹操命令部队以最快速度急行军，速战速决。不出数日，曹操的先锋部队就到达了小沛城下。刘备完全没有料到曹操来得如此之快，因此来不及整军备战，直接弃城逃跑。曹操不费吹灰之力占领了沛县后，转而进攻下邳。而驻守下邳的关羽在抵抗未果的情况下，被迫投降。最终，刘备全军溃败，他本人也只身逃往河北投奔袁绍。曹操由此清除了后患，得以全力应对袁绍的进攻。

交锋

建安五年（200年）正月，袁绍终于决定展开进攻，他先派陈琳写了一封言辞激烈的讨伐檄文，其中将曹操及其家族骂得狗血淋头。由于陈琳的文笔太过犀利，以致在曹操读完信后惊出一身冷汗。当年二月，袁绍派淳于琼、颜良等人为先头部队，进攻驻守白马的东郡太守刘延，企图夺取黄河南岸要点，以掩护主力部队，自己则率主力在黎阳渡河。曹操见白马被围，亲自率兵北上救援。此时谋士荀攸认为袁绍兵多，建议声东击西，分散其兵力，先引兵至延津，伪装渡河攻袁绍后方，使袁绍分兵向西，然后遣轻骑迅速袭击进攻白马的袁军，攻其不备，定可击败颜良。曹操采纳了这一建议，袁绍果然分兵延津。曹操于是乘机率轻骑，派张辽、关羽为前锋，火速驰援白马。等到了白马，关羽迅速迫近颜良军，冲进万军之中杀死颜良并斩首而还，袁军见主将被杀，迅速溃败。

在解了白马之围后，曹操见白马不可长期固守，就迁徙白马的百姓沿黄河向西撤退。袁绍率军渡河追击，军至延津南，派大将文丑与刘备继续率兵追击曹军，曹操当时只有600多名骑兵，驻于南阪（在白马南）下，而袁军则有五六千骑兵，尚有大批步兵随后赶到。但曹操不仅不命令士兵加紧撤退，反而令士卒解鞍放马，并故意将辎重丢弃道旁。袁军见曹操军队丢盔弃甲、不战而走，纷纷争抢财物。曹操见其中计，此时突然发起攻击，又一次击败了袁军，并在此役杀掉了

《战官渡本初败绩》插画

大将文丑，最终得以顺利退回官渡。颜良、文丑都是河北名将，但却接连被杀，袁绍军队由此受到了很大的震动。

相持

虽然袁绍初战不利，且接连损失两员大将，但其在兵力上占有的优势地位却没有改变。七月，袁绍进逼阳武县（今河南中牟北），准备南下进攻许昌。八月，袁军主力进一步向前，接近官渡，并依沙堆扎营，东西宽约数十里。前面说过，官渡作为曹操的最后一道防线，必须死守，毫无退路可言，曹操因此也在官渡立营与袁军对峙。九月，曹军一度主动出击，但被袁军击退，不得已退回营垒坚守，官渡之战也由此进入了相持阶段。

在这一阶段中，双方各展神通，企图通过消耗战的方式拖垮对方。首先袁绍堆土为山，并构筑箭楼，居高临下俯射曹操大营，致使曹军心生恐惧，士兵在营中行走时，都要将盾牌蒙在头上。为了应对这种情况，曹操制作了一种抛石装置，将袁军所构筑的高台箭楼一一砸毁。由于这种装置在抛石时发出的声音犹如晴天霹雳，令袁军闻风丧胆，所以袁军内部都将其称作"霹雳车"。袁绍见一计不成，就又生一计：派人在暗中挖地道到曹营，企图打曹操个措手不及。曹操探知到了这一消息，于是在营地周围挖了堑壕，使袁军在还

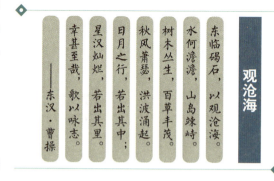

观沧海

东临碣石，以观沧海。
水何澹澹，山岛竦峙。
树木丛生，百草丰茂。
秋风萧瑟，洪波涌起。
日月之行，若出其中；
星汉灿烂，若出其里。
幸甚至哉，歌以咏志。

——东汉·曹操

没有挖到营中的时候就露出马脚，由此也粉碎了袁绍的"地道战"计划。就这样你来我往，双方相持了近三个月。这样的消耗战对于粮草不支的曹操来说无异于一场灾难：由于前方兵少粮缺，士兵们变得疲劳饥饿，战斗力下降，致使后方也不稳固，不少人与袁绍暗通款曲。一日，曹操见运粮士兵疲于奔命，于心不忍，脱口说道："我在十五日之内必会击破袁绍，不用再辛苦你们了！"曹操虽然为了鼓励士卒而出此豪言壮语，但这样的困境还是让曹操几乎失去了坚守的信心。

曹操于是写信给荀彧，打算放弃官渡，退守许都，荀彧回信说："袁绍将主力集结于官渡，想要与您决胜负。您以至弱迎击至强，如果不能抵抗，就会被袁绍乘机反攻，这是决定天下大势的关键所在。当年楚、汉在荥阳、成皋之间，刘邦、项羽没有人肯先退一步，都认为先撤退的人肯定是实力不支。现在您以一当十，扼守要冲而使袁绍不能前进，已有半年之久。情势已然明朗，绝无回旋的余地。但不久就会发生重大

的转变，这正是出奇制胜的时机，千万不可坐失。"于是曹操决心继续坚守待机，同时加强防守，命负责后勤补给的任峻采取十路纵队为一部，缩短运输队的前后距离，并用复阵（两列阵），加强护卫，防止袁军袭击；另一方面听从荀攸的计策，派徐晃、史涣截击、烧毁袁军数千辆粮车，为袁军的军粮运输制造困难。

奇袭

虽然曹操以少敌众，取得了一定的战果，但根本形势并没有扭转。袁绍依然军事强盛，粮草丰足。而曹操不仅因连日作战损失了近三分之一的人马，更被缺粮而困扰。然而正当此时，转机出现了。

袁绍手下的谋士许攸，之前向袁绍献计，但袁绍并没有听从他的意见，许攸由此对袁绍心生不满。正在这时，许攸家里有人犯法，留守邺城的审配将他们逮捕，许攸知道后大怒，于是负气投奔曹操。曹操当时正在帐中休息，听说许攸来了，连鞋也来不及穿就迎了出来，高兴地说："子远来了，大事可成！"立刻请许攸入座相谈。许攸于是向曹操献计说：

"现在您孤军独守官渡，既无援军，亦无粮食，正是危急存亡之际。现在袁军有粮食存于乌巢，虽然有士兵，但无防备，只要派轻兵急袭乌巢，烧其粮草，不过三天，袁军自己败亡！"

曹操听计后大喜，即刻选精兵假扮袁军，马含衔枚，士兵拿着柴草向乌巢出发。等曹军到达乌巢后，便开始在营中纵火。于是乌巢营中大乱，曹军乘势杀入大破袁军，并将粮草尽数烧毁。袁绍获知曹操袭击乌巢后，一方面派轻骑救援，另一方面命令张郃、高览率重兵猛攻曹军大营。可曹营坚固，攻打不下。张郃、高览在得知乌巢被破，兵粮被焚后，也投降了曹操。袁绍大军由此军心动摇，内部分裂，迅速崩溃。袁绍最终一败涂地，仓皇出逃，只带了800骑兵退回河北。

官渡之败使袁绍元气大伤，同时也使曹操的军事实力迅速增强，为曹操此后彻底击溃袁氏势力，统一北方奠定了坚实的基础。北方仅有曹操和袁绍势力较大，此战击溃了袁绍，北方就再也无人能和曹操抗衡了。

沮授像

沮授（？—200年），冀州钜鹿广平人，少有大志，擅于谋略，原为韩馥麾下，后袁绍破冀州时归为袁绍谋臣。官渡之战时被曹操俘虏，拒不降，密谋逃回袁绍阵营时被杀害。

少年中国史

202年—207年

（袁绍）自军败后发病，七年，忧死……配等恐谭立而评等为己害，缘绍素意，乃奉尚代绍位。谭至，不得立，自号车骑将军。由是谭、尚有隙。

——《三国志》卷六《袁绍传》

横扫河北

遭遇官渡惨败的袁绍，此后一病不起，最终在建安七年（202年）病故。但袁绍生前并未指定继承人，审配等伪立遗令，拥立小儿子袁尚为继承人，然而长子袁谭不能继位，心怀愤恨，最终导致兄弟阋墙。当二人两败俱伤时，曹操挥师北进，一举横扫河北，袁谭败亡，袁尚则与袁熙狼狈逃往辽东。

时间
202年—207年

背景
袁绍死后，袁尚、袁谭兄弟二人明争暗斗，曹操趁机进军河北

人物
曹操、袁尚、袁谭

地点
河北

结果
曹操将袁尚、袁谭分别击破，一统河北

兄弟阋墙

建安七年（202年），经历了官渡惨败的袁绍忧愤而死。袁绍生前有三个儿子，分别是袁谭、袁熙、袁尚，但却并未明确指定继承人。袁尚年少貌美，加之其母刘氏屡次向袁绍推荐，故而袁绍曾打算立袁尚为继承人，但并没有将自己的想法显露出来。袁绍死后，众人按照"先立长子"的原则，打算立长子袁谭为继承人，但逢纪和审配一向因为傲慢、奢侈为袁谭反感，辛评和郭图却与袁谭亲近，而与审配、逢纪有矛盾。审配等人害怕袁谭继位以后，联合辛评等人报复自己，就假托袁绍的遗命，拥戴袁尚作为继承人。

失去继位资格的袁谭于是自称车骑将军，驻屯黎阳前线，准备抵

三国·青瓷长方多层椟
果盒，椟盖做母口与椟盘套合，长方形盖，椟由三层套合，每层中间有一个长形大格，周围绕以10个长方形小格。现藏于湖北省博物馆。

《夺冀州袁尚争锋》插画
东汉末,袁绍死后,三子袁尚继其位,统领冀、青、幽、并四州牧。袁绍长子袁谭因妒袁尚继位,便引兵于城外与袁尚交锋。

抗曹操渡河。但袁尚并不信任袁谭,不愿把过多的兵力分给袁谭,并且派逢纪随军监视。袁谭见袁尚如此不信任自己,一怒之下便将监军的逢纪杀掉。这让二袁之间的关系变得雪上加霜。

联合抗曹

建安七年(202年),曹操渡过黄河,攻击驻守在黎阳的袁谭。袁谭独木难支,便向袁尚求救。而在此紧要关头,袁尚还是顾忌袁谭得到士兵后势力坐大,于是留审配留守大本营——邺城,亲自率领士兵救援。

与此同时,袁尚派河东太守郭援与袁氏麾下的并州刺史高干及南匈奴单于栾提呼厨泉一道袭击河东,并与盘踞关中的马腾等人联合出兵,一起从西边袭扰曹操。曹操见招拆招,派钟繇镇守关中。钟繇便派张既劝说马腾,从而分化袁氏势力。马腾此后被张既成功说服,并派马超、庞德率军救援钟繇。军力大振的钟繇于是趁郭援渡河时大破郭援军,庞德更将郭援斩首。南单于见郭援被杀,自动投降。袁氏的并州刺史高干也向曹操投降。

袁尚见西部诸军被逐个击破,只得硬着头皮与曹操正面作战。从建安七年(202年)九月至次年二月,袁氏兄弟与曹操在黎阳城下进行了多次大战,最终不敌,逃向邺城,曹操在追击过程中反被袁军击败。此时曹操依从郭嘉之计,先行撤军静待二人自相残杀。

嫌隙再起

果不其然,等曹操撤军后,袁谭便向袁尚请求率军追击曹操。但袁尚却因怀疑袁谭想要起兵反对自己而没有同意,所以既不给袁谭增派兵力,又不更换铠甲。袁谭大怒,郭图、辛评趁机对袁谭说："当年建议先主公（指袁绍）把将军您过继给兄长的，就是审配从中作梗啊！"袁谭听后，对于袁尚君臣更无好感，于是立即率兵攻打袁尚，双方在邺城外城城门交战，袁谭战败，只得率领部队撤出邺城，退回南皮（今河北南皮）。

青州别驾王修率领官吏百姓从青州来援救袁谭，袁谭见兵力复振，就想回去再攻打袁尚，于是便问王修有何建议。王修苦口婆心，劝其与袁尚讲和，但袁谭固执己见，丝毫听不进王修的良言。同时，刘表也写信给袁谭劝他与袁尚和好，但袁谭仍不接受。

河北易手

此后袁尚大举进攻，袁谭兵败退回平原，袁尚便进兵包围平原城。危如累卵的袁谭于是派遣辛毗向曹操求援，但辛毗见袁谭大势已去，见曹操时竟建议应趁此二虎相争之际吞并河北。曹操于是采取围魏救赵之计，派大军直接攻击袁尚的老巢邺城。袁尚见老巢即将不保，立即退兵回救邺城。此时袁尚部下吕翔、吕旷又叛变归顺曹操，袁谭却暗中授予他们将军印绶，意图招降他们二人。

陈琳像
陈琳（？—217年），字孔璋，广陵（今江苏江都）人。曾经为袁绍掌管过书记，后归附曹操。"建安七子"之一，今存诗四首。有《陈记室集》。

建安九年（204年），袁尚再度进攻平原，留部将苏由、审配守邺。而曹操则又趁袁尚出兵之际，率军攻邺。袁尚得知邺城危急，率领一万多人回救邺城，命李孚入城通知审配联合攻击。但遭曹操迎面拦截，袁尚遭遇惨败。见曹操势不可当，袁尚就派阴夔、陈琳请求投降，但曹操不答应。袁尚只好回头逃奔蓝口，曹操再次进兵，很快又包围了袁尚。袁尚的部将马延等人临阵投降，部众彻底溃乱，袁尚又逃往中山。曹操收得袁尚的辎重，获得袁尚的印绶、符节、斧钺和衣服等私人物品，拿给邺城内的人看，城内守军以为袁尚已经败亡，于是立刻沮丧崩溃。袁尚最后的据点——邺城由此陷落。

在曹操征讨袁尚残部之际，袁谭趁机攻取了甘陵、安平、河间等地，进而攻击驻守中山的袁尚，袁尚逃亡故安，依附于二哥袁熙。十二月，曹操掉转马头征讨袁谭，袁谭连夜逃往南皮，在清河边驻守。建安十年（205年）正月，曹操兴兵进攻南皮，袁谭奋力抵抗，终于在曹操急攻之下战败，袁谭披头散发，死命打马逃跑，追赶他的虎豹骑士兵料想他不是一般人，便加紧追赶。袁谭从马上掉了下来，回过头来说："喂，放我过去，我能够让你大富大贵！"话没说完，袁谭头已落地。

自此，原本袁绍拥有的并州、冀州、青州、幽州的四州之地，现在并州、冀州、青州三州已落入曹操之手，只剩幽州还效忠于袁氏。

命丧辽东

建安十年（205年），袁熙部下焦触、张南叛变，袁熙和袁尚逃到乌桓。

建安十二年（207年），曹操以当地人田畴为向导偷袭柳城，袁熙、袁尚

辽阳汉魏壁画墓群三道壕二号墓壁画《骈车图》（局部）

联合蹋顿、辽西单于楼班、右北平单于能臣率数万骑兵在白狼山阻击曹操的军队，但被曹操打得大败。曹操大将张辽在阵前刀斩蹋顿，袁尚又与袁熙带着几千亲兵继续东逃，投奔辽东的公孙康。

逃到辽东后，袁尚同袁熙商量说："现在到辽东，公孙康必然见我，我们就趁机把他杀了，从而占领辽东，扩张自己的势力。"公孙康此时也是心怀鬼胎，打算把袁氏杀了向朝廷请功。于是，公孙康就事先在马棚里面安排了精强勇猛的士兵，然后出来邀请袁尚、袁熙。袁熙心中起疑，不想进去，但袁尚不以为然，就拉着袁熙同他一道进去。还没来得及坐下，公孙康喝使伏兵捉住他们，让二人坐在结冰的地上。袁尚对公孙康说："我现在还没死，忍受不了寒冷，给我们个坐席吧。"公孙康说："你的头颅马上就要行万里路，要席子干什么用？"于是砍下二人的脑袋送给曹操，袁氏势力至此彻底覆灭。

▶ 207年

嘉深通有算略，达于事情。太祖曰："唯奉孝为能知孤意。"年三十八，自柳城还，疾笃，太祖问疾者交错。及薨，临其丧，哀甚。

——《三国志》卷十四《郭嘉传》

"惜哉奉孝"

郭嘉，字奉孝，是曹操最为信任的谋士，在曹操征服北方的过程中屡献奇谋，发挥了至关重要的作用。在曹操征辽西乌桓的过程中，郭嘉因为操劳过度，加之水土不服，最终在返程途中病逝，年仅三十八岁。郭嘉的早亡令曹操悲痛万分，以致在赤壁之败后，曹操感叹："如果郭奉孝在这，必然不会使我落到如此田地！"

时间
207年

背景
曹操在官渡之战后势如破竹，最终击灭了袁氏势力；但此时辽西乌桓又起兵反叛，曹操于是进兵柳城

主角
郭嘉、曹操

病逝地点
柳城

史书评价
才策谋士，世之奇士

武汉龟山三国城郭嘉塑像
郭嘉（170年—207年），字奉孝，东汉末颍川阳翟（今河南禹县）人。三国时期曹操的重要谋士。

颍川奇才

郭嘉（170年—207年），出生于颍川，少年时便有远见，见汉末天下将会大乱，20岁时便开始隐居，秘密结交英雄豪杰，不与世俗交往，所以除了那些独具慧眼的人，一般人都不太了解郭嘉。此后，郭嘉被司徒府征辟。

不久后，天下大乱，诸侯割据。郭嘉于是北行去见袁绍，但在袁绍营中待了一段时间后，郭嘉对袁绍非常失望，就对袁绍的谋臣辛评、郭图说："明智的人能审慎周到地衡量他的主人，所以凡有举措都很周全，从而可以立功扬名。袁公只想要仿效周公的礼贤下士，却不知道使用人才的道理。思虑多端而缺乏要领，喜欢谋划而没有决断，想和他共同拯救国家危难，建称王称霸的大业，实在很难啊！"于

是离开了袁绍,重新回家过起了隐士的生活。

建安元年(196年),曹操手下一名颇为器重的谋士——戏志才去世。伤心之余,曹操写信给荀彧,让他推荐一位可以接替戏志才的谋士。于是,荀彧就将好友郭嘉推荐给了曹操。曹操于是召见郭嘉,与他共论天下大事。讨论完后,曹操欣喜地说:"能帮助我成就大业的人,就是他了!"郭嘉离开营帐后,也大喜过望地说:"这才是我真正的主人啊!"从此,郭嘉便当上了曹操的军师祭酒,为曹操的四方征战出谋献策,忠心效力。君臣相知,自此开始。

《郭嘉遗计定辽东》插图

崭露头角

建安二年(197年),曹操征讨张绣最终惨败而归,袁绍于是写信羞辱曹操。曹操由此信心不足,担心自己不具备与袁绍抗衡的能力,但郭嘉一连举出十条理由,以证明"公有十胜,绍有十败"。曹操听后大笑,说:"如果真像你说的那样,以我的德行哪里能承担得起啊!"郭嘉极具说服力的深刻分析,不但重新振作了曹操的斗志,更帮助曹操拟定了远期和近期的作战目标:"现在袁绍正北击公孙瓒,可以趁此机会,东取吕布。如果不先平定吕布,到时候袁绍进攻的时候勾结吕布,危害莫大!"曹操同意了郭嘉的建议。后来官渡之战时,袁绍派人勾结刘表、刘备,企图从后方袭击曹操。这也证明了郭嘉的远见:如果吕布不除,一旦与袁绍联合,那么对于曹操来说,后果的确不堪设想。

屡献奇谋

建安五年(200年),曹操为了免于将来同袁绍作战时前后受敌,决定先消灭在徐州立足未稳的刘备。当时诸将皆怕袁绍乘机来攻许都,致使进退失据。曹操也感到疑虑,于是询问郭嘉的建议,郭嘉分析道:"袁绍向来优柔寡断,不会迅速做出反应。刘备人心未归,立足未稳,迅速进攻,他必败无疑。然后再回师对付袁绍,这是改变腹背受敌的最好机会。"于是,曹操举师

赞郭嘉

天生郭奉孝，豪杰冠群英。
腹内藏经史，胸中隐甲兵。
运筹如范蠡，决策似陈平。
可惜身先丧，中原栋梁倾。

——罗贯中

东征，大破刘备。

建安七年（202年），官渡之战大败而归的袁绍病逝，袁绍之子袁谭、袁尚接管了河北政权。曹操于是率军攻打二袁，连战连捷。曹军诸将都想乘胜一举攻破二袁，可就在此时，先前力主北进的郭嘉却力排众议，独进奇策，建议此时退兵。郭嘉见曹操及诸将大惑不解，便为曹操分析了袁氏两兄弟之间的矛盾，说："袁谭、袁尚素来互不相服，又有郭图、逢纪这样的谋臣在当中挑拨离间，所以二人必然反目。不如先南征刘表，静观其变，等二人大打出手时，再一举进兵，收渔翁之利。"郭嘉建议曹操装作向南攻击刘表之势，"以待其变"。果然，曹军刚回到许昌，袁军生变的消息就已传来。曹操乘机回军北上，将袁谭、袁尚各个击破，二袁一死一逃。

建安十二年（207年），袁尚、袁熙逃入乌桓，即今辽宁锦州一带。曹军诸将都说："袁尚已如丧家之犬，关外胡人不会支援他们的。如果再做远征，刘备必然会挑拨刘表袭击许昌，万一有什么变数怎么办？"

这时，郭嘉又提出异于常人的见解："虽然曹公威名已著，但胡人自恃偏远，现在必然没有防备。如果我们突然发动攻击，一定能够将他们消灭。袁绍对胡人有恩，如果袁尚还活着，他们一定帮忙，迟早是隐患。现在袁家的影响还很大，这个时候南征，如果胡人有行动，我们的后方就不安稳了。但刘表是个只知坐谈的政客，他自知能力不足以驾驭刘备，所以必然会对刘备有所防备。现在虽然是虚国远征，但一劳永逸，就再也没有后患了。"

郭嘉的观点一针见血，曹操听罢茅塞顿开，立刻进兵柳城。曹操军到易城，郭嘉觉得推进的速度还是太慢，又进言道："兵贵神速。现在全力远征，辎重太多，行进缓慢，被对方有所觉察必然就要做防备。不如留下辎重，轻兵速进，攻其不备。"于是，曹操佯装退兵，自己则暗中率领一支轻装精兵，在向导田畴的带领下突然出现在乌桓的背后。乌桓首领蹋顿和袁尚、袁熙率军

三国魏·青釉陶男立俑

仓促应战,被打得大败。最终,不仅乌桓单于蹋顿被斩,20万人也被曹操俘虏。走投无路的袁尚、袁熙只得继续东逃,投奔辽东的公孙康。

天妒英才

曹操为了斩草除根,继续率大军追击袁尚、袁熙。而这次行军路况极端恶劣,沿途有长达200里的地段干旱无水。当粮食吃光以后,曹军将士又不得不先后杀了几千匹战马充饥,才艰难抵达目的地。同年秋天,辽东太守公孙康带着袁尚的首级前来投降。曹操根据郭嘉的计策终于彻底统一整个黄河流域以北地区。

然而,在从柳城回来的途中,因为水土不服,气候恶劣,再加上日夜急行又操劳过度,郭嘉患疾病去世。终年38岁。

曹操诸多谋士中,唯独郭嘉最了解曹操,并且两人关系亲密,犹如朋友一般。在征战生涯中,曹操总是把郭嘉带在自己身边,以便随时切磋,见机行事。每逢军国大事,郭嘉的计策从无失算。但不想郭嘉英年早逝,这令曹操十分伤心。

赤壁之败后,曹操又想起曾经算无遗策的郭嘉,不禁感慨道:"如果郭奉孝在这,必然不会使我落到如此田地!"并连叹三声:"哀哉奉孝!痛哉奉孝!惜哉奉孝!"

北征乌桓浮雕
位于河南许昌曹丞相府内。

207年

诸葛亮字孔明,琅邪阳都人也……亮躬耕陇亩,好为《梁父吟》。身长八尺,每自比于管仲、乐毅,时人莫之许也。惟博陵崔州平、颍川徐元直与亮友善,谓为信然。

——《三国志》卷三十五《诸葛亮传》

卧龙出庐

刘备在官渡之战前被曹操击败,逃往袁绍处安身。此后刘备见袁绍败象渐露,于是就劝说袁绍向南联合刘表,袁绍便派遣刘备率本部兵到汝南,扰乱曹操后方。后来曹操派兵南征刘备,刘备于是又向南依附于刘表。辗转流离的刘备此时终于可以稍做喘息。而在此时,一个人称"卧龙"的隐士走入了刘备的视野。

背景
刘备在官渡之战前被曹操击败,逃往袁绍处;此后又向南依附于刘表

主角
诸葛亮、刘备

地点
襄阳

结果
诸葛亮结束隐士生涯,出山辅佐刘备

后世典故
三顾茅庐、如鱼得水

诸葛亮像
诸葛亮(181年—234年),字孔明,号卧龙,徐州琅琊阳都(今山东临沂市沂南县)人,蜀汉丞相,三国时杰出的政治家、军事家和发明家。

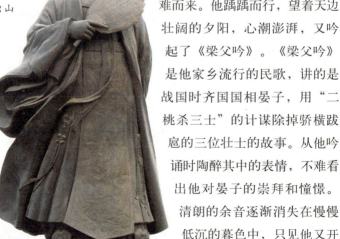

躬耕陇亩

夕阳西下,倦鸟归巢。襄阳城西20里的一个小村落边,农人三三两两扛着锄头有说有笑,悠闲地沿着田垄向村口走去。其中有个个头很高的年轻人,他身长八尺(190厘米左右),容貌不凡,从远处看去仿佛鹤立鸡群一般。他并不是当地人,而是从徐州逃难而来。他踽踽而行,望着天边壮阔的夕阳,心潮澎湃,又吟起了《梁父吟》。《梁父吟》是他家乡流行的民歌,讲的是战国时齐国国相晏子,用"二桃杀三士"的计谋除掉骄横跋扈的三位壮士的故事。从他吟诵时陶醉其中的表情,不难看出他对晏子的崇拜和憧憬。清朗的余音逐渐消失在慢慢低沉的暮色中,只见他又开

泰山梁甫吟

步出齐城门,
遥望荡阴里。
里中有三坟,
累累正相似。
问是谁家墓?
田疆古冶子。
力能排南山,
又能绝地纪。
一朝被谗言,
二桃杀三士。
谁能为此谋,
国相齐晏子。
——汉乐府

始自顾自地感叹起来:"晏子这样的名臣真是智谋典范,将来我要是做到国相这个位置,大概跟管仲和乐毅差不多吧。"同行的农人仿佛已经习惯了他这种"自我陶醉",对他甚至已经不屑一驳,只是投来几声不中听的嘲笑声。他对于这种嘲笑也是习以为常,也不以为忤,只是笑而不语罢了。

这名年轻人复姓诸葛,名亮,原本出生在琅琊郡的一个官吏之家。诸葛氏在琅琊当地是有名的望族,先祖诸葛丰曾在西汉元帝时做过司隶校尉。而诸葛亮的父亲诸葛珪在东汉末年做过泰山郡丞,但在诸葛亮八岁时病故。于是年少丧父的诸葛亮便与弟弟诸葛均依附于叔父诸葛玄生活。此时,诸葛玄被袁术任命做豫章太守,但这并不是朝廷的正式任命。不久后,东汉朝廷派朱皓取代了诸葛玄职务,诸葛玄就去投奔了荆州刺史刘表。诸葛亮兄弟由此也辗转来到荆州定居,过起了躬耕陇亩的生活。与此同时,诸葛亮也与当时的名士交往甚密,博陵崔州平、颍川徐元直(徐庶)与他关系最好,也只有他们相信,诸葛亮是管仲、乐毅一样的奇才。而诸葛亮也通过联姻等各种手段,慢慢融入了襄阳上层的名士圈中。其中为后人津津乐道的,就是诸葛亮娶妇的故事。

当时的襄阳名士黄承彦与诸葛亮结交。一次,黄承彦对诸葛亮说:"听到你要选妻,我家中有一丑女,头发黄、皮肤黑,但才华可与你相配。"诸葛亮欣然应允,娶了黄承彦的女儿。当时的人都以此做笑话取乐,乡里甚至做了句谚语:"莫作孔明择妇,正得阿承丑女。"除此之外,其他的襄阳名士司马徽、庞德公也与诸葛亮相知。由此,诸葛亮的名望开始慢慢扩大,最终,这样的名望传到了此时驻守新野的刘备耳朵里。

三顾隆中

当时,刘备依附于刘表,屯兵新野,正是求贤若渴之时。一次,刘备与名士司马徽会面,便请司马徽为他推荐人才。司马徽则表示:"一般的那些儒生大都见识浅陋,哪里会了解当世的局势?能了解当今局势的才是俊杰。而这样的俊杰此时只有卧龙(诸葛亮)和凤雏(庞统)啊!"刘备起初还不以为意,但此后徐庶又向刘备推荐诸葛亮。刘备见两位名士都推荐这个人,便开始对此人产生兴趣,并希望徐庶将诸葛亮

君臣鱼水
出自16世纪《帝鉴图说》彩绘插画。讲述蜀汉昭烈帝刘备得诸葛亮,与其日渐亲密,关羽、张飞不悦。刘备解释道:"我有孔明先生,犹鱼得水,希望你们以后不要再这样了。"

带来一会,但徐庶却建议:"这人可以去见,不可以令他屈就到此。将军您应该屈尊相访啊!"

于是,刘备便亲自前往拜访,但去了三次才见到诸葛亮。与诸葛亮相见后,刘备便叫其他人避开,对他提问:"现在汉朝的统治崩溃,奸邪的臣子盗用政令,皇上蒙受风尘遭难出奔。我不确定自己是否能以德服人,也不确定以自己的能力是否能胜任。我真的想要为天下人伸张大义,然而我才智与谋略短浅,不断失败,弄到今天这个局面。但是我的志向却没有因此停歇,您认为该采取怎样的办法呢?"

诸葛亮从容答道:"自董卓独掌大权以来,各地豪杰同时起兵,占据州、郡的人数不胜数。曹操与袁绍相比,声望自然不能与之相比,然而曹操最终之所以能以少胜多打败袁绍的原因,不仅依靠的是天时,而且也是人的谋划得当。现在曹操已经拥有百万大军，挟持皇帝来号令诸侯，这确实不能与他争锋。孙权占据江东，已经经过三世统治，地势险要，民众归附，又任用了有才能的人，所以我们只能把孙权当作外援，但不能谋取他。荆州北靠汉水、沔水，南边可以通达南海的物资，而东面与吴郡、会稽郡相连，西边和巴郡、蜀郡相通，这是大家都要争夺的地方，但是它的主人却没有能力守住它，这大概是天赐将军的沃土，将军您难道不动心吗？此外，益州地势险要，沃野千里，自然条件优越，汉高祖刘邦凭借它建立了帝业。但现如今刘璋昏庸懦弱，张鲁在北面占据汉中。益州人民殷实富裕，物产丰富，刘璋却不知道爱惜，有才能的人都渴望得到贤明的君主。将军既是皇室的后代，而且声望很高，闻名天下，广泛地罗致英雄，思慕贤才，如饥似渴，如果能占据荆、益两州，扼守险要，和西边的异民族和睦，再安抚南边的少数民族，对外联合孙权，对内革新政治；一旦天下形势突变，就派一员上将率领荆州的军队直指中原一带，将军您亲自率领益州的军队从秦川出击，老百姓谁敢不用竹篮盛着饭食，用壶装着酒来欢迎将军您呢？如果真能这样做，那么称霸的事业就可以成功，汉室天下就可以复兴了。"

刘备听完诸葛亮精彩的战略规划，顿时激动不已，于是力邀诸葛亮相助。诸葛亮便出山辅佐刘备。此后，刘备常常和诸葛亮议论军国大事，关系也日渐亲密。关羽、张飞等将大感不悦，刘备向他们解释道："我有了孔明，就像鱼儿得到了清水一般，希望诸位不要再说了。"关羽、张飞听罢便不再抱怨。

诸葛亮所提出的《隆中对》也成为此后数十年刘备的奋斗方向，在刘备死后更成为蜀汉的基本国策。

隆中草庐碑刻
位于湖北襄阳古隆中的草庐碑刻，碑立于明嘉靖年间。

208年

宁陈计曰:"……宜先取黄祖。祖今年老,昏耄已甚,财谷并乏,左右欺弄,务于货利,侵求吏士,吏士心怨,舟船战具,顿废不修,怠于耕农,军无法伍。至尊今往,其破可必。"权遂西,果禽祖,尽获其士众。

——《三国志》卷五十五《甘宁传》

孙权复仇

初平二年(191年)四月,孙坚受袁术派遣攻打刘表,但被黄祖部将射杀。由此,孙氏家族与黄祖便结下了不共戴天之仇。此后,孙坚之子孙策屡次征伐黄祖,但都无功而返。孙策死后,年少的孙权接过了父兄的大旗。那么,孙权能够继承兄长遗志,为父报仇吗?

时间
208年

背景
孙坚被黄祖兵士所杀,由此孙氏与黄祖结仇;此后孙氏政权屡次征讨黄祖都无功而返

交战双方
黄祖、孙权

交战地点
江夏

结果
孙权击破黄祖,并将黄祖斩首,祭祀父亲孙坚

不共戴天

黄祖(?—208年)是江夏安陆(今湖北武汉及周边地区)黄氏家族的族人。在东汉时江夏黄氏为著名的士人家族。据推测,即东汉名臣黄香一族。刘表任荆州牧时,重用地方豪族势力,黄祖出任江夏太守。

初平二年(191年)四月,袁术企图趁刘表在荆州立足未稳之际,一举吞并荆州,便派孙坚进攻刘表。刘表于是派黄祖在樊城、邓县之间迎战。孙坚一贯骁勇善战,于是轻而易举地就击败了黄祖,乘胜追击,渡过汉水,包围襄阳。刘表坚守不出,只得派黄祖乘夜出城调集兵士。黄祖带兵归来后,孙坚不为所动,再次击败黄祖。黄祖率残部逃到岘山之中,孙坚见黄祖如此不堪一击,一时兴起,便带着少数人马乘胜追击。没想到黄祖部将在深山竹林中设有伏兵,当孙坚路过

三国吴·青瓷蛙形水注

时放暗箭将其射杀。孙坚残部由此败退，袁术也放弃了对于荆州的觊觎。

孙坚死后，由其子孙策继承了他的事业。后来孙策脱离袁术，渡过长江独立发展，逐渐扫平了江南的诸多割据势力，在三吴地区站稳脚跟。刘表见孙策在江东兴起，于是派黄祖驻守江夏，防范来自长江下游的威胁。初具实力的孙策，此时也开始筹划攻击黄祖，为父报仇。同时，江夏把守着荆州的东大门，具有相当重要的战略地位。攻取江夏，就意味着打开了通往荆州的道路。所以，江夏就被孙氏政权赋予了双重的意义。

甘宁东奔

黄祖领兵驻防在江夏之后，多次防御来自江东的孙氏军队的进攻。虽然屡战屡败，但江夏领土从未落入过孙氏之手，而仅有军民被掳走的记载。自建安四年（199年）、建安八年（203年）、建安九年（204年）、建安十一年（206年）、建安十二年（207年），与孙氏军队有过交战五次的记录。终孙策一生，都未跨过江夏一步，也最终没有为父报仇雪恨。孙策死后，其弟孙权又继承了他的事业。而孙权也多次尝试讨伐黄祖，但都不能完全占据江夏，反倒损失了凌操、徐琨两员大将。

黄祖之所以多次防守成功，除了自身指挥得当、三军用命之外，还与一个人有重大关系。此人便是甘宁。

甘宁像
甘宁（163年—？），字兴霸，巴郡临江（今重庆忠县）人，三国时期吴国大将。

甘宁"少有气力，好游侠"。但他不务正业，他常聚合一伙轻薄少年，自任首领。他们成群结队，携弓带箭，头插鸟羽，身佩铃铛，四处游来荡去。当时，百姓一听铃响，便知是甘宁这帮人到了。当地人以"锦帆贼"称呼他们。后来甘宁率领部众投靠刘表，但随后就发现刘表不思进取，未来不能安定天下，加之此时他听说孙权在江东"招延俊秀，聘求名士"，于是又去投靠孙权。但甘宁途经夏口（今湖北武汉）时被拦截，只好暂且依靠江夏太守黄祖。

建安八年（203年），孙权领兵西

《孙权跨江破黄祖》插图
出自清初刊本《三国志像·绣像金批第一才子书》，金圣叹序，毛声山评点。

攻江夏，黄祖大败，狼狈逃溃。甘宁将兵为其断后。他沉着冷静，举弓劲射，射杀孙权的破贼校尉凌操。孙权军不敢再追，黄祖性命这才得以保全。甘宁立下大功，可黄祖仍不重用。甘宁由此萌生去意，只是没有一条万全的途径，因而独自忧愁苦闷，无计可施。后来，甘宁在好友苏飞的帮助下，得以脱离黄祖，向东投奔孙权。

报仇雪恨

甘宁一到孙权那里，就向孙权建议："如今汉家运数日益衰微，曹操更为骄横专断，最终肯定要成为篡汉的国贼。荆州这个地方，山势屏障，水道便利，这是我们东吴西面的屏障，我曾在刘表手下效力。据我观察，刘表这个人，自己既没有深谋远虑，继承人又无能，所以将来肯定守不住荆州。将军您应该先下手为强，不可落在曹操之后。图谋刘表的计划，第一步先从黄祖下手。黄祖如今年老，昏聩无能，军资粮食都很缺乏，身边的人在愚弄欺瞒他，而他一味地贪图钱财，在下属官吏兵士们头上克扣索取。这些人都心怀怨恨，而战船及各种作战器具，破损而不加修整，荒误农耕，军队缺乏训练有素的队伍。主上现在前往进取，必定将他打败。一旦击败黄祖的队伍，即可击鼓西进，前据楚关，

位于湖北武汉龟山三国群英孙权、孙策雕像

军势即增大扩广,这样可逐渐谋取巴蜀之地了。"当时张昭在座,对甘宁的意见不以为然。他说:"江东自身危急,如果军队真的西征,恐怕必然导致三吴地区生乱。"甘宁不客气地反驳:"国家将萧何那样的重任交给阁下,而您却留守担心出乱子,以什么来追慕古人呢?"孙权见二人争执,就举杯向甘宁劝酒,并说:"兴霸,今年即出征西进,如同这杯酒,我决定把它拜托给你了。你尽管勉力提出作战方略,使我们一定能打败黄祖,如此就是你立了大功,何必计较张长史的话呢?"

于是在建安十三年(208年),孙权遣军再度西伐黄祖。

面对孙权的进攻,黄祖任部将张硕为先锋,陈就为水军首领,本人留守江夏。战前,张硕率部乘大船侦察江岸,却被同样在侦察的凌统发现。当时,乘小船的凌统身边只有数十勇士,但仍登上了张硕的船,在夜幕掩护下伪装成张硕部卒,奇袭张硕军。张硕最终被凌统所杀,麾下的水兵尽数被擒。

得知张硕被杀,黄祖立即命陈就率两艘艨艟巨舰守卫沔口,还让力士和弓箭手在岸边埋伏,向孙权军队的大船投掷石头和火把。为了打败黄祖的艨艟巨舰,周瑜派出大舰队,却被崖顶掷下的石头摧毁。周瑜此时才意识到,黄祖的军械并非如此欠缺,孙权也只能面对士卒疲惫伤亡惨重的现实。

吴

一主奏差六十年,
父兄犹庆授孙权。
不迎曹操真长策,
终谢张昭见硕贤。
建业龙盘虽可偏,
武昌鱼味亦何偏。
秦赢谩作东游计,
紫气黄旗岂偶然。
——唐·徐夤

为了扭转战局,周瑜命凌统、董袭率敢死队百余人每人穿上两件盔甲乘大船冒着石头和火把冲锋。经过艰苦的战斗,凌统、董袭最终成功切断了两艘艨艟巨舰间的联系,这也鼓舞了孙权军的斗志。吕蒙在近战中格杀陈就。群龙无首的黄祖军队于是迅速被歼灭。在吕蒙全歼黄祖军之前,凌统分兵攻陷江夏,纵兵屠城。

无力抵抗孙权的黄祖逃离江夏,却被骑士冯则追上斩首。当黄祖的首级送至孙权处后,孙权便将其献祭亡父孙坚,总算报了杀父之仇。

吴大帝孙权画像

> **208年**
>
> 先书报曹公，欺以欲降……曹公军吏士皆延颈观望，指言盖降。盖放诸船，同时发火。时风盛猛，悉延烧岸上营落。顷之，烟炎张天，人马烧溺死者甚众，军遂败退，还保南郡。
>
> ——《三国志》卷五十四《周瑜传》

火烧赤壁

统一了北方的曹操，很快将目光投向了广阔的南方大地。但当曹操大军准备南下进攻荆州时，刘表突然病故。其子刘琮投降曹操。此时，又一次失去依靠的刘备在曹军的追击下一路仓皇南奔，最终在鲁肃的建议下，与孙权结盟。此后，曹操又率军南下，在赤壁与孙、刘联军隔江对峙，由此拉开了赤壁之战的序幕。

时间
208年

背景
曹操南下，刘琮举州投降。刘备仓皇东逃，并与孙权结为联盟

参战双方
曹操；孙权、刘备盟军

交战地点
赤壁（今湖北境内）

双方兵力对比
曹操：宣称80万
孙刘联军：5万

结果
曹操军败，三国鼎立局面奠定

后世典故
火烧赤壁

刘琮降曹

曹操在远征辽东后，于建安十三年（208年）正月回到邺城。即刻开始筹备向南用兵事宜：首先，曹操下令在邺城周边凿成玄武池，以用来训练水军；其次，派遣大将张辽、于禁、乐进等人驻兵许都以南，准备南征；此外，曹操为了防止西北局势不安，便以朝廷的名义令马腾及其家属征至邺城，实际上是以马腾为人质，以减轻来自西北的后顾之忧。

新绘三国志前本曹兵百万下江南
清末年画，描绘了蒋干盗书、草船借箭、打黄盖、连环计、火烧赤壁、华容道等情节。

念奴娇·赤壁怀古

大江东去,浪淘尽,千古风流人物。故垒西边,人道是,三国周郎赤壁。乱石穿空,惊涛拍岸,卷起千堆雪。江山如画,一时多少豪杰。

遥想公瑾当年,小乔初嫁了,雄姿英发。羽扇纶巾,谈笑间,樯橹灰飞烟灭。故国神游,多情应笑我,早生华发。人生如梦,一尊还酹江月。

——宋·苏轼

在做好了一系列的准备后,同年七月,曹操挥师南下。依照谋士荀彧的计策,曹操率军抄捷径轻装前进,迅速进军至宛、叶附近(今河南南阳境内),占据了通向荆州的北大门。正当曹操已经做好与刘表激战一番的准备时,荆州内部政局却发生了变动:刘表病死,部将蔡瑁和张允等人依照刘表遗愿,拥立少子刘琮继任荆州牧。然而蒯越等人对于抗击曹操不抱希望,于是就以各种理由劝说刘琮投降曹操。刘琮见众无斗志,便同意了蒯越等人的意见。九月,当曹操到达新野县(今河南新野)时,刘琮就派人向曹操请降,并送来了此前朝廷颁发的符节。曹操大喜,于是接受刘琮的投降,继续进军。

然而,刘琮却一直没有将自己打算投降的决定告知驻守樊城的刘备。所以直至曹军到达宛城附近的时候,刘备发现情况不对,急忙派亲信询问刘琮,这时刘琮才派宋忠告知刘备自己已经投降。刘备得到消息后又惊又怒,于是即刻弃城向南逃去。

江陵(今湖北荆州)在襄阳以南,是刘表贮藏军用物资的基地。曹操得知刘备南逃的消息后,唯恐刘备率先占据江陵。于是留下辎重,轻装前进。等曹操追到襄阳时,却得知刘备已经经过此处。心急如焚的曹操便亲自率领5000名精锐骑兵急速追赶,一天一夜追了300余里,终于在当阳县(今当阳市)的长坂追上刘备。刘备完全没想到曹操的来势如此迅猛,便在仓皇之中抛妻弃子,与诸葛亮、张飞、赵云等数十人骑马逃走,曹操于是俘获了刘备大量的人马辎重。

刘备为了安全起见,在渡河后命张飞率领20名骑兵断后。张飞据守河岸,拆去桥梁。等曹兵追到,只见张飞在断桥桥头横刀立马,怒目圆睁,向对岸的曹军怒吼:"我就是张翼德,有谁敢来决一死战!"曹军见张飞勇猛,加之疑心刘备设有埋伏,都不敢逼近,刘备因此得以顺利逃亡。曹操见追赶不及,于是也放弃了追赶,转过头来迅速进驻江陵。

孙、刘联盟

其实,当时觊觎荆州的并不止曹操一人,刚刚斩杀黄祖、攻破江夏的孙权对荆州也是渴望已久。所以,当曹操进军荆州的消息传至东吴,孙权立刻派遣鲁肃前往夏口观望荆州局势。鲁肃抵达夏口后,听说曹操大军已向荆州进发,便日夜兼程前往襄阳。但当他刚到达南郡时,刘琮已经投降曹操,刘备已经向南撤退。鲁肃便改变主意,打算直接去见刘备。于是,二人在当阳的长坂相会。鲁肃传达了孙权的战略意图,与刘备讨论天下大事。最终,刘备采纳了鲁肃的计策,同意与孙权结盟,共同抗曹。随后,刘备便率军到孙权的辖境——江夏郡鄂县的樊口(今湖北鄂州境内)驻军。

曹操在占据江陵后仍不满足,企图一举扫平江南。于是率军一路顺长江东下,直逼江夏境内。诸葛亮见情势紧急,便主动请缨,充当使者前往江东,与孙权交涉结盟。刘备此时也无其他路可选,只能同意诸葛亮的意见。于是诸葛亮就和鲁肃一道去面见孙权。最终,二人在柴桑(今江西九江)见到孙权。诸葛亮凭借着三寸不烂之舌,成功说服孙权,坚定了其结盟抗曹的信念。而孙权则在会面结束后,与他的部属们商议抗曹大计。

就在此时,孙权接到了曹操的劝降书,信中说:"近来我奉天子之命,讨伐有罪的叛逆,兵锋指向南方,便令刘琮降服。如今,我统领水军80万人,想要与将军在吴地一道打猎。"这哪是劝降书,明明是一封恐吓信。孙权于是把这封书信给部属们看,他们无不惊慌失色,长史张昭等人连忙劝告孙权主动归顺曹操。但在鲁肃的坚持下,孙权抗曹的信念不仅没有动摇,反而越发坚定。

于是,孙权任命周瑜、程普为左、右都督,各自带领万余名士兵与刘备合力迎战曹操;又任命鲁肃为赞军校尉,协助筹划战略。

三国以少胜多经典战役对比

官渡之战	赤壁之战
时间:公元200年	时间:公元208年
起因:曹操与袁绍争夺北方霸权	起因:曹操意图统一天下
敌对双方:曹操和袁绍	敌对双方:曹操和孙刘联军
双方兵力:曹军约2万,袁军约11万	双方兵力:联军5万,曹军20多万(称80万)
结果:曹操胜,北方再无可与之抗衡之人	结果:曹操失败,退回北方休养
奠定了曹操统一中国北方的基础	奠定了三国鼎立的基础

赤壁之战
位于江苏省南京市东吴大帝孙权纪念馆内的模拟场景。

赤壁对峙

刘备驻军樊口,看着曹操一步步地逼近自己,心里急得像热锅上的蚂蚁,每天都要派巡逻的士兵在江边眺望孙权的军队。终于有一天,守望的士兵看到周瑜的船队,立即乘马回营报告刘备。刘备总算松了一口气,于是立刻派人前去慰劳。

周瑜见来的人中不见刘备,心生不悦,就对慰劳的人说:"我有军事任务在身,不能委派别人代理,如果刘备能屈尊前来会面,实在符合我的愿望。"刘备听罢,就乘船去见周瑜,说:"现在孙将军决计抵抗曹操,真是明智的决定啊!不知您带来了多少战士?"周瑜说:"三万人。"刘备听后心里一凉,说道:"可惜太少了。"但周瑜却信心满满,说:"这点兵已经够用了,将军且看我如何击败曹军。"

同年十二月,孙刘两军逆水而上,行至赤壁,与正在渡江的曹军相遇。此时,瘟疫已经开始在曹军内部流行开来,而新编水军及新附荆州水军难以磨合,士气低落,初战就被周瑜水军打败。曹操见水军如此不堪一击,便不得不把水军调回江北,与陆军会合,并将战船安置到北岸乌林一侧,重新操练水军,企图伺机而动。周瑜则把战船停靠南岸赤壁一侧,隔长江与曹军对峙。

赤焰滔天

曹操的兵士大都来自北方,不习惯乘船作战。曹操见状,便下令将舰船首尾连接起来。如此一来,人马便可以在船上行走自如,如履平地一般。这样虽然便于士兵作战,但存在着一个致命弱点:将船只都连在一起后,机动性变差，如果遭遇火攻，所有战船难以逃生。周瑜与诸将在得到情报后进行商议，部将黄盖进献诈降火攻之计，周瑜听后非常赞同黄盖的计划。于是，便开始准备火攻。首先，周瑜选取艨艟战船十艘，里面装上干荻和枯柴，并在上面浇上油以便助燃，外面裹上帷幕隐蔽，并在船上插上旌旗。此外，还预先准备好逃生快艇，将其系在船尾。一切准备妥当后，黄盖派人送信给曹操，谎称打算投降。曹操见信大喜，当时就约定了归降的日期。

说来也巧，等到了约定的时间，起了很大的东南风，这对于黄盖来说正是顺风。黄盖见机不可失，下令将载满引火物的10艘艨艟战舰排在最前面，起锚前进。等船队快要到江心时，只见这10艘艨艟战舰升起船帆，加速向曹营进发，而其余的船只随后依次前进。曹操军中的官兵听说对面有一员大将来降，都走出营来站着观看。等黄盖的船帆出现在他们的视野时，曹军欢呼雀跃，仿佛已经胜券在握。纷纷指着船大喊："黄盖来投降了！"但没想到的是，等着他们的是一场"焰火晚会"。在离曹军还有2里多远的地方，黄盖下令将十艘船同时点燃，火烈风猛，那10艘船如同脱弦的箭一样向曹营飞驰！当曹军还没有反应过来的时候，曹军的战船已经快要被烧光了，火势借着风势，又迅速蔓延到曹军设在陆地上的营寨。顷刻间，赤焰滔天，浓烟遮天蔽日，曹营中惨叫一片。此时，周瑜等率领轻装的精锐战士也开始登陆。刹那间，战鼓敲响，杀声震天，周瑜的兵士无不以一当十，奋勇向前。曹军先遭火攻，又被周瑜兵士突击，最终大败。曹军的人马被烧死、淹死的连同被周瑜军队杀死的不计其数。曹操只得率残部从华容道狼狈撤退。谁知，屋漏偏逢连夜雨，这华容道恰恰十分泥泞，导致道路不通，军队无法通过。此时天又刮起大风，曹军兵士在寒风中被冻得瑟瑟发抖。曹操便让所有老弱残兵背草铺在路上，骑兵才勉强通过。但这些可怜的老弱残兵很快就被人马所践踏，陷在泥中，死了不少人。

周瑜、刘备军队在获胜后士气高涨，水陆并进，一直尾随追击曹操，但由于曹军撤退太快，联军最终并没有追击到。

此战中曹军伤亡过半，曹操回到江陵后，担心赤壁失利会使后方政权不稳，于是立即回到北方，而留曹仁、徐晃等继续驻守江陵，文聘驻守江夏，乐进驻守襄阳，满宠代理奋威将军，驻守当阳。赤壁之战的失利也使曹操失去了在短时间内统一全国的可能性，而孙刘双方则借此机会开始发展壮大各自势力。

百戏陶俑群
洛阳市烧沟汉墓出土，现藏于河南博物院。百戏是古代乐舞杂技表演的总称，包括杂技、角抵、幻术、游戏等，大都源于民间，其特点是体现人的健美、技巧、活泼、勇敢，是汉代表演的主题。

211年

秋七月，公西征，与超等夹关而军……公乃与克日会战，先以轻兵挑之，战良久，乃纵虎骑夹击，大破之，斩成宜、李堪等。遂、超等走凉州，杨秋奔安定，关中平。

——《三国志》卷一《武帝纪》

潼关争锋

曹操在经历了赤壁惨败后，转而向西扩张。而潼关以西，则盘踞着以马超和韩遂为首的地方武装势力，他们对朝廷时叛时降。建安十六年（211年）曹操西征张鲁，关西诸将内不自安，于是称兵作乱。在马超、韩遂的带领下，向东一路进军到了潼关。曹操亲自率军西征，与马超和韩遂在渭水沿岸展开了决战。

时间
211年

背景
曹操赤壁惨败后，调整战略方向，开始向西扩张

交战双方
曹操；马超、韩遂

交战地点
关中

结果
马超被曹操击败，投奔张鲁，曹操得以平定关中

潼关对峙

建安十六年（211年）秋七月，曹操留曹丕守邺城，亲统大军西征。八月，曹操大军经函谷朔黄河西进，到达潼关。

关中各部听说曹操亲率大军西征，于是开始不断向潼关增兵。曹操听说后，不忧反喜。当战争结束后，曹操手下的将领都不明就里，问他当初何以如此高兴，曹操解释说："关中道路长远，如果敌人各依着地势防守，就算出兵攻打，没有一两年也不可平定。现今他们全部到来集结，人数虽多，但互相都不服从指令，联军中无一个统领，一举便可以消灭他们，比起他们各自防守，现在容易多了，所以我便感到高兴啊！"

武汉龟山三国城贾诩雕像
贾诩（147年—223年），字文和，武威姑臧（今甘肃武威）人，是三国时曹魏的著名谋士。在曹操与马超、韩遂潼关争锋之时，贾诩提出离间之计，曹操依计行之，遂破马超、韩遂。

经过一段时间的相持，眼见联军的所有力量都已集中到潼关，曹操暗中却派徐晃、朱灵率步骑四千人渡过蒲阪（今山西永济、陕西大荔朝邑之间黄河渡口），据河西为营，准备接应曹操大军由河东进入河西。

闰八月，曹操亲自率军从潼关东面的渡口北渡黄河。曹军的主力部队已经顺利过河，只有曹操和许褚等禁卫军100余人留在南岸负责断后。马超见状，立即率领1万多人发动突袭。刹那间，乱箭齐发，矢如雨下。但曹操仍然在胡床上坚守不动，许褚见情势危急，于是立刻扶曹操上船。但当二人上船后才发现，船夫已经中箭身亡了。万般无奈之下，许褚一人左手举着马鞍做盾，为曹操遮挡飞来的乱箭，右手则拼命撑船，充当船夫。就这样，小船顺水行驶了四五里，然而马超军仍然紧追不舍，箭雨依然猛烈。这时曹操手下的校尉丁斐急中生智，他命令手下的部队放走牛马，用来引诱敌人，关中联军多是贪财之辈，见成群的牛马放出，果然放弃了追赶，都去争抢牛马，曹操这才成功渡河。由于曹操主力先渡过黄河，而此后又迟迟不见曹操的身影，众将在惶恐万分之际，看到曹操平安归来，悲喜交集，但曹操却放声大笑："今日差点被马超小贼困住啊！"

徐晃刚刚从蒲阪津渡过黄河，还

《反间计害韩遂》年画
描绘韩遂、杨阜、杨秋与马超、庞德、马岱打斗的场景。《三国演义》中描写的潼关之战，多有虚构，实际上，虽有曹操施离间计，但马超并没有斩掉韩遂的手臂。

没来得及建立寨栅，当夜梁兴即领步骑五千多人前来攻击，被徐晃击败。原来，在徐晃出发前，曹操就与徐晃约定好，在曹操从潼关北渡黄河后，徐晃方才能从蒲阪津西渡黄河，否则，曹操的计划会被过早泄露；徐晃孤军深入，也会遭到关中联军的攻击。但马超也非等闲之辈，当他看到曹操北渡时，就已经判断出了曹操是想从蒲阪津渡河进入关中。于是他派梁兴带五千多人前去抢占蒲阪津渡口西岸，通常情况下，这五千人足以阻挡曹操渡河。但马超没有料到的是，徐晃已经抢先占领了蒲阪津渡口西岸。等梁兴的人马紧赶慢赶到达时，已经疲惫不堪，自然不是以逸待劳的曹军对手。待消息经几百里路传回潼关时，马超再想派大军去重新夺回渡口，时间已经来不及了。由此，曹操的计划得以一步步顺利实现。

潼关古城墙
陕西潼关位于黄河与秦岭之间,形势险要。潼关是关中的东大门,历来为兵家必争之地。潼关之名,见于历史,是在东汉建安十六年(212年),曹操与马超、韩遂在潼关大战。

见曹操成功西渡黄河,马超只得退屯渭口。曹操又多设疑兵,吸引马超的注意力,暗中却从黄河把船驶入渭河,连夜用船搭起浮桥,分兵在渭水南岸扎营。在渭水南岸立营的过程中,由于岸边沙土松软,导致部队无法筑城,加之屡受马超骑兵的突击,所以渡河的部队一时间难以完成立营的工作。此后,曹操听从娄敬的妙计,乘天气突然急剧降温之际,在松软的沙土上浇上凉水,等第二天天亮时,水凝固成冰,这样就能建成坚固的城墙了。于是,曹操便派遣士兵在南岸连夜浇筑起冻沙城。等第二天天明时,冻沙城建筑完毕。关中联军一下子全傻了眼,等再发起攻击时,发现这座晶莹剔透的冰城是无论如何也撼动不了了。

等到曹军在渭河南岸站稳脚跟,当年九月,曹操大军全部从容地渡过渭水,进驻渭南的营地。至此,曹操已经完成了全面攻击的准备。马超等人曾数次前往挑战曹营,曹操并不应战,只守不攻。

当时,曹操曾与韩遂、马超单马会面,曹操只带着许褚前往。马超凭着自己的勇猛,想要乘机上前捉拿曹操。不过马超听过曹操麾下有一号称"虎侯"的猛将,于是便问曹操说:"您手下的虎侯在吗?"曹操用手指一指许褚,只见许褚凶神恶煞般地瞪着马超,马超由此心生怯意,不敢妄动,于是双方在会面后各自退去。

巧施离间

由于韩遂、马超等在春季三月时就在潼关屯集十万大军,加之用于长途输送粮草的人力,所以关中各部当年的农业生产几乎全部荒废。当秋季已过,冬季将临之时,关中各部却征收不上来新粮,全军有断炊之虞。

于是马超为了避免持久作战,只好向曹操割地、送子做人质请和。谋士贾诩认为可以假装答应他们,曹操问他有何计策,贾诩说:"只要离间他们就可以了。"曹操会心一笑,便应许了联军的请求,与其进行谈判。

联军派出的谈判代表,是曹操的老熟人韩遂。原来,曹操与韩遂父亲在同一年被推荐为孝廉，又与韩遂是同辈，二人曾有交情。所以，当二人会面时，相见甚欢，在马上并不谈军事，只说当年在京都的旧事，拍手欢笑。联军的兵士久闻曹操大名，听说今日曹操本人露面，都非常惊讶，纷纷前来看曹操到底是何方神圣，曹操见到联军士兵都争先恐后地看着自己，就笑着对他们说："你们都想看曹某吧？！我也只是一个普通人，不是有四只眼睛、两张嘴巴，只是比一般人多了点智谋罢了！"此外，曹操一反原先一贯示弱于敌的做法，突然列出5000铁甲骑兵，阵列森严，盔甲反射的精光逼得人睁不开眼，关中诸军无不被曹操的军势所震恐。

会面结束，马超等人问韩遂说："曹操跟你说了什么？"韩遂据实回答："并没有聊什么重要的。"马超于是对韩遂开始起疑，担心他与曹操私下联系。过了几天，曹操寄给韩遂书信，却故意在信中对文字涂涂抹抹，改来改去，就像是韩遂本人改动一样；马超看到此信后，疑心愈来愈大，曹操便趁此时与联军约定决战的日期。

平定关中

离间计刚刚施用完毕，曹操立即与马超、韩遂等约期会战，而马超、韩遂等也急于结束对峙状态，于是爽快地答应了曹操。曹操先以轻兵前往挑战，大战了很久，曹军便以军中的精锐骑兵——虎豹骑夹击联军，联军由此大败，曹军临阵斩杀了成宜、李堪等人。结果韩遂、马超、梁兴败走凉州，杨秋则前往安定，程银、侯选南入汉中投靠张鲁。渭南之战到此结束。

在这场惊天动地的大决战中，关中诸将的武装力量基本损失殆尽，从此结束了关中军阀割据的局面，关中各郡进入了朝廷直接掌控的范围。不久，韩遂、马超等依靠羌、氐二族以及张鲁的力量在凉州作乱一年有余，但又被夏侯渊等击破，韩遂被部下所杀，马超也逃到了张鲁麾下安身，陇右、凉州就此平定。

颐和园长廊彩绘：许褚战马超

215年

辽被甲持戟,先登陷陈,杀数十人,斩二将,大呼自名,冲垒入,至权麾下……辽叱权下战,权不敢动,望见辽所将众少,乃聚围辽数重……辽将麾下数十人得出,于众号呼曰:"将军弃我乎!"辽复还突围,拔出余众。

——《三国志》卷十七《张辽传》

威震逍遥津

曹操在平定了关中诸将后再次南征,在濡须口与孙权对峙,双方各有胜负,最终双双罢兵。建安二十年(215年),曹操率军西征张鲁,孙权则趁机再度兴兵北伐合肥。此时合肥由张辽、李典驻守,麾下只有7000人马。那么,面对孙权亲率主力大兵压境,张辽等人又该如何应敌呢?

背景
曹操率军西征张鲁,孙权则趁机再度兴兵北伐合肥

人物
张辽、孙权

地点
合肥

结果
张辽以少胜多,成功坚守合肥

典故
张辽止啼

边境争夺

赤壁之战后,孙权在江北濡须口(今安徽裕溪口附近)建立了军事据点,作为东吴的北门锁钥;曹操则令重兵渡过淮河据守合肥、皖城(在今安徽潜山境内),作为向南攻吴的基地。因此,魏吴双方在这如同犬牙交错的区域频繁展开争夺。如赤壁之战刚刚结束不久,孙权就亲率人马围攻合肥。此外,建安十八年(213年),曹操也曾率兵进攻濡须口,与孙权对峙,但最终无功而返。建安十九年(214年),孙权则派大将吕蒙、甘宁攻打皖城,魏将朱光及守城军民数万人被俘。

古逍遥津
逍遥津是三国时期著名的古战场,合肥当时属于魏辖地,是江淮咽喉,军事重地。孙权和曹操为争夺合肥,进行过长达60年的战争。其中最有名的一次便是建安二十年(215年),东吴孙权趁曹操兴师西征汉中张鲁,合肥空虚之机,亲率雄师十万攻打合肥的逍遥津之战。

建安二十年（215年），孙权趁曹操用兵汉中之际，又亲率10万兵马扑向合肥，志在必得。而驻守合肥的曹军兵不过7000，主将张辽与李典二人又素来不和。因此，处于内忧外患的合肥城再次面临着巨大的威胁。

曹操评张辽

> 武力既弘，计略周备，质忠性一，守执节义。
> 每临战攻，常为督率，奋强突固，无坚不陷。
> 自援抱鼓，手不知倦。又遣别征，统御师旅。
> 抚众则和，奉令无犯，当敌制决，靡有遗失。
> 论功纪用，宜各显宠。
>
> ——《三国志·魏书·张乐于张徐传》

锦囊妙计

足智多谋的曹操在出征张鲁前，早就料到孙权会来这么一手"乘虚而入"。于是在临行前，便派护军薛悌送信函到合肥，信函外还颇为神秘地写了"贼至乃发（贼军到时就打开）"四个字。当孙权大军压境之际，张辽等人便依从旨意打开曹操的密函，只见信中写道："若孙权军到了城下，由张、李两位将军出城迎战，乐将军守城；护军薛悌不要出战。"这么一来都让众人傻了眼，本来张辽、李典二人就合不来，为何又让此二人配合出战呢？原来，曹操考虑到如果二人一人守城、一人出战，起了矛盾以后可能会造成更大的损失，于是命令乐进守城接应，二人一齐出战。而张辽、李典等人也深明大义，很快地理解了曹操的良苦用心。张辽作为主将，首先发话，说："曹公正率军在外作战，等他率领的援军到达时，孙权军必定已攻破我们。所以留下密函要我们在敌军集结完毕前率先出击，一举攻击他们，先挫折敌人的气势，以安定军心，然后可以顺利守城。成败之机，就在此一战，各位有何疑惑？"李典听到这话，也非常感慨，说道："此为国家大事，就看你的计谋定得如何而已，我岂能因私下的恩怨而影响公事呢？"

张辽见众志成城，于是当夜就在7000人中招募敢死队，最终选出了800人。杀牛宴飨这些敢死将士，预备次日的大战。

张辽像
张辽（169年—222年）字文远，雁门马邑（今山西朔州）人，三国时魏国名将。

血战城下

第二天凌晨,张辽披甲持戟,带着这800死士杀进孙权阵中,而此时孙权军中毫无准备,被打了个措手不及。张辽得以带队冲进了孙权大营中,手刃数十人,亲手斩杀了两名将领。并且振臂高呼:"张辽在此!"敢死队见主帅如此英勇,不禁为张辽的气魄所鼓舞,于是无不以一当十,跟着张辽直插进孙权主营。孙权只得退到小土丘上,以长戟指向四周,慌忙指使士兵防卫曹军。张辽见孙权在土丘上龟缩不出,于是便指着孙权叫骂,促使其下来决战,孙权并不敢轻举妄动。后来等局势稍稳,孙权发现张辽的部众也不过数百人而已,

《孙仲谋大战张文远》插图

于是立刻下令其他在外的军队从后面把张辽这些敢死队团团包围。

张辽及其敢死队立刻陷入了重重包围之中。张辽逐渐发现局势不对,连忙率左右将士突围,杀出一条血路。张辽与左右数十人杀出重围后,回头一看,其余陷在重围的战士们高喊着:"张将军难道要丢下我们不管吗?"张辽又领着这数十人重新冲入包围圈中,把其他人带了出来。孙权的部众人人都被张辽的勇武所震撼,没有人再敢抵挡他们。这场血战从凌晨持续到了中午,孙权的将士们原本高昂的斗志都委靡下去了,张辽于是得以安全返回城中,整备守城事宜。这次成功的突袭,令曹军军心大振,其余的将领们也对张辽心悦诚服。

这次突袭并没有真正触动孙权军的元气,等孙权大军集合完毕后,就展开了硬碰硬的攻城作战。然而,合肥城在之前的扬州刺史刘馥的积极建设下,城墙又高又厚,木柱、石头等防御器材一样不少。孙权诸将连续强攻了十几日都攻不下来,吕蒙、甘宁等人一时计穷,没有更好的破城之策。此时又恰逢孙权军中疾疫流行,孙权见再继续下去也捞不到什么好处,于是只好下令班师。

夺命追击

孙权撤兵的指令下达到了各兵团,各兵团便开始纷纷撤退。张辽在

城上看着敌军退去，却意外地发现其余部队都已先行出发，而孙权亲自率军殿后。张辽认为这正是孙权身边兵力最少的时候，也是擒贼擒王的良机。

逍遥津是南肥河上面的渡口。孙权的计划是要诸军先行撤退，然后本阵再自逍遥津口渡河南撤。此时，北岸只剩孙权及吕蒙、凌统、蒋钦等将领，麾下部队不过一千余人。张辽于是当机立断，即刻与李典、乐进率合肥城守军再度出城突袭。

孙权发现合肥城步骑齐出，心知不妙，赶紧派人去将前面已撤退的部队召回，但无奈那些部队已经开拔了一段时间，短时间内还赶不回来。于是，孙权只得依靠着一千多人拼死一战。右部督凌统带着亲卫族众三百人与曹军展开激烈血战。

凌统亲卫护着孙权来到逍遥津渡口，发现桥已经被曹军破坏，只剩下两边延伸的桥板，中间有一丈多的地方没有桥板可供依托。孙权身边一个叫谷利的亲随，要孙权扶好马鞍，然后让马后退，再飞纵向前，谷利在后面用鞭抽马，以助马势。孙权就这样连人带马地飞到南岸。此时，南岸有贺齐的3000兵马在接应。贺齐将孙权安置好了，就率军杀入战局。

三国·黄武元年釜
1977年湖北鄂城钢铁厂出土。直唇，敛口，深腹平底，口沿两侧有对称环耳，环耳上各套一长方形铁环。肩部有铭文12字表明年份，肩腹处刻有"王""武昌""官"等字。现藏于鄂州市博物馆。

凌统护送孙权突围到津桥，看着孙权安全地到了南岸，又回身继续再战。身旁的左右亲兵——战死，凌统也多处负伤。后来凌统估算孙权已经安全撤退了以后，才准备离开战场。但是此时桥已被曹军破坏，各条通路也被曹军封锁，凌统只好披着战甲潜行，回到了孙权军的营寨。孙权这时已经上船，看到凌统回来，十分惊喜，赶紧找人帮凌统更衣换药。凌统的部众多是他本族的亲人，而在这次血战中大都亡于战阵，因此非常伤感，孙权见状，便用衣袖帮他拭去眼泪，安慰他说："公绩（凌统的字）节哀，亡者虽不能复生，但只要你还活着，还怕会没有人依附你吗？"等回去之后，孙权果然给了凌统以前两倍的部队。

张辽不知孙权已退走，就问投降的东吴士兵，刚有个紫色胡须、上身长腿短、善于骑射的人是谁，东吴降卒说那就是孙权。张辽与乐进大呼遗憾，原来，在战场上二人曾与孙权擦肩而过，只是不知那就是孙权。孙权也由此逃过了一劫。

> 211年—214年

十九年，进围成都数十日，城中尚有精兵三万人，谷帛支一年，吏民咸欲死战。璋言："……百姓攻战三年，肌膏草野者，以璋故也，何心能安！"遂开城出降，群下莫不流涕。

——《三国志》卷三十一《刘璋传》

引狼入室

曹操准备进兵汉中、直通巴蜀的消息传到了益州后，刘璋大惊失色，连忙向谋臣咨询意见。张松于是趁机向刘璋建议：邀请雄踞荆州的刘备入蜀，共同防御曹操。病急乱投医的刘璋不暇多想，便同意了张松的建议。但令他万万没想到的是，最终致使其覆灭的，不是来势汹汹的曹操，而正是同为汉室宗亲的刘备。

时间
214年

背景
曹操谋取汉中、巴蜀。刘璋于是邀刘备入蜀，共同防御曹操

主角
刘备、刘璋、张松

地点
益州

结果
刘璋引狼入室，刘备成功占据益州

刘璋像
刘璋（？—219年），字季玉，东汉江夏竟陵（今湖北潜江西北）人。接父亲刘焉担任益州牧，后为刘备所败，病逝于荆州。

张松献计

刘焉和刘璋父子所经营的益州，对于中原朝廷来说一直都处于隔绝状态。刘氏父子的如意算盘，是既不与朝廷直接接触，又尽量不与中原势力正面对抗，使益州保持一种"隔绝的和平"状态。但当曹操南下荆州之时，这种格局开始被打破：荆州位于益州的下游，如果荆州落入曹操之手，那么就意味着益州的东大门将被打开，这种隔绝状态自然也就不复存在了。于是，当听闻曹操兵不血刃地拿下荆州后，刘璋连忙派遣使者向朝廷（也就是向曹操）进贡。这被派遣出使的使者，正是张松兄弟。

张松（？—212年），字子乔，是刘璋手下的益州别

驾。他虽然其貌不扬、放荡不羁，但却很有才干。张松心高气傲，认为刘璋暗弱无能，在他手下不足以发挥自己的才能，所以与同僚法正经常私下里一起叹息怀才不遇。张松的兄长张肃，也在刘璋的手下担任别驾从事。于是，刘璋便先后派遣张肃、张松兄弟两次进见曹操，并带去了不少贡品。然而，兄弟二人却遭遇了截然不同的际遇。原来，张肃进见曹操的时候，正赶上曹操出征。曹操估计是为了笼络益州的刘璋，所以对待作为使者的张肃礼遇有加，并上表朝廷授予张肃广汉太守一职。但等到张松再出使的时候，曹操已经不费吹灰之力占领了荆州，正处于志得意满、趾高气扬之际。当曹操再度会见刘璋使者的时候，不仅变得非常傲慢，也不给张松一官半职。由此，张松怀恨在心。当张松准备返回益州的时候，恰好又目睹了曹操赤壁惨败。所以，当张松回到益州后，立刻劝说刘璋断绝与曹操的关系，与刘备联合对抗曹操。而此时的刘备，正趁着曹操的败退在荆州大举扩张自己的势力，颇有雄踞荆州的气势，加之刘备和刘璋同为汉室宗亲，所以，刘璋同意了张松的建议，便令张松推荐

张松
张松（？—212年）字子乔，蜀郡（今四川成都）人。东汉末刘璋的部下，任益州别驾。

出使刘备的人选。张松早已厌倦了刘璋暗弱无能的统治，于是便心怀鬼胎，推荐了与他志向相合的法正作为使者，出使荆州。而与法正同行的，还有法正的同乡孟达以及随行的数千兵士，以帮助刘备守御荆州。由此，刘璋与刘备正式结盟。

所以，当建安十六年（211年），曹操西征的消息传到益州时，惊恐不已的刘璋所能抓住的最后救命稻草，看来看去也只有刘备了。而此时，张松不失时机地再次向刘璋建议："现在州中将领庞羲、李异等人都居功自傲，且心怀异志，如不能得到刘备的帮助，益州将外有强敌攻击，内遭乱民骚扰，必定走向败亡。"刘璋又听从了张松之言，立刻派法正率部队迎接刘备。张松引狼入室的建议立刻在刘璋的臣僚中炸了锅，刘璋的主簿巴西人黄权劝阻说："刘备骁勇善战，现在要是以部下的身份对待他，就没法满足他的心愿；要是以宾客的身份对待他，一国不容二主，这样必定会危及自身安全。"而广汉人王累的反应更加激烈，

刘备自领益州牧雕像
位于四川德阳罗江县白马关镇庞统祠墓内。右为黄忠,中为刘备、刘璋,左为简雍。

他将自己倒吊在益州城门上劝阻刘璋,但刘璋我行我素,对其他人的意见全都不予采纳。

反目成仇

刘璋为了表达诚意,不仅令法正率军东迎刘备,更前前后后赠予刘备数以亿计的金银财宝。但令刘璋怎么也想不到的是,法正早已与张松串通一气,打算趁刘备入蜀之机,推翻刘璋政权。法正刚一见到刘备,就向刘备献上夺取益州的计策,这可正中了刘备的下怀。刘备此前就有夺取益州的想法,为此还与孙权产生了摩擦,但苦于找不到合适的机会。而法正的到来,对刘备来说真是天赐良机,于是便留诸葛亮和关羽驻守荆州,亲自率数万人马前往益州。

没过多久,兴致勃勃的刘备就从江陵率军赶到了涪城(今四川绵阳境内),刘璋见刘备亲自赶来,大喜过望,也率领步、骑兵3万多人,亲自出迎,前往涪城与刘备相会。双方欢聚宴饮百余日。其间张松、法正、庞统都劝刘备趁此良机袭杀刘璋。但刘备认为自己初来蜀地,人心尚未信服,所以不宜轻举妄动,应当从长计议,于是放弃了刺杀刘璋的计划。而此时,刘璋还被蒙在鼓里,沉浸在聚会的喜悦之中,他上表推荐刘备代理大司马,兼领司隶校尉,配给刘备士兵和大批军需物资,让他去讨伐张鲁。而刘备此时也正想摆脱刘璋的控制,所以一拍即合,二话不说就向北进发。

建安十七年(212年),刘备北至葭萌(今四川广元),驻军不前,厚树恩德以收民心,开始扩张自己的势力。正在此时,局势突然发生了变化。张松的兄长张肃得知了弟弟图谋不轨,害怕灾难临头祸及自身,于是就把张松的图谋禀告了刘璋。刘璋听后大怒,立即将张松收捕处死,下令所有关隘的守卫部队封锁道路,不得让刘备通过。刘备见刘璋率先动手,大怒不已,在杀掉刘璋派来的监军杨怀后,掉转兵力攻打刘璋。由此,刘备和刘璋反目成仇。

益州易主

建安十八年（213年），刘备一路南下准备攻击成都。刘璋则派遣大将刘璝、冷苞、张任、邓贤、吴懿等人在涪城阻击刘备，但都无法阻挡刘备的攻势，最终吴懿投降，其余各将都被击败，涪城也落入刘备之手。刘璋见首战失利，又派李严、费观统率绵竹诸军阻击刘备。但李严却率众投降，使刘备的军事实力变得越发强大。但刘璋家族毕竟在蜀地经营数十年，实力雄厚，刘备为了稳妥起见，又从荆州征调诸葛亮、张飞、赵云等人率军入蜀。

刘璋见刘备势如破竹，直逼成都，于是令其子刘循和大将张任死守通向成都的最后一道防线——雒城。等刘备率军进攻时，张任主动出击，但却被刘备军士斩杀。张任死后，刘循坚守不出，刘备就率军包围了雒城。刘备此前屡战屡胜，起初并没有将这小小雒城放在眼里，但谁知就是这座小城，让他付出了沉重的代价——刘备所倚重的谋士庞统，在率军攻打雒城时为流矢所中，战死城下。最终，直到建安十九年（214年），雒城被围近一年才被攻克。刘备这才得以进军成都，并与诸葛亮、张飞、赵云等荆州援军会合，向成都发起最后的攻击。

在发动攻击之前，刘备先派简雍劝降刘璋。而此时的成都城中，尚有三万精兵，粮食足够支持一年，官吏百姓也都十分忠心，想做拼死抵抗。但刘璋自己却失去了抵抗的信念，他对群情激奋的众人缓缓说道："我父子在益州二十多年，没有给百姓施加恩德，却因为这三年以来的战争，许多人死在草莽野外。这都是因为我的缘故啊，再打下去我怎么能够安心？"于是下令打开城门，出城投降。投降那天，成都的百姓无不落泪感伤。

刘备在夺取益州后，其势力达到了前所未有的巅峰，三足鼎立的格局至此也完全形成。然而，江东孙权见刘备占据益州，心中不禁又悔又恨，于是便向刘备索要之前"借走"的荆州。而此时曹操也开始了对汉中张鲁的征伐，这使刘备要同时面临着来自北部和东部的双重压力。那么，刚在益州立足的刘备，能否渡过这次难关呢？

庞统祠墓
庞统祠墓为建安十九年（214年）中流矢卒后，蜀汉昭烈帝刘备所建，又名龙凤祠，位于四川德阳市罗江县白马关侧。祠内存有庞统及诸葛亮雕塑像、历代匾联、碑刻、字画等大量珍贵文物史料。

> 217年—219年

二十四年春……渊将兵来争其地。先主命黄忠乘高鼓噪攻之，大破渊军……及曹公至，先主敛众拒险，终不交锋，积月不拔，亡者日多。夏，曹公果引军还，先主遂有汉中。

——《三国志》卷三十二《先主传》

汉中称王

当刘备正在为夺取益州的胜利而欢呼的时候，曹操此时也击破了张鲁，顺利占据汉中，距离他"得陇望蜀"的计划近在咫尺。然而曹操却最终放弃了继续进攻益州。曹操的退却令刘备大大地松了一口气。此后，刘备亲率大军北伐。曹操见刘备来势凶猛，亲自率军驰援汉中。汉中顿时成为双方争夺的焦点。

时间

217年—219年

背景

曹操攻下汉中后，留夏侯渊驻守；刘备率军亲征汉中，曹操率军驰援

交战双方

刘备、曹操

地点

汉中

结果

刘备击败曹操，占据汉中，进而称"汉中王"

颐和园长廊彩绘：黄忠请战

得陇不望蜀

建安十九年（214年）刘备彻底击败刘璋，夺取益州。与此同时，曹操也击败以马超、韩遂为首的关中联军，进而于次年（215年）进攻盘踞在汉中的张鲁政权。汉中作为关中通往巴蜀的必经之路，具有极其重要的战略地位。而曹操此时的军事实力远非张鲁所能比拟，所以拿下汉中也是易如反掌。

汉中落入曹军之手，意味着通向巴蜀的通道被打开。这给蜀中百姓带来不小的震动，一时间风声鹤唳、草木皆兵。曹操手下的谋臣司马懿此时也劝谏曹操应当一鼓作气，趁机攻占蜀中。他对曹操说："刘备用诡计俘虏刘璋，蜀人尚未归附，而刘

即将不保,大惊失色,一方面立即与孙权议和,商定平分荆州;另一方面派遣黄权去巴西迎接张鲁,但当黄权赶到巴西时,张鲁已经投降曹操,而张郃正率军向巴西扑来。刘备迅速挥师西撤,率领张飞等人在瓦口关(今四川阆中东北部)大破张郃。张郃虽然撤走,危机暂时得以解除,但汉中仍然是压在刘备心头上的一块石头。所以,刘备又在法正、黄权等人的建议下,率领大军攻打汉中。

首战不利

建安二十二年(217年),刘备派遣张飞、马超、雷铜、吴兰等人攻打下辩(约今甘肃成县境内),曹操派遣曹洪、曹休、曹真迎战。次年(218年),张飞屯兵固山(约今甘肃成县境内),做出要截断曹洪后方的样子,但被曹休识破。曹洪于是在曹休的建议下,趁蜀军兵力尚未集结之时袭击吴兰,雷铜、吴兰等人战死,马超、张飞于是被迫退走。虽然首战失利,但刘备仍不甘心,又派遣陈式去攻打马鸣阁道,打算断绝汉中与中原的联系,但又被徐晃击败,死伤惨重。刘备见几次派兵出征都不尽如人意,于是在当年七月,刘备亲自率军出征,占据了阳平关。曹操听闻刘备亲自出击,也加紧在许都训练部队,准备救援汉中。到了九月,曹操就率军抵达长安。

张郃像
张郃(?—231年),字儁乂(jùn yì),河间鄚县(今河北任丘北)人,三国时期魏国名将。

备此时又要去争夺遥远的江陵,这正是破蜀的良机,万万不可错过。今若在汉中陈兵示威,益州就会震动不安,若再进兵威逼,蜀兵势必土崩瓦解,趁这个良机,益州可以一举平定。"但曹操却笑着摇摇头,答道:"人苦于不知足,我们都已得了陇右之地,难道还要再觊觎蜀地吗?"曹操于是放弃了进军蜀地的打算,而是留夏侯渊、郭淮、徐晃、张郃等大将镇守汉中,并令张郃率军向南进犯巴西(今四川阆中境内)。

曹操攻占汉中,随时有可能南下的消息传到了刘备的耳中。刘备见老巢

《定军山》年画

建安二十年（215年），曹操平汉中，派大将夏侯渊、张郃等留守，驻兵定军山和天荡山各隘口。刘备趁曹操立足未定，率将进军汉中，老将黄忠打败驻守天荡山的张郃后，经法正指点，夺得定军山以西的挡箭牌山的山头，并腰斩夏侯渊，一举夺得定军山。

怒斩夏侯

建安二十四年（219年），刘备放弃阳平关，南渡沔水，于定军山扎营，夏侯渊便率军来争夺定军山。

刘备于是派军趁夜火烧夏侯渊营鹿角（搁置在营前，阻挡步兵突击的障碍物）。夏侯渊派张郃守东面，自己守南面。刘备将1万多兵马分为10部，轮番猛攻张郃，但张郃却越战越勇，刘备一时难以攻克。此时夏侯渊也亲自率领精兵赶来救援张郃，刘备则派黄忠分兵攻打夏侯渊。黄忠老当益壮，见对面来的是夏侯渊，越发兴奋起来，他乘着地势较高，鼓噪大喊，拍马直奔夏侯渊而去，手下的兵士无不奋勇当先，与夏侯渊的军士展开肉搏。在乱军之中，夏侯渊被斩于马下，其余士兵见主将被杀，也纷纷崩溃逃跑。

夏侯渊战死后，驻扎在汉中的曹军惶恐不安，郭淮、杜袭等推举张郃暂时统领汉中诸军，以安众心。张郃率军驻守阳平关。

僵局打破

建安二十四年（219年）三月，曹操率领大军抵达汉中地界，进驻阳平关。

曹操率大军前来，将所需的粮草都储存在北山。当时黄忠在赵云营内，见曹操一次运送了这么多的粮草，于是建议赵云可以去劫粮。赵云也认为此计甚妙，但曹操的囤粮重地，必然会有重兵把守，为谨慎起见，赵云与黄忠约定期限，然后再让黄忠领兵去劫粮。然而，黄忠出发后，过了约定的时间仍未回营，赵云担心黄忠出了什么意外，于是留张翼率领其余士兵守营，自己仅率几十个骑兵出去寻找黄忠。结果正好碰上曹操派出的大军，赵云遭到曹军先锋部队的攻击，刚与敌人交手，曹操的大军已来到面前，声势逼人。赵云便一次又一次地突击曹军阵列，且战且退，竟凭着几十个骑兵将曹操的大军打散，突围而出。但是曹军迅速将被打散的部队整合，追击赵云。此时赵云部将张著受伤，又被曹军包围，已经突围而出的赵云又一次驰马突击曹军，冲进曹军的包围圈救出张著，并再次突出重围，顺利返回大营。而曹军见煮熟的鸭子居然飞了，又羞又恨，对赵云仍然紧追不放，一路追至赵云大营。守营的张翼见曹操大军杀到，便要闭门拒守。但赵云认为此时兵力较少，死守绝不是个好办法，反而下令大开营门，然后令自己的军队偃旗息鼓。曹操军见此情况，怀疑赵云设有伏兵，怕中埋伏，便不敢向赵云进攻，纷纷撤退。此时赵云下令鸣击战鼓，鼓声震天，又令军士以劲弩齐射曹操后军，曹军以为遭遇伏兵，惊慌失措自相践踏，坠入汉水中淹死者不计其数。

此役，赵云不但救出了黄忠，还给曹军以重创，而这场战斗的惊险程度，连刘备也大为惊骇，在看了赵云作战的地方以后，刘备不禁感叹：子龙一身都是胆！军中将士更是称赞赵云为"虎威将军"。为了庆祝这场难得的胜利，刘备大摆宴席，将士们从晚上欢饮至白天，士气变得十分高涨。

而对于曹操来说，此役不但损失了大量的军粮，失去了与刘备相持的资本，更是在撤退时死伤了大量的士兵。这对曹军的士气打击是非常大的，与此同时，包括像王平这样的将领以及士兵，死的死，降的降，曹军已经无力再与刘备军相持下去，面对刘封的挑战，曹军也只能闭关不出了。

转眼间，夏季来临，曹操见刘备久攻不下，而汉中又为"鸡肋"之地，于是便将汉中的居民悉数迁走，自己也班师回朝。刘备于是占领了汉中全境，随后又派遣刘封、孟达乘胜攻取了东三郡（魏兴、上庸、新城）。最终，汉中之战以刘备的胜利而结束。秋七月，刘备称汉中王。

虎威将军赵云

档案	内容
生活年代	汉末三国
生卒年月	？—229年
籍贯	常山真定（今河北正定）
颜值	身高近1.9米，雄伟帅气
效忠对象	蜀主刘备
所用武器	长枪
主要成就	两扶幼主；扫荡西川、汉水之战
爵位	顺平侯
逸事典故	单骑救主、五虎上将、蜀主八剑
儿子	赵统继承其爵，次子赵广随姜维战死沙场

219年

秋，大霖雨，汉水泛溢，禁所督七军皆没。禁降羽，羽又斩将军庞德……羽威震华夏。曹公议徙许都以避其锐……权已据江陵，尽虏羽士众妻子，羽军遂散。权遣将逆击羽，斩羽及子平于临沮。

——《三国志》卷三十六《关羽传》

会战樊城

汉中之战后，刘备集团的领地和实力达到了顶峰。曹操集团经过内忧外患，进入守势。孙权方面一直在想方设法占据荆州南郡，苦于没有良机。正当此时，镇守荆州的关羽率军倾巢而出，对荆州北部的樊城发动战役，这让苦苦等待机会的孙权看到了希望。

时间
219年

背景
汉中战败后，曹操采取守势，镇守荆州的关羽趁机北伐樊城

参战三方
关羽、曹操、孙权

地点
荆州

结果
关羽先胜后败，最终遭到孙权军的袭击，兵败被杀，荆州落入孙权之手

后世典故
水淹七军、白衣渡江、败走麦城

隆中对
刘备三顾茅庐时，诸葛亮为刘备分析了天下形势，提出先取荆州为家，再取益州成鼎足之势，继而图取中原的战略构想。

威震中原

建安二十四年（219年）春，刘备再度进军汉中。最终曹操大将夏侯渊被杀，曹操在与刘备对峙数月后放弃汉中，班师回朝，刘备因而成功据有汉中。差不多与此同时，镇守荆州的关羽也率军北伐，攻打荆州北部樊城。其实，刘备集团之所以有这样东西并举的军事策略，完全是遵循诸葛亮《隆中对》中的战略规划。在《隆中对》中，诸葛亮曾建议刘备在夺取益州后，如果要挥师北伐，就亲自率军北上关中，同时再派遣一员大将从荆州北伐。事实证明，诸葛亮的策划是极具战略眼光的，这让曹操集团陷入了两线作战的困境中，给曹操带来了

相当大的麻烦。

曹操听闻樊城被围，于是派出大将于禁和庞德率领七支部队援救襄樊。于禁为曹操爱将，早在创业之初就加入了曹操阵营里；而庞德则原效忠于马超麾下，马超被曹操击败后降于曹操，他骁勇善战，深得曹操喜爱，由此被授予"立艺将军"的称号。而庞德在此役的表现也不负众望：在与关羽交战时，他弯弓搭箭，一箭命中关羽前额，差点令关羽丧命。如此骁勇的表现令关羽军士不禁胆寒，庞德由于常乘白马出战，所以关羽军中都称他为"白马将军"，对他非常忌惮。所以，关羽的初战并不算顺利。

到了当年八月，江汉平原上下起了连绵大雨，导致汉水暴涨，水高至五六丈，全部溢出河道，导致于禁所率领的七军全为汉水所淹。于禁、庞德只得寻找地势较高的地方避水。关羽见于禁军中大乱，已成为瓮中之鳖。便乘机率领水军攻击于禁、庞德，于禁等人被大水围困，无处可逃，只得投降。但庞德却面无惧色，他站在堤上，依然身披铠甲，射无虚发，从清晨力战至中午。眼看关羽军的进攻越发猛烈，而此时庞德的箭已经全部射完。于是庞德便抽出配刀，与敌军短兵相接。只见庞德愈战愈勇，胆气愈壮，但此时水势也变得越来越大，庞德的部下大都已经投降。庞德见势穷力孤，被迫乘上小船，想返回曹仁的军营。但汹涌的水势将小船打翻，拼尽全力的庞德最终在水中被关羽兵士俘虏。

虽为败军之将，但当庞德被带入关羽大营时，依然宁死不屈。关羽见庞德态度坚定，只得杀掉庞德。但主将于禁的表现却与庞德截然相反，他为了保全性命，立刻向关羽投降。曹操闻知此事后，不禁感叹："我和于禁相识30年，也算是老相识了，怎料在危难之处，于禁反而不如刚刚归附我的庞德呢！"

关羽将于禁等曹军俘虏3万余人押往自己的大本营——江陵后，便向樊城发起猛攻。由于连日阴雨，导致樊城中积水严重，城墙也因此出现多处崩塌，加之援军被关羽击破，樊城中的军民都惊恐不安。这时，满宠劝谏曹仁道："这山洪来得快，去得也快，应该不会持续很久。另外，据说关羽已经派别的部队深入中原腹地，许都以南百姓都惊恐不安。但关羽之所以不敢再向前推进，是顾虑我们攻击他的后路。现在如果我军退走，那么黄河以南地区，就不再为国家所有了。所以，为了全局考虑，您还是应该坚守樊城。"曹仁听后，坚定了固守樊城的信念，命人将白马沉入河中，与将士们盟誓，齐心合力，坚守樊城！

虽然众志成城，但眼前的问题却是绕不过：城中军队只有数千人，城墙多处垮塌，未被水淹没的城墙也仅有几尺高。关羽乘船到了城下，立即部署人马将樊城重重包围，使其内外断绝。关羽又派人包围襄阳，曹操的荆州刺史胡修、南乡太守傅方见大势已去，都纷纷投降了关羽。

正如满宠所言，关羽在包围樊城的同时，也在向北渗透自己的势力。当年十月，陆浑（今河南嵩县境内）人孙狼等作乱，杀死了县主簿，向南归附关羽。关羽授给孙狼官印，给他军队，让他去扰乱曹魏腹地。与此同时，活跃在许都以南广大区域的盗贼，都纷纷接受关羽的印绶和称号，表示对关羽效忠。一时间，黄河以南的地区变得不再安定，关羽的威名也震动了整个中原。

鏖战樊城

由于关羽的北伐已经危及曹操集团的腹地，曹操认为汉献帝在许都与贼军相邻太近，打算迁都避其锋芒，但司马懿、蒋济劝道："于禁等人战败，是因为被大水淹没，并非因为攻战失利，对国家大计没有构成大的损害。刘备和孙权，表面上关系亲密，实际上各怀鬼胎。现在关羽得志，这是孙权最不愿意看到的。可趁此机会，派人劝孙权威胁关羽的后方，并答应事后把荆州长江以南的部分封给他，如此这般，樊城之围自然就解除了。"曹操认为此言有理，于是听从了他们的建议。

而孙权这边的谋划与曹操打的算盘竟不谋而合。原来，孙权因刘备不肯归还荆州，已经相当恼火。此后又发生了孙权为自己的儿子向关羽的女儿求婚，关羽辱骂使者、拒绝通婚一事，这让原本微妙的孙、刘关系雪上加霜。孙权也因此打定了武力夺取荆州的主意，但却一直没有机会实现。等到关羽进攻樊城时，吕蒙便趁机向孙权上书说："关羽征讨樊城，却留下很多军队防守后方，这一定是害怕我军乘虚而入。我经常患病，请求您允许我以治病为名，率一部分士兵先回建业。关羽知道后，必定会抽调后方的部队到前线，造成后方空虚。到时候，我军再昼夜乘船溯长江而上，趁他的防守空虚时进行袭击，南郡便唾手可得，关羽也可一战而擒！"于是，吕蒙自称病重。孙权则公开发布命令召吕蒙返回，暗中与他进行策划。同时，陆逊至陆口，配合吕蒙向关羽放烟幕

湖北荆州关帝庙内的关公像
关羽（？—220年），字云长，司隶河东解人（今山西运城），东汉末年三国时期刘备的重要将领。三国之后，关羽备受中华文化历代推崇，由于其忠义勇武的形象，多被民众尊称为关公、关二爷、关老爷，又多次被后代帝王褒封，直至武圣，与"文圣"孔子齐名。

关羽擒将图

明商喜绘。此图描绘了关公水淹七军、生擒庞德的故事。关羽神态轻松,坐于山石之上,正双手抱膝,身体略向前倾,美髯拂动,气宇轩昂。庞德虽然被擒,但转头不顾,怒睁双目,咆哮挣扎,着力表现他不屈服的意志。

弹,他写信给关羽,在信中大肆褒扬关羽的功德。关羽见孙权对自己毫无威胁,因此心安不少,不再有疑心,便逐渐撤出防守的军队赶赴樊城。

与此同时,孙权也与曹操暗通书信,谋求与曹军相互配合,一举击破关羽。曹操便派出大将徐晃增援樊城,与关羽相持,并先后派遣殷署、朱盖等共十二营军队到徐晃那里增援。

败走麦城

此后,徐晃用"声东击西"之计,打破了关羽的包围圈,关羽属下傅方、胡修被杀。关羽见局势不妙,于是撤围退走。然而关羽的水军仍然据守沔水,曹军通往襄阳的道路还是隔绝不通。

正当关羽和曹军对阵之时,孙权方面开始了悄无声息的行动。吕蒙在到达寻阳后,安排精锐士卒埋伏在船中,并让百姓穿商人的衣服在船外划船,昼夜兼程,直插关羽老巢——南郡。途中,吕蒙派人将关羽设置在江边守望的官兵都捉了起来,掐断了关羽的情报网,因此关羽对吕蒙的行动一无所知。

这时,关羽的后方发生了变故。由于部将糜芳、士仁长期受到关羽轻视,早就心怀怨恨。加之关羽此时率兵在外,糜芳、士仁供应军用物资又时常不能尽数送到,令关羽对此两人更加不

吕子明白衣渡江

满，放出话说：等战事结束以后，一定要治两人的罪，这令麋芳、士仁异常恐惧。而吕蒙恰好侦知了此事，于是便命令虞翻写信游说士仁，指明得失，劝其早日归降。士仁得到虞翻信后，二话不说，便立刻投降了。等吕蒙带着士仁到了南郡城下时，见麋芳守城，吕蒙于是令士仁上前劝告麋芳。麋芳由此开城投降，关羽及其兵士的家眷也全部落入吕蒙之手。

关羽得知自己老巢不保，立即率军向南回撤，并多次派使者与吕蒙联系。吕蒙对于关羽的使者都以礼相待，允许其在城中各处游览，向关羽部下亲属表示慰问，有人亲手写信托他带走，作为平安的证明。使者返回后，关羽部属私下向他询问家中情况，得知家属一切安好，甚至得到了比之前更好的待遇。吕蒙这一招无异于釜底抽薪，使得关羽的士兵都变得无心恋战。正在此时，孙权也亲自到达江陵，原来刘备任免的荆州文武官员纷纷归附孙权。

关羽自知穷途末路，便向西退守麦城。孙权派人诱降，关羽伪装投降，并把幡旗扎成人形立在城墙上，做出依然有人守城的样子。然后和士兵四散逃跑。跟随在关羽身边的只有十余名骑兵。孙权也识破了关羽的伪降，已事先命令朱然、潘璋切断了关羽的去路。当年十二月，潘璋部将马忠在章乡（今湖北宜昌境内）擒获关羽及其儿子关平，予以斩首。由此，

孙权彻底击败了刘备在荆州的势力，从而成功占据荆州。

经此一役，孙权集团得以占据荆州南部六郡（南郡、零陵、武陵、江夏、长沙、桂阳），扩张了领土，进一步巩固了东吴政权的安全。而蜀汉方面，关羽兵败身亡后，蜀汉不仅彻底丢失了对荆州的控制权，更造成了其他不良的后果。首先，蜀汉从此失去了北伐的东部基地，这使得《隆中对》从此成为虚话；其次，荆州的军队和人才基本上损失殆尽；再者，由于荆州崩溃，蜀将孟达叛变投魏，导致刘备集团丢掉了上庸等地；最后，蜀汉在襄樊之战的惨败，直接导致了后来刘备讨伐东吴的夷陵之战，使原本就弱小的蜀汉政权雪上加霜。

伽蓝菩萨关羽像
关羽被孙权杀害后，因其刚正不阿和忠义的性格，民间奉之为神，逐渐成为佛教中伽蓝菩萨的化身。

220年

汉帝以众望在魏,乃召群公卿士,告祠高庙。使兼御史大夫张音持节奉玺绶禅位,……乃为坛于繁阳。庚午,王升坛即阼,百官陪位。事讫,降坛,视燎成礼而反。改延康为黄初,大赦。黄初元年十一月癸酉,以河内之山阳邑万户奉汉帝为山阳公,行汉正朔,以天子之礼郊祭,上书不称臣,京都有事于太庙,致胙,封公之四子为列侯。

——《三国志》卷二《文帝纪》

曹丕篡汉

自董卓之乱以来,汉家朝廷逐渐名存实亡。曹操奉迎汉献帝至许都后,朝廷政令大都出自曹操,皇帝则完全沦为傀儡。与此同时,曹操也不断为自己加官晋爵,最终取得了"魏王"的称号。但曹操终其一生都没有跨出最后一步,因而这篡汉"大业"自然也就落到了曹操的继承人——曹丕手中。

时间

220年

背景

汉献帝在曹操羽翼下二十余年,完全沦为傀儡;曹操不断为自己加官晋爵,位极人臣

主角

曹丕

性格特征

文武双全、坚毅沉郁

称帝地点

许都

影响

曹丕篡汉自立,改国号为"魏",汉朝就此灭亡

位极人臣

建安元年(196年),时任兖州刺史的曹操迎接汉献帝刘协入驻洛阳。献帝为了表彰曹操奉迎之功,于是赐曹操节钺,这也标志着曹操"奉天子以令不臣"时代的开始。随后曹操胁迫献帝迁都到许,改称许都。曹操也被授予司空一职,朝廷百官无不唯曹操马首是瞻。汉家朝廷由此完全落入曹操的掌控

《曹丕废帝篡炎刘》插图

之中。此后数十年间，汉献帝完全沦为曹操所控制的傀儡和工具，曹操借朝廷之名清除异己、打压其他割据势力的同时，也不忘时刻标榜自己"汉朝守护人"的角色，他在那篇著名的《让县自明本志令》中，不无自负地说："设使国家无有孤，不知当几人称帝，几人称王！"

曹操在控制了皇帝之后，也不断地借皇帝之手来为自己贴塑金身，不断为自己加官晋爵。建安十三年（208年），曹操先是恢复了汉朝的丞相制度，并由自己出任丞相。建安十七年（212年），汉献帝给予曹操"参拜不名、剑履上殿"的待遇。建安十八年（213年），汉献帝又册封曹操为魏公，加九锡、建魏国，定国都于邺城。魏国拥有冀州十郡之地，置丞相、太尉、大将军等百官。建安二十一年（216年）四月，汉献帝进一步册封曹操为魏王，食邑三万户，位在诸侯王之上，奏事不称臣，受诏不拜，一切礼仪制度仿照天子的身份进行。此时，曹操名义上是汉臣，实际上已是皇帝了。建安二十二年（217年）冬十月，汉献帝又赐予曹操王冕十有二旒，乘金根车，驾六马，曹操以五官中郎将曹丕为魏太子。

虽然曹操一步步地逼近至尊宝座，但终其一生，始终没有敢跨过雷池一步，篡汉称帝。建安二十五年（220年）正月，曹操病逝，将篡汉"大业"留给了自己的继承人——曹丕。

《伏皇后为国捐生》插图

不甘傀儡

虽然汉献帝在曹操的控制下形同傀儡，但他并不甘心，一直等待机会以图反抗。

建安五年（200年），刘协暗下衣带诏，令董贵人的父亲车骑将军董承设法诛杀曹操。董承遂与左将军刘备、长水校尉种辑、将军吴子兰、王子服等一起密谋，结果事情败露，董承等人都被曹操诛杀，怀孕的董贵人也被绞杀。伏皇后畏惧曹操，于是写信给她的父亲伏完，尽数曹操残暴不仁之事，希望伏完能够效仿董承，铲除权臣，但伏完始终未敢行动。建安十九年（214年），伏皇后要求其父伏完诛杀曹操的密谋败

受禅台遗址
位于河南省临颍县繁城镇,是东汉与曹魏禅让的历史见证。筑于东汉延康元年(220年),台高13米,面积约8448平方米,台上大殿等建筑早已无存。

露,曹操要挟献帝废黜伏皇后,并代献帝写好了废黜伏皇后的诏书。接着,派御史大夫郗虑拿着诏书,连同尚书令华歆一起带兵包围皇宫搜捕皇后。伏皇后藏到宫中的夹墙里,被华歆拖出。伏皇后披头散发赤脚走出,向献帝刘协哭诉求救,刘协心如刀绞又无可奈何,只能忍痛对伏皇后说:"朕连自己的生命什么时候结束都不知道啊!"于是,伏皇后被幽闭而死,刘协与她所生的两位皇子亦以毒酒毒杀,伏氏宗族百余人被处死。建安二十年(215年),曹操威逼刘协立其女曹节为皇后。

经过此事,献帝最后的一点希望终于破灭了,只能等待着那一天的来临。

汉祚终移

曹操死后,将魏王之位传与曹丕。曹丕为了蛊惑民心,树立自己的威望,命令各地政府上报出现在本地的祥瑞之事,其中有:黄龙、凤凰、麒麟、白虎、甘露、醴泉、奇兽,无奇不有。此时,有大臣劝曹丕自立为帝。谁知曹丕的答复竟然是断然拒绝,他下令道:"当年周文王已占有天下三分之二,还向商朝称臣,由此得到孔子的赞叹;周公实际上也已经行使了君主的职权,但完成使命后还是归还给成王,我的德行远远不如这两位圣人,像这样的话,我怎么敢听呢?这些话使我心里害怕,手发抖,字都写不成,意思也表达不清。我的志向,是要辅佐汉室治理天下,等到大功告成后,我还要将国家交给天子,然后辞职还乡。"

可是大臣们丝毫不理会曹丕的态

度，曹丕越是"谦虚"，大臣们越是起劲地劝进，他们劝进的表章也越多，多得不胜枚举。东汉朝廷的官员，魏国的官员都参与到劝进的行列之中，劝进表章的措辞越来越肉麻。

不仅大臣们不断上劝进表，汉献帝也知道汉朝气数已尽，故十分"配合"地连下了三道禅位诏书，苦苦地恳请、哀求曹丕仿效虞舜，接受自己的禅让，登上皇帝宝座。但曹丕却说："当我听到这个诏命时，吓得五脏震惊，浑身发抖。我宁可跳东海自杀，也绝不敢接受汉朝的诏书！"尽管曹丕的假戏做得如此逼真，但朝中的文武大臣还是心领神会，他们一边上书，一边在颍阴县曲蠡（今河南许昌一带）筑起受禅台，开始为禅让仪式做前期准备。

经过九个多月的精心准备，大臣们数十次地上表劝进，汉献帝前后四次下达禅位诏书，延康元年（220年）十月十三日早已徒存名号的汉献帝刘协被迫将象征皇位的玺绶诏册奉交曹丕，宣布退位。十月二十八日，曹丕终于撕下了自己的画皮，他在桓阶等人所上的"登坛受命表"上，批下了"可"字。第二天，曹丕踌躇满志地登上了受禅台，登上皇帝宝座，改国号为魏，建元黄初。参加受禅大典的有文武百官和匈奴等四夷使者共数万人。在完成典礼后，曹丕充满骄傲地对群臣说道："舜、禹之事，吾知之矣。"同时追尊曹操为武皇帝，庙号太祖。十二月，定都洛阳。

礼遇汉帝

曹丕代汉称帝之后，给汉献帝以国宾的待遇，封他为山阳公。山阳公封邑有一万户，可以"行汉正朔，以天子之礼郊祭，上书不称臣"。十四年后，山阳公病死，获得了"孝献皇帝"的谥号，以天子礼仪安葬。这个山阳国传了三代，共七十五年，西晋时依然沿袭，一直持续到永嘉之乱。

就在曹丕称帝的次年，由于当时盛传献帝刘协被曹丕杀害，所以刘备便为刘协发丧，并以汉室宗亲的身份即皇帝位，建立蜀汉，追谥刘协为"孝愍皇帝"。

魏文帝曹丕像
魏文帝曹丕（187年—226年），字子桓，曹操的嫡长子，他继承父亲的魏王封号与丞相的大权，最终胁迫东汉皇帝汉献帝刘协禅让，篡汉自立，建立曹魏。在位期间，平定边患，复通西域，繁荣建安文学，开文学批评之风气。

221年

初，先主忿孙权之袭关羽，将东征，秋七月，遂帅诸军伐吴。孙权遣书请和，先主盛怒不许……夏六月……陆议大破先主军于猇亭，将军冯习、张南等皆没。

——《三国志》卷三二《先主传》

夷陵之战

关羽败亡后，刘备为了替关羽复仇，重新夺回荆州，决定挥兵东进，直指孙吴。孙权求和不成，便决定一面向曹魏求和，避免两线作战，一面派陆逊率军应战，以阻挡蜀军的大举进攻。双方军队在夷陵一带的狭长河谷中展开对峙，三国历史上第三次大规模决战就此开始。

时间
221年

背景
孙权趁关羽北伐，从后方袭杀关羽，夺取荆州。刘备为替关羽复仇，挥兵东进，直指孙吴

参战双方
蜀汉、五溪蛮夷；东吴

双方主要指挥官
刘备、陆逊

交战地点
夷陵

结果
陆逊大破刘备，稳固了孙吴在荆州的统治；刘备损失惨重，一蹶不振

后世典故
火烧连营

决计伐吴

建安二十四年（219年），孙权趁关羽北伐曹操之机，从后方袭取荆州，擒杀关羽，孙、刘联盟就此破裂。建安二十五年（220年），曹丕代汉称帝。刘备在得知汉献帝被废后，便于次年在益州称帝，国号为"汉"，意图承续汉朝大统。同年，刘备为夺回荆州，为关羽报仇，亲率大军攻打东吴。

颐和园长廊彩绘的桃园三结义
桃园三结义出自罗贯中《三国演义》小说中刘备、关羽、张飞结拜为义兄弟的故事。对后世影响非常大，家喻户晓，广为传颂。不过《三国志》史书中却没有记载桃园结义的故事，但却提到了3人"寝则同床，恩若兄弟"。

颐和园长廊彩绘：范疆、张达刺杀张飞

张飞（168年—221年），字益德（小说《三国演义》为翼德），东汉末年幽州涿郡（今河北保定涿州）人氏，三国时期蜀汉名将，官至车骑将军，领司隶校尉，封西乡侯，后遇刺身亡，追谥"桓侯"。蜀汉章武元年（221年），张飞被帐下将领张达、范疆杀害，两人带其首级东奔孙权。

此时，孙权与曹丕的关系颇为微妙，又听闻刘备率大军伐吴的消息，立刻遣使求和。但刘备伐吴之意已决，如何会善罢甘休，便断然拒绝了孙权求和的提议。孙权的南郡太守诸葛瑾也来信劝告刘备，说："关羽与您的关系，哪里比得上先帝（指汉献帝）呢？这区区荆州，又哪里比得上这天下之大呢？所以，这孰先孰后，孰重孰轻，不是一目了然的吗？"言下之意，是让刘备以大局为重，对付共同的敌人——曹魏。但这样的言论，只能引起刘备的更大反感，而不会有任何效果。

在刘备即将出发之际，内部再生变故。张飞原计划率领手下兵士万余人，从阆中（今四川阆中）到江州（今四川重庆境内）与刘备会师。但在出发前，张飞被部下张达、范疆所杀，二人将张飞的首级割下，投奔孙权。刘备得知消息后长叹一声："噫，飞死矣！"

诱敌深入

蜀汉章武元年（221年）七月，刘备亲率蜀汉军队数万人，对吴国发动了大规模的战争。当时，两国的国界已西移到巫山附近，长江三峡由此成为两国之间的主要通道。刘备派遣将军吴班、冯习、张南率领约3万人为先头部队，夺取峡口，攻入吴境，在巫地（今湖北巴东）击破吴军李异、刘珂的部队，占领秭归（今湖北宜昌秭归）。为了防范曹魏乘机袭击，刘备派镇北将军黄权驻扎在长江北岸。此外，刘备为了扰动孙权后方，又派侍中马良到武陵（今湖南常德）活动，争取当地部族首领沙摩柯起兵协同蜀汉大军作战。

面临蜀军的大举进犯，孙权只得奋起应战。他任命年仅28岁的年轻将领陆逊为大都督，统率朱然、潘璋、韩当、徐盛、孙桓等部共5万人开赴前线，抵御蜀军；同时又遣使向曹丕称臣修好，以避免两线作战。

陆逊上任后，通过对双方兵力、士气以及地形诸条件的仔细分析，指出刘备兵势强大，居高守险，锐气正盛，求胜心切，吴军应暂时避开蜀军的锋芒，再伺机破敌，由此耐心地说服了吴军诸将，使他们放弃了立即决战的想法。于是，吴军果断地实施战略退却，一直后撤到夷道（今湖北宜都）、猇亭（今湖北宜都北）一线。然后在那里安营扎寨，转入防御，以遏制蜀军的继续进兵，并集中兵力，伺机决战。这样一来，吴军就完全退出了高山峻岭地带，把兵力难以展开的数百里长的山地留给了蜀军，使蜀军战线拉长，露出破绽。

疲敌之计

章武二年（222年）正月，蜀汉吴班、陈式率水军进入夷陵地区，封锁长江两岸。二月，刘备亲率主力从秭归进抵猇亭，建立了大本营。此时，蜀军已深入吴境二三百千米，由于开始遭到吴军的遏阻抵御，其东进的势头停顿了下来。在吴军扼守要地、坚不出战的情况下，蜀军不得已乃在巫峡、建平（今四川巫山北）至夷陵一线数百里的狭长山谷中扎下几十个营寨。刘备气势汹汹而来，见陆逊坚守不出，以为陆逊惧怕交战，不禁产生了轻敌之意。于是，为了调动陆逊出战，刘备派遣张南率部分兵力围攻驻守夷道的孙桓。孙桓是孙权的侄儿，所以吴军诸将纷纷要求出兵救援，但陆逊深知孙桓深得军心，而夷道又城坚粮足，一定能抵御刘备进攻，便坚决拒绝了分兵援助夷道的建议，避免了分散和过早地消耗兵力的行为。战后，孙桓见到陆逊，十分佩服陆逊的深谋远虑。

从正月到六月这半年时间里，双方依然相持不下。刘备由于是劳师远征，谋求迅速与吴军进行决战，于是频繁派人到陆逊阵前辱骂挑战。孙吴将领见蜀军在营外猖狂叫骂，纷纷要求出

陆逊

陆逊（183年—245年），本名陆议，字伯言，吴郡吴县（今江苏省苏州市）人，是三国时代吴国著名的军事家、政治家，负责统领吴国军事和政治多年，并同时掌管民事，辅佐太子等。历任吴国大都督、上大将军、丞相。

战,但都被陆逊一一耐心劝止,坚守不出。陆逊认为如今蜀军锐气正盛,难以向他们发起迅猛的进攻。如今应该褒奖和激励将士,观察形势变化,等待他们疲惫之时再攻击。诸将不解,以为陆逊畏敌,于是各怀愤恨。有些老将和贵族出身的将领不服约束,陆逊则以军法从事,严加制止。

刘备见一计不成,便又生一计:他派遣吴班率数千人在平地立营,另外又在山谷中埋伏了8000人马,企图引诱吴军出战,伺机加以聚歼。但是陆逊依然不予理睬。陆逊长时间坚守不战,破坏了刘备倚仗优势兵力企图速战速决的战略意图。古语有云:"一鼓作气,再而衰,三而竭。"蜀军将士由于长时间在外驻扎又不作战,加之六月的江汉平原,正值酷暑时节,暑气逼人,蜀军将士不胜其苦,斗志逐渐涣散。刘备无可奈何,为了避暑,只好将水军舍舟转移到陆地上,把军营转移到深山密林里,依傍溪涧,屯兵休整,准备等到秋后凉爽时再发动进攻。

由于蜀军处于孙吴境内二三百公里的崎岖山道上,远离后方,所以造成后勤供给变得相当困难。加上刘备连营百里,兵力分散,这为陆逊实施战略反攻提供了可乘之机。

火烧连营

陆逊看到蜀军士气沮丧,认为战略反攻的时机已经成熟。为此他上书吴王,计划展开反攻,孙权见陆逊胸有成竹,当即批准了陆逊的作战计划。

陆逊在进行大反攻的前夕,先派遣小部队进行了一次试探性的进攻。这次进攻虽未能奏效,但却使陆逊从中寻找到了破敌之法——火攻。原来,当时正是炎夏季节,气候闷热,而蜀军的营寨都是由木栅筑成,其周围又全是树林、茅草,一旦起火,就会烧成一片。这样一来,蜀军便会不战而溃。

在与诸将商定好火攻的计策后,陆逊随即命令吴军士卒每人各持茅草一把,乘夜突袭蜀军营寨,顺风放火。顿时,火势猛烈,蜀军的大营纷纷被烧毁,蜀军由此大乱,无法组织起有效的防守。陆逊于是乘势发起反攻,迫使蜀军西退。吴将朱然率军5000首先突破蜀军前锋,猛插到蜀军的后部,与韩当的部队进围蜀军于涿乡(今湖北宜昌西),切断了蜀军的退路。潘璋所部猛攻蜀军冯习部,击杀了冯习。诸葛瑾、骆统、周胤诸部也配合陆逊的主力在猇亭向蜀军发起攻击。守御夷道的孙桓部

赞陆逊

陆逊运良筹,能分吴国忧。
挥毫关将堕,焚铠蜀王羞。
功业昭千载,声名播九州。
至今巫峡地,草木尚添愁。

——罗贯中

也主动出击、投入战斗。一时间,随着陆逊火攻之计的成功实施,吴军各路人马分头出击,很快就攻破蜀军营寨四十余座,并且用水军截断了蜀军长江两岸的联系。蜀军将领张南、冯习及土著部族首领沙摩柯等阵亡,杜路、刘宁等人卸甲投降。

刘备见全线崩溃,逃往夷陵西北的马鞍山,命蜀军环山据险自卫。陆逊集中兵力,四面围攻,又歼灭蜀军万余人。至此,蜀军完全溃不成军,伤亡、逃散的兵士数不胜数,车、船和其他军用物资也丧失殆尽。刘备乘夜突围逃遁,行至石门山(今湖北巴东东北),被吴将孙桓追击,几乎被擒,后卫将军傅彤为了掩护刘备撤退,兵败被杀。后来,刘备是靠着驿站人员焚烧溃兵所弃的装备堵塞山道,才摆脱孙吴的追兵,得以逃入永安城中(即白帝城,今四川重庆奉节县东)。

此时,蜀军镇北将军黄权的部队正在江北防御魏军。刘备败退后,黄权的归路为吴军所截断,不得已于当年八月率众向曹魏投降。同月,马良由南方往西北撤退时被步骘截击,力战身亡。

刘备逃到白帝城后,吴将潘璋、徐盛等人都主张乘胜追击,扩大战果。但此时刘备收拢散兵、加上赵云前来救援的部队,永安的驻军接近2万,陆逊已经失去攻克永安的机会。再加上他顾忌曹魏方面乘机浑水摸鱼,袭击后方,

三国吴·铭文弩机
铜制,上有所属之人及制造师的信息。弩的强度和射程都远超弓箭,因此成为东周以来中国古代军队中流行的远射兵器,习称"弩机"。

于是便停止了追击,主动撤兵。夷陵之战至此完全结束。

九月,曹魏果然攻吴,但因陆逊早有准备,魏军最终无功而返。次年(222年)四月,刘备恼羞于夷陵惨败,一病不起,亡故于白帝城。

夷陵之败,让新建的蜀汉政权受到沉重的打击,不仅损失大量士兵与物资,还有多名将领阵亡。而君主刘备的病故更让这个建立在他名望之上的国家摇摇欲坠,国内叛乱四起。丞相诸葛亮花了约五年的时间才又恢复到战前的水平。而对于孙吴方面来讲,夷陵之战则极大地巩固了孙吴对于荆州的控制。这场战役之后近40年的时间内,蜀、吴之间的疆域基本保持不变,三国时代由此进入了一段"相对稳定期"。

《陆逊营烧七百里》插画
表现的正是夷陵之战中陆逊用火攻突袭蜀汉军营寨的事情。

223年

"朕初疾但下痢耳,后转杂他病,殆不自济。人五十不称夭,年已六十有余,何所复恨,不复自伤,但以卿兄弟为念。射君到,说丞相叹卿智量,甚大增修,过于所望,审能如此,吾复何忧!"

——《诸葛亮集》

白帝托孤

夷陵惨败后,遭受严重打击的刘备一病不起。然而儿子刘禅年纪尚幼,无力治国。于是,刘备在临死前将刘禅以及整个国家托付到了诸葛亮手中。

时间
223年

背景
夷陵之败后,蜀国政权陷入动荡,刘备此时又身患重病

托孤之主
刘备

地点
白帝城

结果
刘备将政权托付到诸葛亮手中后病故。刘禅即位,诸葛亮作为丞相辅政

后世典故
白帝托孤

白帝托孤

章武二年(222年)六月,在夷陵大败的刘备率残兵退至永安白帝城(今四川重庆奉节县东)。听闻刘备驻守白帝的孙权,担心再进攻会深入蜀汉腹地,于己不利,遣使者请和。遭受如此挫折,已年过花甲的刘备病倒了,在病榻上,他可能会回忆自己戎马倥偬的一生,经历了无数次大起大落,他终于需要考虑自己的身后事了。

章武三年(223年)二月,丞相诸葛亮从成都来到永安,奉命为刘备撰写遗诏。刘备在遗诏中告诫太子刘禅:"人们常说50岁就不算短命,我已经年过60,没有遗憾了,只是挂念你们几兄弟。以后你要遵守操行,不能认为一件恶事很小就想去做,不能认为一件善事很小就不想做;用人要看重他的德行和贤能,才能

刘禅像
刘禅(207年—271年),字公嗣,蜀汉昭烈帝刘备之子,蜀汉最后一位皇帝,史学家称蜀汉后主,223年—263年在位。在位41年。刘禅继位初期听从父亲的遗命,放权于丞相诸葛亮处理军政大事,"政事无巨细,咸决于亮"。

白帝城刘备托孤塑像
刘备讨伐东吴，兵败夷陵，忧伤成疾，临终前在白帝城永安宫向丞相诸葛亮托孤。白帝庙内托孤堂现陈列有"刘备托孤"大型泥塑。

服众……"

刘备任命丞相诸葛亮为托孤大臣，尚书令李严为副手，嘱咐他二人共同辅佐刘禅。刘备在生命的最后时刻，决定将整个蜀汉托付给诸葛亮这位追随他近二十年的得力助手。他把诸葛亮叫到榻前，真诚地说道："先生的才能，胜过曹丕十倍，一定能安邦定国，成就一番大事业。如果我的儿子可以辅佐，就请您好好辅佐他，如果他成不了大事，先生可以取而代之。"这样一番话语，对于臣子来说，既是无比的信任，也是巨大的压力。诸葛亮顿时跪倒在刘备面前，泪流满面，回答道："臣一定尽心竭力，忠心不贰，辅佐新皇直到臣死的那一日！"得到诸葛亮这样的承诺，刘备放心了，他要求刘禅和其他子嗣都要像尊重自己的父亲一样尊重诸葛亮。这年四月，刘备病逝于永安宫，享年六十三岁，谥号先主。

军政二分

刘备死后，刘禅继位，改年号建兴，是为后主。诸葛亮继续担任丞相，总揽全局，他恢复与东吴的关系，之后又平定南中的叛乱，稳定了内外局势；他奖励农桑，改善水利，发展经济，使蜀汉迅速从战败的阴影中走出来，国力有所提高；他不忘兴复志愿，整顿军备，增强战力，为北伐曹魏做准备。

刘备临死前，将刘禅托付给诸葛亮与李严两人，意在朝政由诸葛亮管理，军事由李严统率。李严字正方，南阳人，年少时在郡府中任职，以才干著名，曾在荆州牧刘表、益州牧刘璋手下担任郡县官员，显示了一定的能力。建安十八年（213年），刘璋命李严在绵竹（今四川德阳北）抵挡入蜀的刘备，但李严随即归降刘备，之后不断升迁，受到刘备的重用。章武三年（223年），李严被任命为中都护，统领内外军事，是名义上的军事首脑，但随后被留镇江州（永安），远离中央政局，不能发挥刘备赋予他的辅政作用，随着诸葛亮在蜀汉政治中发挥的作用越来越大，诸葛亮与李严的矛盾也逐渐激化。

李严被托以军事大权，自视甚高，不时表现出与诸葛亮相颉颃的态度。曾由蜀汉降魏的孟达有回归蜀汉的意图，诸葛亮致书劝降；而远在江州的李严，却也写信给孟达，信中写道："我和诸葛亮同受先主寄托，深知责任重大，希望能得到一个有辅佐能力的同伴。"言外之意，是显示自己与诸葛亮有着同样的地位。此外，李严曾给诸葛亮写信，劝说其加封九锡，晋爵称王，这无异于让诸葛亮谋朝篡位，面对这一来信，诸葛亮大义凛然，回复道："我和足下相知多年，难道你还不了解我吗？我本是东方的一介布衣，得先帝重用，位极人臣，获得的赏赐不计其数。如今北伐尚未成功，你却想让我做这种不忠不义之事。如果能北伐成功，消灭魏国，皇帝回归正统，我和你们一起晋升，就算是十命也能接受，更何况九锡呢！"由于诸葛亮对蜀汉忠贞不贰，李严没有抓到诸葛亮的把柄。

其实，诸葛亮对李严的态度有他

咏怀古迹五首

诸葛大名垂宇宙，宗臣遗像肃清高。
三分割据纡筹策，万古云霄一羽毛。
伯仲之间见伊吕，指挥若定失萧曹。
运移汉祚终难复，志决身歼军务劳。

——唐·杜甫

的良苦用心。刘备集团来到益州，想以巴蜀为基地抵抗曹魏，即以"客"的身份凌驾于作为"主"的益州本土势力这一群体之上，其关键在于如何调和"新人"与"旧人"的关系。李严作为前益州牧刘璋的部下，是"旧人"的代表，诸葛亮则是"新人"的领袖，只有平衡两者之间的利益，才能保证蜀汉内部的稳定。刘备选择李严与诸葛亮同受托孤，就是考虑到这一点，而将李严放置在外，是为了保障新人势力能不受旧人的打压，以维持政权的延续。因此诸葛亮对内部的稳定十分重视，他采取不偏不倚的做法，对新旧势力采取共同的刑赏准则，将二者的差别逐渐缩小，以达到融合双方的目的。

罢黜李严

建兴五年（227年），诸葛亮率军进驻汉中，开始征讨曹魏。建兴八年

（230年），魏军统帅曹真从长安出兵西讨，准备以三路进攻汉中；诸葛亮命令李严率2万人赴汉中，命李严以中都护之职署理军事，又任命李严之子李丰为江州都督督军，镇守江州，表明诸葛亮对李严仍然是信任的，他希望李严能在此次战役中发挥应有的作用，以此表示与旧人势力合作的诚意。这一年李严改名李平，取平定之意，不久，曹真因遭遇大雨，道阻不通而撤军。

建兴九年（231年），诸葛亮率军攻打祁山。李严为蜀军催运辎重。正值夏秋之际，阴雨连绵，粮草不能及时送达前线。李严派人通知诸葛亮返回，待诸葛亮退兵后又诬告诸葛亮出兵不力，以掩盖自己的失职。诸葛亮出示了李严与他的书信，证明李严乃是诬告，李严理屈词穷，只好自首认罪。事到如今，诸葛亮不能再让步了，他上表请求罢免李严的职务，最终李严被削职为民，发配全梓潼郡（今四川梓潼）。

虽然李严被废黜，但他的家人没有受到牵连，他的儿子李丰继续在朝中任职，官至朱提（今四川、贵州、云南交界一带）太守，而李严也并不记恨诸葛亮，建兴十二年（234年），李严得知诸葛亮去世的消息后叹道：

白帝城武侯祠

"唉，我回不去了！"不久便病逝，可见诸葛亮执法公正。李严事件后蜀汉内部势力的矛盾渐趋减退，给北伐营造了良好的国内环境；同时诸葛亮获得了李严在军事上的权力，他得以放开手脚，开始筹备规模更大的北伐军事行动。

147

> 225年

亮至南中，所在战捷。闻孟获者，为夷、汉所服，募生致之……纵使更战，七纵七禽，而亮犹遣获。获止不去，曰："公，天威也，南人不复反矣。"

——《汉晋春秋》

七擒孟获

当夷陵之败和刘备病故的消息传至偏远的益州郡（今云南境内）时，当地的汉族豪强雍闿异常兴奋。他策动牂柯郡（今贵州境内）太守朱褒、越巂郡（今四川西昌东南）叟王高定以及益州郡少数民族头领孟获等一起发动叛乱。一时间，蜀国的南境陷入了极大的混乱之中。

时间
225年

背景
夷陵之败后，刘备病故，刘禅即位，蜀国正处于政权交替期。雍闿、朱褒等人乘机发动叛变

地点
南中

结果
诸葛亮率军南征，分兵平叛，最终七擒七纵孟获，使当地少数民族归顺。南中地区得以归于安定

后世典故
七擒七纵

孟获
孟获，建宁郡（今云南）人。三国时期的南蛮大王，曾被诸葛亮七次擒获，后归顺蜀汉随诸葛亮到成都任官。

南中变乱

蜀汉章武三年（223年）夏四月，刘备病逝，五月，刘禅即皇帝位，改元建兴。这一年六月前后，益州郡的汉族豪强雍闿，趁蜀国在夷陵新败、刘备病逝的混乱时机，策动牂柯郡太守朱褒、越巂郡叟王高定以及益州郡少数民族头领孟获等一起叛乱。为了完全控制本地局势，雍闿等人密谋先干掉忠心于朝廷的官员，再派使者向东吴请降。

于是，雍闿首先举起了反叛大旗，他先聚众杀掉了益州郡太守正昂。此时的蜀汉朝廷新遭夷陵大败，兵力损失巨大，加之刘备刚刚去世，国内局面需要整顿，因此，诸葛亮没有立即采取平叛的军事行动，而是采取了招抚的措施。一方面，他让李严先后写了六封书信给雍闿分析

利害，并劝其停止叛乱，但雍闿只回了一封信，态度傲慢又蛮横。另一方面，诸葛亮又派常房火速前往牂柯，查清事情真相；并派遣越嶲太守龚禄到南中的安上县观察局势发展。当常房到达牂柯后，立刻收押郡中主簿，准备查明事实。但朱褒乘机发难，杀害了常房，加入叛军。而龚禄亦被高定所害。此后，雍闿又将朝廷派来接任益州太守的张裔抓了起来，送到东吴请功。

此外，为了扩充叛军的实力，雍闿还蛊惑当地少数民族一齐反叛。当时，有不少夷人并不服从雍闿的统治，雍闿便派孟获去说服他们。而孟获为了蛊惑民众，便编造了一套危言耸听的谎言去鼓动民众起来造反。他说："蜀汉朝廷想向你们征发黑狗300头，而且胸前必须是黑色的，另外还要螨脑3000斤、二丈长的断木3000根，你们可以拿出来吗？"黑狗、螨脑本来便难找，何况需要交纳的数量如此之多。而断木因十分坚硬，更不可能高到二丈长。孟获本身就是夷人，出身于当地部落，深受当地民众信任。加之平日蜀汉政府确有侵犯夷人利益之事，因此，夷人相信了孟获的话，对蜀汉政府恨入骨髓，纷纷加入叛军。一时间，蜀汉的南部三郡同时反叛，使蜀汉朝廷受到极大的震动。

而此时夷陵之战刚刚结束，东吴和蜀汉正处于紧张的敌对关系中。孙权见雍闿派使者来请降，大喜过望，认为这是削弱蜀汉的大好时机：如果吴国控制了南中地区（包括益州、越嶲、牂柯

滇南思武侯擒孟获

泸江五月渡三军，白羽风前断瘴云。
两字服心知有以，一时成算岂徒云。
南人总识天威重，北伐终嗟汉鼎分。
剩欲起公论此事，邺宫吴范几斜曛。

——明·顾清

三郡），便可从南面和东面对蜀汉政权同时发起攻击。于是，孙权便任命雍闿为永昌太守，并派刘阐到交州（包括今中国广东、中国广西以及越南局部地区）边境，准备接管益州郡。

雍闿在收到了孙权的回信后，气焰也变得更加嚣张，开始率军攻打益州郡的治所永昌城。于是，永昌城很快便被雍闿的军队所包围。在与蜀汉朝廷完全失去联系的状态下，功曹吕凯、府丞王伉等官吏依然率领士兵死守永昌，敌军虽不断在城中散播谣言，但吕凯仍坚持不降。加之城中的百姓非常信任吕凯，因此永昌城内上下一心、同仇敌忾，使雍闿几次强攻都无功而返。与此同时，牂柯郡太守朱褒在得知了孙权即将派人接收南中三郡的消息后，也显得十分暴横和放纵，在当地兴风作浪，不可一世。

诸葛亮见雍闿等人反意已决，而怀柔劝告的措施又纷纷失效，于是便决心开始筹划发动对于南中三郡的平叛行

动。此时，蜀汉北有曹魏大兵压境，东有来自孙权荆州军队的威胁。于是，诸葛亮采取了"北抗曹魏、东和孙权"的战略，于建兴元年（223年）十月派邓芝到东吴修好，并取得了外交上的成功，孙权方面答应暂时不再插手南中的事务。

在缓和了外部局势后，建兴二年（224年）诸葛亮便开始积极进行兵力补充、整训等战役准备工作。建兴三年（225年）年初，蜀汉已经具备了南下平叛作战的条件。于是，诸葛亮在成都开始组织这次南征战役。

丞相南征

最终，在建兴三年（225年）三月，诸葛亮亲自率领大军，由成都开始南征。参军马谡为诸葛亮送行，并向诸葛亮提出了"攻心为上，攻城为下，心战为上，兵战为下"的建议，诸葛亮深表赞同，这也由此成了蜀军出征的战略方针。

诸葛亮率军一路南下，从水路由安上县（今四川宜宾境内）到越嶲郡从而进入南中。此后，诸葛亮分兵三路：自己统率主力坐镇中军，继续向南进发，分派马忠率军进攻牂柯郡，而李恢由平夷（今贵州毕节）攻向建宁郡。

李恢孤军深入，建宁郡各县叛军相互集合成大队人马，在滇池县包围了李恢军。当时叛军的人数是汉军的几倍，而且李恢又与诸葛亮的中军失去了

联系，形势非常严峻。李恢在此危急关头，灵机一动，从容对敌军说道："官军粮草已尽，已准备撤军回去了。我们中间有的人久离家乡，而今得到机会回来，如果不能回到北方的话，就打算与你们共同谋划大事，所以在此坦诚相告。"南夷叛军相信了李恢的话，因而对包围的防守有所懈怠。李恢抓住机会主动出击，大败南夷叛军，并追逐败敌的残部，南至盘江，东到牂牁，与诸葛亮军声势相连。

而马忠的部队则在且兰顺利打败朱褒，并与李恢军会合。另一方面，诸葛亮军在南行途中，叛军内部发生内讧，雍闿已被高定部将鄂焕所杀。诸葛亮大军到达后，屡战屡胜，最终斩杀高定，并与李恢和马忠的部队声势相连。此时，主要的叛乱头目已先后败亡，他们的残余部队纷纷逃至孟获处安顿，孟获趁机收编了雍闿部众，继续率领南中人与蜀汉交战。于是，诸葛亮在稍做休整后，便重整军势，准备迎战孟获。

七擒七纵

诸葛亮早就听闻孟获深为当地人所信服，于是便想生擒他。当年五月，诸葛亮率大军渡过泸水，在与孟获的首次交战中，便成功俘虏孟获。诸葛亮为了向孟获展示蜀汉军事的强大，便带他到营阵观赏，并问他觉得蜀军如何，孟获却一脸不服，傲慢地答道："我之前不知你军虚实，所以才会战败。现如今

七擒孟获图

蒙您恩赐得以参观蜀军军阵，才发现也不过如此，如果下次再与蜀军交战，就一定可以取得胜利。"

诸葛亮深知若要使南中地区长期保持安稳，就必须使这些夷人首领心悦诚服，主动归降。因此，在听了孟获的狂言后，不仅不生气，反而将他放了回去，择日再战。此后，据说孟获被诸葛亮又先后擒获了六次。当第七次擒获孟获后，诸葛亮仍要继续放他走。但孟获及其他土著首领终于对诸葛亮彻底信服了，久久不肯离去，说道："您代表着天上的神威，南中人不会再反叛了。"于是孟获带领蜀汉大军到滇池，与诸葛亮盟誓，永不再叛。最终，蜀军成功平定南中。

一劳永逸

平叛之后，诸葛亮实施了"和夷"政策，这是他"攻心为上"政策的继续。首先是撤军。叛乱一平定，诸葛亮就从南中撤出军队，不留兵，从而缓和并消除了与当地少数民族的矛盾。同时，尽量任用当地有影响的人物做官。如任命李恢、王伉、吕凯为南中诸郡守，孟获为御史中丞，等等，通过他们加强了蜀汉在南中的统治。

此外，诸葛亮还注意对南中的经济开发，从内地引进了比较先进的生产技术，如牛耕技术，以改变当地落后的刀耕火种的方法，提高了这一地区的农业生产力，从而吸引了许多原以狩猎为生的少数民族"渐去山林，徙居平地，建城邑，务农桑"，走向定居的农业社会。

诸葛亮成功镇抚南中，不仅解除了蜀汉的后顾之忧，更从中得到物力和人力的支持，使其可以专心北伐曹魏。

> **228年**

受命以来，夙夜忧叹，恐托付不效，以伤先帝之明；故五月渡泸，深入不毛。今南方已定，兵甲已足，当奖率三军，北定中原，庶竭驽钝，攘除奸凶，兴复汉室，还于旧都。

——《出师表》

武侯北伐

诸葛亮在平定了南方的叛乱后，便率大军进驻汉中，伺机北伐曹魏。正值此时，曹丕于当年病死，其子曹叡即位。魏国正处于政权交替期，诸葛亮认为北伐良机已经到来。于是在建兴六年（228年）春天，诸葛亮上《出师表》给刘禅，拉开了北伐的序幕。

背景
诸葛亮平定了南方的叛乱，稳固了后方，并积蓄了作战物资，伺机北伐

主角
诸葛亮

北伐对象
曹魏

时机
趁曹丕病故，魏国正处于政权交替期

口号
北伐中原，复兴汉室

后世典故
挥泪斩马谡

魏延像
魏延（？—234年），字文长，义阳新野人（今河南桐柏县）。蜀汉的第五虎将。诸葛亮死后，因与长史杨仪两人相争夺权，魏延败逃，为马岱所追斩，并被夷灭三族。

子午奇谋

建兴六年（228年）春天，蜀军一切准备就绪，即刻北伐。此时，凉州刺史魏延向诸葛亮建议：由自己率精兵5000，负粮5000，直接从秦岭山间小路穿插，最终通过长安南面的子午谷口，奔袭长安。如果行军顺利的话，不出十日便可进军至长安。而镇守长安的魏国安西将军夏侯楙作为皇帝的驸马，怯而无谋，见到魏延在短时间内抵达长安城下，必定会惊慌失措，狼狈逃跑，如此一来，长安便唾手可得。而魏国方面聚集大军则需要20余日，诸葛亮可以趁这个时间差从大路从容抵达长安，与魏延会师。如果长安被攻陷，那么潼关以西的大片区域自然都会成为蜀国的囊中之物。

但一向谨慎的诸葛亮认为魏延的计策不确定的因素太多，真正实施起来未必能如计划那样顺利。一旦魏延的军队失利，其所率领五千人马将会陷于进退维谷之地。最终诸葛亮选择了"安从坦道，可以平取陇右，十全必克而无虞"，确立了先攻占陇右（其范围大致相当于甘肃省）作为向关中进攻跳板的战略。

姜维、梁绪、尹赏、上官雝等纷纷投降诸葛亮，雍州刺史郭淮则退往上邽（今甘肃天水）固守待援。顷刻间，陇右五郡（陇西、南安、天水、广魏和安定）有三郡都投降了诸葛亮，仅有广魏郡（今甘肃清水西南）和陇西郡（今甘肃陇西东南）拒不投降。在听闻陇右失守的消息后，曹魏"朝野恐惧"。

首战告捷

于是，诸葛亮派镇东将军赵云、扬武将军邓芝率一支军马作为疑兵，由箕谷摆出要由斜谷道北攻郿城（今陕西省宝鸡市眉县）的态势，以吸引魏军主力前来防御。曹叡果然中计，于是命曹真都督关右诸军，前往郿城抵御赵云。诸葛亮则亲率主力趁势向祁山（今甘肃境内）发起进攻，以达到攻占陇右的目的。

由于魏国事先毫无防备，此时突然听闻诸葛亮率兵30万杀来，导致陇右的南安、天水和安定三郡守军惊慌失措，无法组织起有效的防守，魏国在天水、南安任免的太守甚至弃城向东逃窜，魏国天水守将

失守街亭

正当诸葛亮率领蜀军一路凯歌高唱，将要兵过渭水，军临长安之际。远在洛阳的魏明帝曹叡急率大军救援，亲自到长安坐镇，派大将军曹真督军至郿县防御赵云，张郃率军五万前往陇右抵抗诸葛亮，曹魏凉州刺史徐邈也派遣参军与金城太守率军一齐进攻南安郡（今甘肃陇西西南）。

诸葛亮知道张郃乃是魏之名将，一贯能征善战。此番率军前来，必定先取蜀军咽喉之地街亭（今甘肃天水

马谡像

马谡（190年—228年），字幼常，荆州襄阳宜城（今湖北宜城）人。蜀汉参军，也是侍中马良之弟。初以荆州从事跟随刘备取蜀入川，曾任绵竹、成都令，越巂太守。

153

秦安城东北）。街亭地处关中通往陇西的咽喉要道，地理位置十分重要，一旦街亭不保，魏军便可长驱直入进攻陇西。所以，派谁来驻守街亭，便成为摆在诸葛亮面前的一道难题。当时，众人都认为魏延和吴壹是久经沙场的老将，适合担任此项任务。但诸葛亮考虑再三后，还是将街亭交给了自己更为信任的心腹——马谡。

三国·人兽铜灯盏

马谡为人聪慧，足智多谋，但诸葛亮对其依然放心不下。在其临行前，再三叮嘱马谡一定要坚守街亭，不得有误；并要求马谡到街亭后立刻绘制街亭的山川地理图以及安营扎寨的位置。诸葛亮又派大将王平作为马谡的副将，协助马谡镇守街亭。为了以防万一，诸葛亮又命令高翔和魏延各率一支部队，到街亭附近的山谷中接应马谡。

不出诸葛亮所料，张郃果然率领大军直奔街亭而来。可是马谡自视甚高，等到了街亭后，根本不遵循出兵前诸葛亮的部署，也不顾副将王平的劝说，执意将大军屯于一座孤山上，不在当道险要之处下寨，以致最终被张郃率兵包围在山上。张郃派人切断通往山上的水源后，蜀军顿时因为缺水而大乱。马谡见大势已去，于是弃军逃亡。张郃则乘势进攻，最终大败蜀军，不费吹灰之力占据了街亭。

副将王平见主将大营溃散，便虚张声势、大张旗鼓，防止张郃追击。而张郃见蜀军阵容依然齐整，便怀疑有伏兵，不做追击。于是王平集合分散的军队，向诸葛亮大军处撤退。而负责接应的高翔和魏延又分别被郭淮和曹真堵截，为了避免陷入被包围的境地，二人

诸葛亮北伐

时间	次数	结局
228年春	第一次	诸葛亮派赵云、邓芝率一支军马作为疑兵于斜谷，自己率主力攻祁山，结果张郃大破马谡于街亭，不得已退回汉中
228年冬	第二次	趁魏军大举攻东吴，诸葛亮率军出散关，包围陈仓，近月余未破，蜀军粮尽退军
229年春	第三次	诸葛亮派陈式（一说陈戒）进攻武都、阴平，魏将郭淮带兵援救，诸葛亮亲自率军驻扎建威，郭淮撤退，蜀汉成功得到二郡
231年春	第四次	诸葛亮率兵再次包围祁山，魏方司马懿和张郃带兵援救。后因李严运粮不继，蜀军粮尽退军
234年春	第五次	诸葛亮再率10万大军出斜谷口，因未能成功抢占北原而与魏军僵持达百余日，其间病逝，蜀军退

于是都各自退军。同时,赵云在箕谷也出兵不利。街亭失守,使蜀军丧失了全部有利形势。诸葛亮见局势不利,只得率军退回汉中。

挥泪斩马谡

回到汉中,诸葛亮总结此战失利的教训,痛心地说:"都是我用错了马谡啊!"为了严肃军纪,诸葛亮下令将马谡革职入狱,斩首示众。临刑前,马谡上书诸葛亮:"丞相待我亲如子,我待丞相敬如父。这次我违背您的指示,招致兵败,军令难容,丞相将我斩首,以诫后人,我罪有应得,死而无怨,只是恳望丞相以后能照顾好我一家妻儿老小,这样我死后也就放心了。"诸葛亮看罢,百感交集,老泪纵横。要亲自下令斩掉自己十分器重赏识的将领,诸葛亮心若刀绞;但若违背军法,免他一死,以后又无法服众。于是,诸葛亮强忍悲痛,毅然下令行刑。全军将士见丞相毫不留情,对待爱将也一视同仁,无不为之震惊。

在对诸位将领赏罚过后,诸葛亮自己也向皇帝上书,陈述自己的罪过,做了自我批评,并自贬三等,刘禅接纳了诸葛亮的自责书后,仍命诸葛亮以右将军行丞相事,实际上并没有给予其处罚。

就此,诸葛亮的第一次北伐,在与攻占长安、问鼎中原只有一步之遥时宣告失败。

挥泪斩马谡
马谡失街亭后,为了严肃军纪,诸葛亮挥泪下令斩马谡。

229年—252年

> 夏四月……丙申，南郊即皇帝位，是日大赦，改年。追尊父破虏将军坚为武烈皇帝，母吴氏为武烈皇后，兄讨逆将军策为长沙桓王。吴王太子登为皇太子。
>
> ——《三国志》卷四十七《吴主传》

"孙吴大帝"

建安五年（200年），孙策遇刺身亡，年少的孙权便接过了父兄留下的事业，成为一方诸侯。在他的统治下，江东内部平稳发展。在经历了赤壁之战、夷陵之战等重大战役后，孙吴已经完全控制了长江中下游的大片地区。最终，在黄龙元年（229年），孙权正式称帝，其势力和声望由此达到顶峰。

时间
229年

背景
在经历赤壁之战、夷陵之战两次大战后，孙吴的势力空前强大

主角
孙权

地点
建业

相貌特征
方颐大口、目有精光

主要成就
安定江东、建立吴国、发展江南经济、派人到达夷洲

后世典故
生子当如孙仲谋

《孙权降魏受九锡》插画

大业初成

吕蒙袭杀关羽后，孙、刘联盟彻底破裂，双方顿时变得剑拔弩张，矛盾一触即发。此时，孙权为了避免同时遭到刘备和曹魏的夹击，不得不向曹丕低头示好。曹丕篡汉后，孙权派人出使曹魏，请求成为其藩属国，并将降将于禁等人送回北方，以示诚意。曹丕则赐给孙权九锡，册封其为吴王、大将军、领荆州牧，节督荆、扬、交三州诸军事。

但孙权的归附只是权宜之计而已。夷陵之战后，蜀汉元气大伤，再也不能与孙吴争夺荆州。如此一来，孙吴解除了来自蜀汉的军事压力，那么对于曹魏的依附在此时不但显得没有必

要，反而令孙吴的君臣感觉耻辱，因此，孙权对曹魏的态度开始发生微妙的转变。

曹丕也渐渐察觉到了孙权的不满之心。终于，在黄武元年（222年），曹丕发动了对孙吴的战争，但却铩羽而归。为了防止曹魏卷土重来、蜀汉乘虚而入，同年十二月，孙权派太中大夫郑泉前往白帝城拜谒刘备，蜀、吴两国重新通好。在击退了曹魏的三路大军后，孙权更加志得意满，于是在此年自改年号"黄武"，孙吴由此有了属于自己的第一个年号，这也使孙权在称帝之路上迈出了重要的一步。

此后数年间，孙权继续联蜀抗魏的策略，击退了曹魏发动的多次进攻。黄武五年（226年）曹丕病逝，此后诸葛亮开始筹划北伐，使得曹魏对孙吴的军事压力开始减弱。最终在黄龙元年（229年），孙权于武昌（今湖北鄂城）正式登基为帝，建国号为吴，孙吴王朝正式建立。六月，与前来祝贺孙权登基的蜀使陈震商议平分曹魏九州，并制定盟书。九月，孙权下诏迁都建业（今江苏南京），并命上大将军陆逊辅佐太子孙登处理军国事务，驻守武昌。

孙氏家族历经父子三人的艰苦努力，最终站上了事业的巅峰。但好景不长，随着孙权步入晚年，其性格中猜

三国孙吴君主与年号

庙号	谥号	君主名	生卒年	年号	年期
始祖	武烈皇帝	孙坚	155年—191年	—	—
—	长沙桓王	孙策	175年—200年	—	—
太祖	大皇帝	孙权	182年—252年	黄武	222年—229年
				黄龙	229年—231年
				嘉禾	232年—238年
				赤乌	238年—251年
				太元	251年—252年
				神凤	252年
—	—	孙亮	243年—260年	建兴	252年—253年
				五凤	254年—256年
				太平	256年—258年
—	景皇帝	孙休	258年—264年	永安	258年—264年
（追尊）	文皇帝	孙和	224年—253年	—	—
—	—	孙皓	264年—280年	元兴	264年—265年
				甘露	265年—266年
				宝鼎	266年—269年
				建衡	269年—271年
				凤凰	272年—274年
				天册	275年—276年
				天玺	276年
				天纪	277年—280年

忌、残暴的一面开始逐渐展露。《三国志》的作者陈寿因此评价他说："性多嫌忌，果于杀戮，暨臻末年，弥以滋甚。"

晚年失政

孙权晚年的猜忌、残暴，主要表现在偏信奸佞吕壹和不恰当地处理孙和与孙霸之争两件大事上。

吕壹是孙权晚年身边的亲信，他担任中书校事一职，主要负责"典校诸官府及州郡文书"。实际上充作孙权的耳目，对官员进行侦察、告密，深得孙权的信任。吕壹因此作威作福，"举罪纠奸，纤介必闻，重以深案丑诬，毁短大臣，排陷无辜"。丞相顾雍、江夏太守刁嘉因吕壹诬陷，前者几乎丢官，后者几乎被杀。太子登多次向孙权进谏，孙权不听，官员都敢怒而不敢言。太常潘濬见孙权固执，甚至想借宴会之机袭杀吕壹，事虽未成，但朝臣嫉恨吕壹的心情可见一斑。此后，吕壹又对左将军朱据进行陷害，结果事情败露，在赤乌元年（238年）被孙权诛杀。孙权为了安抚驻守外地的大将，于是派袁礼先后拜会了诸位将领，并征求他们对政事的意见。但诸葛瑾、步骘、朱然、吕岱等人都借口不管民事，闭口不言，要袁礼去问陆逊、潘濬。陆、潘虽然有所建议，但依然"怀执危怖，有不自安之心"。由此可见，孙权晚年的猜忌和专横，已经严重损害了孙吴的君臣关系，

孙权像
孙权（182年—252年），字仲谋，吴郡富春（今浙江富阳）人，三国时代东吴建立者。黄武元年（222年），孙权自称吴王，建立吴国；黄龙元年（229年）称帝。谥号大皇帝，因其庙号为太祖，所以又被称为吴太祖。统治江东地区长达52年，是三国时代统治者中最长的。

大臣们噤若寒蝉，谁也不敢向朝政建言献策。

此外，关于孙吴太子的人选问题，孙权又在国内掀起了一场血雨腥风。起初，孙权立孙登为太子。孙登因是长子，所以大家对其被立为太子都毫无争议。然而孙登早年亡故，这使得事情变得复杂起来。孙权在孙登死后，又在赤乌五年（242年）立孙和为太子，并封孙和的同母胞弟孙霸为鲁王。孙权表面上对二子同样宠爱，实际上偏爱孙霸。孙霸被封为鲁王后，孙权仍使他与太子和同居一宫，待遇完全一样。后因大臣上言，"以为太子、国王上下

有序，礼秩宜异"，孙权才使孙和、孙霸分宫，各置僚属。孙霸不服，到处拉拢势力，谋夺太子地位；孙和也积极反抗。两派势力的发展，造成统治集团的大分裂，"自侍御、宾客，造为二端，仇党疑贰，兹延大臣"，乃至"中外官僚、将军、大臣，举国中分"。孙霸一党多次向孙权诬告孙和，孙权对太子越来越反感。大臣陆逊、顾谭、吾粲由于为太子辩护，都遭到了孙权的打击：顾谭及其弟顾承被流放于交州，吾粲被杀，陆逊多次遭到孙权派来的宦官的责问，致使其最终含恨而死。就两派来说，孙和是受害者，其各方面素质也优于孙霸，这一点孙权后来也逐渐意识到了。但孙权没有采取正确的对策，而是采取了极其激烈的方式来处理。在赤乌十三年（250年），孙权废太子和为庶人，流徙丹阳故鄣（今江苏丹阳境内）。又将反对孙权废太子的大臣陈正、陈象等人满门抄斩，朱据、屈晃被各杖一百，朱据降职为新都郡丞，屈晃被罢官回乡，"群司坐谏诛放者十数"。同时，孙权又赐鲁王霸死，鲁王的党羽杨竺、全寄、吴安、孙奇等也被诛杀。

在这次事件中，孙权制造了大批冤案，进一步加深了孙吴的内部矛盾。此后，孙权立年仅十岁的孙亮为太子。太元元年（251年）冬十一月，孙权到南郊祭祀天地后便得了风疾，当年十二月，孙权急召大将军诸葛恪入朝，委托后事。神凤元年（252年）夏四月，孙权病逝，终年71岁，谥号"大皇帝"，庙号太祖，安葬在蒋陵（今江苏南京境内）。

孙权的一生，虽然将孙氏政权带上了辉煌的巅峰，但晚年的昏庸失政却使吴国在其死后陷入了风雨飘摇之中，为吴国最终走向灭亡埋下了种子，以致陈寿对其评价道："孙权屈身忍辱，任才尚计，有勾践之奇，英人之杰矣。故能自擅江表，成鼎峙之业。然性多嫌忌，果于杀戮，暨臻末年，弥以滋甚。至于谗说殄行，胤嗣废毙，岂所谓赐厥孙谋以燕翼于者哉？其后叶陵迟，遂致覆国，未必不由此也。"

诸葛恪像
诸葛恪（203年—253年），字元逊，琅邪阳都（今山东沂南）人。三国时东吴重臣诸葛瑾之子，东吴的权臣和太傅，后迁升为大将军（一说官至丞相）。孙权临终时以其为辅政大臣，辅助太子孙亮。

234年

亮遗命葬汉中定军山，因山为坟，冢足容棺，敛以时服，不须器物。诏策曰："……赠君丞相武乡侯印绶，谥君为忠武侯。魂而有灵，嘉兹宠荣。呜呼哀哉！呜呼哀哉！"

——《三国志》卷三十五《诸葛亮传》

秋风五丈原

在经历了数次艰苦的北伐后，诸葛亮渐渐感到自己的精力不支。岁月无情，时间在那个当年吟唱垄亩的少年身上留下了深刻的印记。虽然曾经与先主刘备一起雄图天下、挥斥方遒，但一次次的挫折使他的精力消耗殆尽。最终，在建兴十二年（234年）秋天，诸葛亮将遗憾永久地留在了五丈原上。

时间
234年

背景
蜀汉连年北伐，不仅消耗着蜀汉的国力，也极大地透支着诸葛亮的体力和精力

事件
诸葛亮病逝

病逝地点
五丈原

影响
蜀汉政权由此走向下坡路

诸葛亮像
诸葛亮（181年—234年），字孔明，三国时期蜀汉丞相，中国历史上著名政治家、军事家、发明家、散文家。东汉末期徐州琅琊阳都（今山东沂南）人。在第五次北伐时病逝于五丈原。

秋风五丈原

蜀汉建兴十二年（234年）八月，渭水边的阵阵凉风，带来了秋的讯息。初秋的寒意，却让诸葛亮感到尤为刺骨，在渭水南岸守候了100多天，他的身体越来越虚弱，恐怕坚持不了多久了。

在渭水对岸，与他相持的是魏国大将军司马懿，与诸葛亮多年的交锋使得他对诸葛亮的战术已了然于心，在此之前，他便对诸将说："如果诸葛亮有足够勇气，他就该从武功进发，沿山势东进；如果向西进入五丈原，那我们就不用担心了。"不出他所料，诸葛亮果然由斜谷（今陕西宝鸡东南）出发，在五丈原驻扎。司马懿则指挥着20万大军，在渭水南北两岸扎营，将蜀汉10万大军牢牢地锁在五丈原这片弹丸之地，蜀军动弹不得。面对如此困境，诸葛亮陷入了沉思。

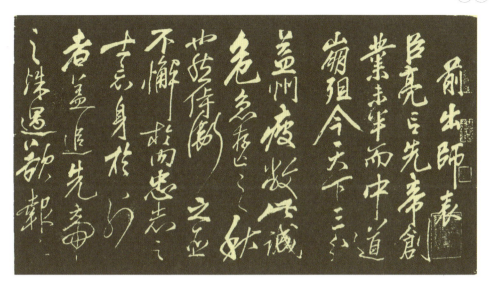

岳飞书诸葛亮《前出师表》局部

建兴五年（227年），诸葛亮率军北上汉中，开始他的北伐生涯。在临行前，他向后主刘禅呈上他所撰写的《出师表》。那时的他，对北伐曹魏有期待，有深思熟虑，但更多的应该是信念。建兴六年（228年）春，诸葛亮正式发动北伐，为此他做好了充分的准备，先是假称要由斜谷道攻取郿（今陕西眉县），引得魏国大将军曹真率军抵挡；而诸葛亮则指挥大军进攻祁山，并得到陇西三郡投诚响应，给曹魏带来极大震慑。一切都是那么顺利，收复关中指日可待，正当战事有利于蜀军的时候，参军马谡被诸葛亮破格任命，统率主力前进，却在街亭（今甘肃秦安东北）犯下兵家大忌，被魏军所破，造成整个北伐计划的崩溃，诸葛亮虽处死马谡，但军事失败无可挽回，只能收兵返回汉中，诸葛亮请求处分自己，被贬三等，但仍行使丞相职权。纵观这第一次北伐，无论是谋略还是步骤，可说是最有机会实现北伐目标的，但一着不慎满盘皆输，或许诸葛亮每每回忆这次战役，都会发出遗憾的叹息吧。

步步维艰

不久，诸葛亮又数次发动对曹魏的战役，但收效甚微，相比第一次的声东击西，奇袭突进，已经吃过亏的魏军不再容易上当，要想有所收获，只能保证每一步都不出差错，诸葛亮变得极其谨慎。征西大将军魏延曾向诸葛亮请兵万人，计划分兵进发，与诸葛亮在潼关会师，诸葛亮拒绝了这个建议，被魏延认为是怯懦。诸葛亮何尝不想早日实现北伐？但形势对蜀军越来越不利：劳师远征，后勤补给是蜀军最大的困难，诸葛亮决定在汉中及前线屯田，让兵士参与耕作，以保障粮食的需求，这样也只能延缓军队的颓势。而本来实力最为弱小的蜀汉政权,却要以倾国之力供养一支庞大的军队,诸葛亮走的每一步,都在消耗着蜀汉的国力。

面对日益严峻的困局,诸葛亮自己也不再乐观了。他再次给后主上表:"先帝认为汉贼不两立,王业不能偏安一隅,所以托付臣来讨伐国贼。以先帝的英明,是知道凭我的才能,去讨伐强大的曹贼是有局限的。然而不去讨伐,曹贼也会来侵略我们,与其坐以待毙,何不去讨伐呢?所以先帝才肯无疑虑地把重任托付给我。……臣一定鞠躬尽瘁,死而后已,至于事业的成败,却不是臣的智力能够猜到的。"相比于前《出师表》中慷慨激昂、信誓旦旦,后《出师表》中的言辞已经透露了些许苍凉和无奈,写最后一句话时,他是否已觉得北伐无望了呢?

建兴十二年(234年)春,蜀军进军武功,驻于五丈原;五月,蜀汉盟友东吴与之呼应,进攻曹魏所属的合肥新城(今安徽合肥西北)和襄阳,魏明帝曹叡亲率水师东征,并命令对阵蜀军的司马懿坚守不战,以挫其锋。因为魏明帝知道,蜀军禁不起持久战,只要坚守不出,蜀军支持不了多久就会退兵。司马懿也知道蜀军的弱点,但城府极深的他此时并不显山露水,当诸葛亮使出激将法,给司马懿送去女人的衣物,讥笑他有如妇人时,司马懿故意发怒,上表请求出战,魏明帝急忙派人严厉告诫他不许出战,这不过是做给诸葛亮和魏明帝看,显示他并没有太多心机罢了。司马懿曾询问蜀军使者有关诸葛亮的情况,使者答道:"丞相夙兴夜寐,二十杖的责罚,他都要亲自过问,每天的饮食量不过几升而已。"司马懿满意地说:"诸葛亮快死了。"

死诸葛亮吓退生仲达

诸葛亮在五丈原死后,司马懿(字仲达)欲趁机消灭蜀军,据诸葛亮生前的安排,蜀军在有序后撤的途中,推出了一辆四轮车,车上的诸葛亮纶巾羽扇,鹤氅皂绦,端坐如常。吓得司马懿不辨真假,率兵就逃,蜀军方得安全撤回。此典故后指人虽死,余威犹在。

死而后已

诸葛亮也知道自己的时日无多,便向后主写下最后一份上表:"我在成都有八百

成都武侯祠
诸葛亮是一位非常杰出的政治家、军事家与发明家。诸葛亮去世后,后世多处地方都修建武侯祠纪念诸葛亮,中国大陆目前有9处武侯祠,其中以四川成都武侯祠最为著名。

株桑树,十五顷薄田,后人的衣食是有依靠的。臣在外没有其他调度,衣食住行都是官府提供。如果臣死了,一切从简,不要铺张,这样才不会辜负陛下的信任。"尚书仆射李福代表后主看望诸葛亮,询问他死后何人可接替他的职位,诸葛亮说:"我死后,蒋琬可以继任。"李福又问蒋琬之后谁可接任,诸葛亮答道:"费祎可以接任。"当李福再问时,诸葛亮默不作答。建兴十二年(234年)八月,在微凉的秋风中,诸葛亮病逝于五丈原,享年五十四岁。诸葛亮去世后,蒋琬、费祎先后担任蜀汉的执政,他们奉行休养生息的策略,放缓了北伐的进程,却使蜀汉恢复了元气,国力又有所提高,足见诸葛亮慧眼识英,知人善任。

诸葛亮死后,蜀军在杨仪率领下撤退,司马懿见状立即出兵,却被姜维、杨仪等人击败,司马懿苦笑道:"我能料到他生前的事,却料不到他死后的事。"司马懿来到蜀军的营地,看到蜀军营垒得整齐有序,他发出由衷的感叹:"诸葛亮真是天下奇才!"诸葛亮以身作则,谨言慎行,将自己的一切奉献给蜀汉王朝,他兑现"鞠躬尽瘁,死而后已"的承诺,树立了一代名臣的形象,后世又将他不断神话,演绎出无数家喻户晓的故事,供人传颂与凭吊。

233年—238年

六月……壬午，渊众溃，与其子修将数百骑突围东南走，大兵急击之，当流星所坠处，斩渊父子。城破，斩相国以下首级以千数，传渊首洛阳，辽东、带方、乐浪、玄菟悉平。

——《三国志》卷八《公孙渊传》

辽东风云

东汉末年，时任辽东太守的公孙度乘机拥兵自立。以后，公孙氏一直占领着辽东地区长达数十年。魏景初元年（237年）七月，公孙渊自立为王，国号"燕"，并在魏国边境进行骚扰。次年，魏明帝派太尉司马懿讨伐公孙渊，双方在襄平附近展开激战。当年八月，襄平城破，公孙渊被俘，辽东由此平定。

时间
238年

背景
汉魏之际，公孙氏长期占据辽东达数十年，对中央政府时叛时服

主角
公孙渊、司马懿

纷争地点
辽东

结果
魏明帝派遣太尉司马懿讨伐公孙渊，最终公孙渊兵败被俘，辽东平定

夫妻对坐图
东汉一直到三国魏时期，公孙氏一直统治辽东及辽西郡。这是一幅出自公孙家族墓葬的壁画，画中描绘的家具陈设及服饰等，就是当时望族名门的真实生活。

辽东一霸

中平六年（189年），公孙度被董卓任命为辽东太守。此后关东诸侯群起而攻伐董卓，天下大乱，各地的刺史和太守纷纷拥兵自立。偏居辽东一隅的公孙度也不落人后，建立了东北地区强大的地方割据政权。

公孙度死后，其子公孙康接管政权，之后，辽东太守的位置辗转到了公孙度之孙——公孙渊手

中。公孙渊与公孙康不同,他是一个野心勃勃的人,虽然一度表面上臣服曹魏,但实际上摇摆于魏与吴之间。太和七年(233年),公孙渊派使者渡海向吴称臣,企图联结孙吴以为外援。而孙权见其臣服,大喜过望,于是便册封公孙渊为燕王,但孙吴政权内部自丞相顾雍、辅吴将军张昭以下等举朝劝谏,认为公孙渊必败,因此反对孙吴对公孙渊的支持。然而孙权仍然固执己见,便遣张弥、许晏等人,携带金玉珍宝回使辽东,立公孙渊为燕王。公孙渊原本只是投石问路,但没想到孙权竟会如此看重自己。在兴奋之余公孙渊也开始担忧:虽然已经与孙吴结盟,但孙吴远在千里之外,不仅远水解不了近渴,而且此事如果被曹魏知道,曹魏必然会兴兵讨伐。但公孙渊为人十分贪财,他又垂涎于东吴送来的珍宝,于是诱斩吴使,并将其首级献给明帝邀功。明帝于是拜公孙渊为大司马,封乐浪公,还让他继续任辽东太守,统领诸郡。

虽然魏明帝对公孙渊封赏有加,但对其不轨之心早已心知肚明。景初元年(237年),魏明帝派幽州刺史毌丘俭等携带书信去征召公孙渊入朝,企图以此为借口,趁其入朝之际将其控制。

《公孙渊兵败死襄平》插画

如其不从，便有了讨伐公孙渊的借口。果然，公孙渊听闻此讯，立刻发兵，在辽隧（今辽宁境内）阻击毌丘俭，并与之展开激战。毌丘俭见形势对己不利，便鸣金收兵。经此一役，公孙渊与曹魏的关系彻底破裂。然而公孙渊见曹军如此不堪一击，于是更加骄纵起来。他不听将军纶直、贾范苦劝，一意孤行，自立为燕王，改元"绍汉"，意为承续汉朝正统，并设置百官，拉拢鲜卑单于，又再次称臣于吴，希望得到外援。

曹魏出兵

景初二年（238年）正月，魏明帝召回司马懿，命他率兵讨伐。临行前，魏明帝问司马懿："往还需要多少时间？"司马懿胸有成竹地答道："去百日，回百日，攻战百日，用六十天休息，所以一年时间足够了。"

于是，司马懿便率牛金、胡遵等步骑四万为主力，从京师出发，同时幽州刺史毌丘俭也率郡兵辅助司马懿的进攻。此外，鲜卑、高句丽等族也响应曹魏的号召，从后方攻击辽东。此外，曹魏还派出水军，从海路攻带方、乐浪（今朝鲜境内）二郡。

最终，司马懿大军在景初二年（238年）六月，抵达辽水。正如司马懿战前所料，公孙渊听闻曹魏大军压境，果然急令大将军卑衍、杨祚等人率步骑数万，依辽水围堑20余里，坚壁高垒，阻击魏军。

司马懿则采用声东击西之计，先在南线多张旗帜，佯攻围堑，吸引敌军主力，而以主力悄悄渡过辽水，逼近敌军的大本营——襄平。部将对司马懿的部署十分不解，司马懿便从容解释道："敌人倚仗辽河坚壁清野，就是想让我们兵疲粮尽，如果现在贸然攻城，则正中其计。而现在他们大军在此，后方老巢空虚。我出其不意直指襄平，敌军为了拦截我军，必然惊慌出战，这样一来，我军就胜利在望了。"于是，司马懿整顿军容、阵列前进，敌军果然出来截击。司马懿对诸将说："我之所以不攻其营，正是要等到现在的局面啊！"于是指挥魏军痛击，三战三捷，遂乘胜进围襄平。

困兽之斗

正当魏军围城之际，正赶上连日天降大雨，辽水暴涨，河水溢出河道，深达数尺。魏军军士都十分恐惧，诸将打算搬迁营寨以避水。但司马懿却态度坚决，下令有敢言迁营者斩。都督令史张静顶风作案，违令被斩，众人见司马懿军令如山，于是纷纷安下心来，不再提迁营之事。公孙渊军乘雨出城，打柴牧马，安然自若。魏将领请求出击，但司马懿不准。司马陈圭问司马懿说："当年攻打上庸，八路并进，昼夜不停，所以能在一旬半的时间里，攻下坚城，杀了孟达。这次我们远道而来，为什么反倒行动更加缓慢？"司马懿说："当年孟达的军队虽少，而粮食却能支持一年，我们的部队是孟达的四倍，但粮食却不足支撑一个月，以仅有一个月军粮的部队去对付一个拥有一年军粮的部队，怎能不速战速决？而今的情况恰好相反，敌众我寡，敌粮少而我粮多，现在又遇大雨，想速战也不可能。从一开始，我就不担心敌人大举进攻，而是担心他们会逃跑。如今敌军粮草将尽，我军的包围圈尚未合拢，如果现在与他们争粮，就会逼他们逃走。他们现在凭借人多和大水与我军抗衡，虽然饥困，但也不肯就擒。这时候更应稳住对方，不能为得小利而把敌人吓跑啊。"司马懿于是将计就计，故意向公孙渊示弱。朝廷听说雨大敌强，不少人请求召还司马懿。魏明帝却说："司马懿临危制变，生擒公孙渊指日可待。"

大雨下了一个多月终于渐渐停了下来，积水也慢慢退散。司马懿见时机已到，立即命军士在城周围堆起土丘，造望楼，并用弓弩居高临下地向城中放箭。公孙渊见魏军开始攻击，又怕又急。而此时城中的粮食也快要吃尽了，出现了不少人吃人的惨状，因此而死的不计其数。大将杨祚见大势已去，于是投降了司马懿。

一天晚上，一颗长约十丈的大流星，从首山的东北面坠入襄平城的东南面，城中越发震恐。当年八月，公孙渊派相国王建、御史大夫柳甫到司马懿营前请和。

但司马懿非但没有答应，反倒斩杀了使者，并严厉斥责公孙渊。此后，公孙渊又请求将自己的儿子交出作为人质，并割地请和，但遭到了司马懿的再次拒绝。

公孙渊见求和无望，便与儿子公孙修带着数百骑兵向东南突围而逃，司马懿纵兵击破其军，大军在后面穷追不舍，在那颗流星坠地的地方，杀死了公孙渊父子。入城后，司马懿将15岁以上男子一律屠杀，死者达7000多人，并把公孙渊所任命的公卿以下一律斩首，杀死将军毕盛以下2000多人，收编百姓4万多户。

司马懿这次成功远征，使曹魏数十年来的辽东问题终于得到彻底解决，公孙渊的首级最终也被送到了洛阳，挂在闹市示众。此外，原本依附于公孙渊的带方、乐浪、玄菟等郡也相继被平定，曹魏政权得以完全控制整个辽东地区。

三国·持莲俑
人体身材纤细，对开衣襟，半长裤。高髻，头部四面均刻有五官，一手握拳，一手持莲，具有宗教色彩。现藏于湖南省博物馆。

249年

十年正月，车驾朝高平陵，爽兄弟皆从。宣王部勒兵马，先据武库，遂出屯洛水浮桥……爽于是遣允、泰诣宣王，归罪请死，乃通宣王奏事。遂免爽兄弟，以侯还第。

——《三国志·曹爽传》

高平陵之变

司马懿作为曹魏的三朝老臣，德高望重。明帝临死前，令司马懿与曹爽共同辅佐太子曹芳。但此后曹爽与司马懿之间嫌隙渐生。正始十年（249年），司马懿趁曹爽陪曹芳前往高平陵祭墓之时发动政变，掌握朝政。此后，又将曹爽及其党羽全部处死。自此，司马氏开始专制曹魏朝廷。

时间
249年

背景
司马懿作为曹魏的三朝老臣，德高望重。魏明帝临终前，令曹爽与司马懿共同辅佐年纪尚幼的曹芳

斗争双方
司马懿、郭太后；曹爽、醒范

地点
洛阳

结果
司马懿暗中积蓄力量，发动政变，废杀曹爽

河南温县安乐寨司马懿故里塑像
司马懿（179年—251年），字仲达，河内郡温县孝敬里（今河南焦作温县）人。三国时期魏国杰出的政治家、军事家、战略家，西晋王朝的奠基人。

曹爽专权

景初三年（239年），魏明帝曹叡于洛阳病逝，遗诏由年仅8岁的皇太子曹芳继位，并由大将军曹爽和太尉司马懿辅政。曹爽重用亲信何晏、邓飏、李胜、毕轨、丁谧等人，排斥司马懿的势力；此外，曹爽还想让尚书向皇帝奏事前先通过自己，以便达到专权的目的，便改任司马懿为毫无实权的太傅，仅在礼仪上对其加以优待。在成功压制了司马懿后，曹爽又掌握了宫中禁军。自此之后，曹爽和何晏等心腹基本上完全控制了朝廷的运作，权倾朝野，而同为辅政大臣的司马懿则被架空。

司马懿由于无法参

与政令决策，只得暂时默不作声，凝聚反击力量。他于正始八年（247年）以回家养病为借口，辞去职务以回避曹爽。但曹爽对司马懿依然不能完全放心。正始九年（248年）冬天，曹爽的亲信李胜借到荆州上任刺史前向司马懿辞行之机，前往其家刺探司马懿的现状。司马懿老谋深算，一眼便看破了李胜的来意，于是便让两个婢女侍奉着出来接见。在侍女服侍司马懿更衣的时候，他却把衣服掉在地上，指着嘴说口渴，婢女端来了粥，司马懿拿不动碗，就由婢女端着喝，粥从嘴边流出，沾满了前胸。李胜说："大家都说您的中风病旧病复发，没想到您的身体竟这样糟！"司马懿气喘吁吁地说："我年老体弱卧病不起，不久就要死了。你屈就并州刺史，并州靠近胡地，要很好地加强戒备。恐怕我们不能再见面了，我把我的儿子司马师和司马昭兄弟托付给你。"李胜说："我是去荆州任官，不是并州。"司马懿装聋作哑，故意听错他的话说："你刚刚到过并州？"李胜又说："是荆州。"司马懿说："我年老耳聋思绪迷乱，没听明白你的话。如今你回到本家乡的州，正好轰轰烈烈地大展德才建立功勋。"李胜见司马懿昏聩至此，便信以为真，向曹爽禀报说司马懿将不久于人世。如此一来，曹爽对司马懿的戒备立刻放松了不少。但与此同时，司马懿却暗中与儿子司马师（当时为中护军）、司马昭以及太尉蒋济等人策划发动政变。

司马师像
司马师（208年—255年），字子元，河内温（今河南温县）人，三国时期魏国后期权臣，官至大将军。司马懿长子，西晋奠基人之一。

发动政变

正始十年（249年），司马懿的机会终于到来。这年正月，少帝曹芳要亲自前往洛阳南部，去拜谒其父魏明帝曹叡之墓——高平陵，曹爽兄弟及其亲信们自然随同前往。

司马懿见曹爽及其亲信倾巢而出，京城正是空虚之时，便入宫挟持郭太后，并以太后的名义下令，关闭各个城门，率兵占据了武库，并派兵出城据

《司马懿诈病赚曹爽》插画

魏主曹叡死后,兵权尽归曹爽。因曹爽意欲篡权,排挤司马氏势力。魏太傅司马懿装病不出,曹爽为探虚实,派亲信李胜前往探望。司马懿装病是假,灭曹爽势力是真。见李胜探望,则故意错乱其辞,迷惑李胜,令曹爽不再防备。

守洛水浮桥以阻断曹爽的归路;此外,司马懿还命令司徒高柔持节代理大将军职事,接管曹爽的军营;太仆王观代理中领军职事,接管曹羲的军营。至此,京城及其周边的军事力量已全部落入司马懿之手。

随后,司马懿向魏帝上书,禀奏曹爽的罪恶,并告明皇帝自己已经接管了曹爽的所有权力。司马懿的奏章最终到了曹爽手里,他没有通报曹芳,但惶急窘迫得不知所措,于是就把曹芳车驾留宿在伊水之南,伐木构筑了防卫工事,并调遣了数千名屯田兵士为护卫,准备与司马懿拼死一搏。

司马懿怕曹爽会绝地反击,于是先后派侍中许允、尚书陈泰以及曹爽所亲信的殿中校尉尹大目等人诱劝曹爽放弃权力,并以洛水为誓允诺其只要交出兵权,便可保留爵位。蒋济也写信给曹爽,称司马懿只想剥夺他们兄弟的兵权,不会伤害他们,可以保他们富贵。

一着不慎

当初,曹爽因桓范是他同乡故旧,所以在九卿之中对桓范特别加以礼遇,但关系不太亲近。司马懿起兵时,以太后的名义下令,想要让桓范担任中领军之职。桓范开始打算接受任命,但桓范儿子劝阻他说:"皇帝的车驾在外,您不如出南门去投奔皇帝。"于是桓范思忖片刻,最终离城出去。但当桓范走到平昌城门时,发现城门已经关闭。守门将领司蕃是桓范过去提拔的官吏,桓范把手中的版牒向他一亮,谎称说:"有诏书召我前往,请你快点开门。"司蕃想要亲眼看看诏书,桓范大声呵斥说:"你难道不是我过去手下的官吏吗?怎敢如此对我?"无奈之下,司蕃只好打开城门。桓范出城以后,回过头来对司蕃说:"太傅图谋叛逆,你还是跟我走吧!"司蕃后悔莫及,想要追赶,但已经来不及了,只好在道旁躲避,眼睁睁地看着桓范绝尘而去。

桓范到了曹爽大营之后,便劝说曹爽兄弟把天子挟持到许昌,然后调集四方兵力辅助自己,这样可以与司马懿决一雌雄。但曹爽仍犹豫不决,桓范于是转身对曹羲说:"这件事明摆着只能如此办理,真不知你读书是干什么用的!在今天的形势下,像你们这样门第的人想要求得贫贱平安的日子还可能吗?普通百姓被劫做人质,人们尚且希望他能存活,何况你们与天子在一起,挟天子以令天下,谁敢不从啊!"但曹爽兄弟都默然不语。桓范见众人毫无反应,不禁心急如焚,于是便又扭过身对曹爽说:"你的中领军别营近在城南,洛阳典农的治所也在城外,你可随意召唤调遣他们。如今到许昌去,不过两天两夜的路程,许昌的武器库,也足以武装军队,我们所忧虑的当是粮食问题,但大司农的印章在我身上,可以签发征调。"但曹羲兄弟依然不为所动,几个人从初夜一直坐到五更,还是没有做出决定。最终,曹爽下定决心,把刀扔在地上说:"即使投降,我仍然不失为富贵人家!"桓范见曹爽如此不争气,便指着曹爽兄弟悲痛地边哭边骂:"曹子丹(曹真、曹爽兄弟之父)这样有才能的人,却生下你们这群如猪牛一样笨的兄弟!没想到今日受你们的连累,我要被灭族了!"

满盘皆输

于是曹爽向曹芳通报了司马懿上奏的事,告诉曹芳下诏书免除自己的官职,并侍奉曹芳回宫。曹爽兄弟回家以后,司马懿派洛阳的兵士包围了曹府并日夜看守;府宅的四角搭起了高楼,派人在楼上监视曹爽兄弟的举动。曹爽若是挟着弹弓到后园去,楼上的人就高声叫喊:"原大将军向东南去了。"弄得曹爽愁闷不已,不知如何是好。

但将曹爽软禁只是司马懿的权宜之计而已,举起的屠刀终有一日会落下。一天,有关部门向皇帝奏告说:"黄门张当私自把选择的才人送给曹爽,怀疑他们之间隐有奸谋。"于是司马懿便下令逮捕了张当,交廷尉讯问查实。张当交代说:"曹爽与尚书何晏、邓飏、丁谧,司隶校尉毕轨,荆州刺史李胜等人阴谋反叛,等到三月中旬起事。"于是司马懿把曹爽、曹羲、曹训、何晏、邓飏、丁谧、毕轨、李胜以及桓范等人通通逮捕入狱,以大逆不道的罪名上奏朝廷,并与张当一起诛灭三族。至此,曹爽及其党羽终于走向了覆灭。

司马懿的书法

> 251年—258年

王凌风节格尚,毌丘俭才识拔干,诸葛诞严毅威重,钟会精练策数,咸以显名,致兹荣任,而皆心大志迂,不虑祸难,变如发机,宗族涂地,岂不谬惑邪!

——《三国志·王毌丘诸葛邓钟传》

淮南三叛

高平陵政变之后,司马氏开始夺权专政。这使原本效忠曹魏的一些将领对其颇有不满,最终导致曹魏最重要的军镇——寿春先后发生三次反抗司马氏的兵变。三次叛乱最终都被司马氏所平定。自此之后,支持曹魏皇室的武装力量基本被消灭殆尽,司马氏也终于扫除了通向篡位的最大障碍。

时间
251年—258年

背景
高平陵政变后,司马氏开始主导曹魏的军政大权,一些原本效忠曹魏政权的大臣对此颇为不满

主角
司马懿、司马师、王凌、毌丘俭、诸葛诞

地点
淮南

结果
驻守淮南的将领先后三次发动针对司马氏政权的叛乱,但最终都被平定

后世典故
淮南三叛

三国魏·黄初二年重列神兽镜

王凌之叛

高平陵政变后,司马懿诛杀曹爽及其党羽,开始独擅朝政。此时,驻守淮南的王凌心生不满,便与侄子令狐愚暗地里策划废立之事。叔侄二人认为,魏帝曹芳昏庸懦弱,以致被司马懿玩弄于股掌之间,而楚王曹彪有勇有谋,于是便想要共同立曹彪为帝,计划奉迎他到许昌建都。

司马懿在政变后为了笼络人心,便对自己亲近的一些大臣加官晋爵。王凌由于地位较高,加之与司马懿有过交情,司马懿就将其升为太尉,位居三公之一。此时,司马懿对于王凌的计划一无所知。但有一次,司马懿在与蒋济的闲聊中,蒋济盛赞王凌父子的才干,甚至称其"当世无双"。当时,王凌在淮南前线担任都督,手握重兵,本就令司马懿不是很放心。加之蒋济的盛赞,

这使得司马懿对王凌开始保持警惕。

其实，王凌叔侄的另立新君行动一直是秘密进行的。由于曹彪的封国在兖州，是令狐愚的管辖范围，所以他们之间的秘密沟通变得相当方便，保密性也很强。然而，在同年十一月，事情发生了变故。此月，令狐愚派张式去见曹彪。但还没等张式回来，令狐愚就病逝了。此时，令狐愚的幕僚杨康正在京都司徒府汇报兖州一年来的政务，听到令狐愚病死的消息后异常惊恐。生怕令狐愚另立新君的计划因此泄露，最终牵连到自己。于是在惊慌之下，杨康立刻向司徒高柔举报了王凌、令狐愚的计划。高柔得知后无暇多顾，立刻向司马懿报告。司马懿在听到如此重大的密谋后相当吃惊，因为自己发动政变本就是篡逆之举，加之王凌手里掌握的是魏国最精锐的兵士，一旦发难，后果不堪设想。但在思索片刻后，司马懿旋即恢复了镇定，开始筹划对于王凌的行动。

但王凌位列三公，位高权重，而司马懿又没有足够的证据，仅凭杨康的一面之词也不能服众，所以一时间难以下手，只能暂时静观其变，严加保密消息，并另派黄华出任兖州刺史。但在王凌这边，他对杨康告密之事毫无所知，还在暗中积极做着筹备工作。虽然王凌手握重兵，但是如果没有中央下发的调兵虎符，他还是无法调动自己手下的一兵一卒。所以，王凌也只能等待机会。

嘉平三年（251年）元月，机会终于到来。原来，孙权为了防止魏军突然

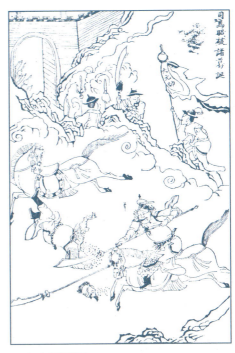

司马昭破诸葛诞

诸葛诞（？—258年），字公休，琅邪阳都（今山东沂南）人。三国时期魏国将领，蜀汉丞相诸葛亮的族弟。因功至魏官至征东大将军，后为自保于甘露二年（257年）起兵，第二年被大将军司马胡奋所斩，夷三族。

南下，派兵封锁了涂水流域。王凌则借题发挥，请求中央发下统兵的"虎符"，以反击吴国为名，调动扬州大军乘机发动政变。司马懿一眼就识破了王凌的计谋，便拒绝了王凌的请求。无奈之下，王凌又派心腹杨弘去说服新任兖州刺史黄华与其共同举事。但令王凌万万没想到的是，杨弘和黄华竟联名上奏，揭发王凌即将叛变之事。司马懿见时机成熟，于是调集数万人马。于当年四月，从水路南下，先下达赦令赦免王凌之罪，然后又写信晓谕王凌，劝其早日归降。转眼之间，司马懿的大军就到

变者均诛杀三族，曹彪也被迫自杀，其亲属一律流放平原郡。

毌丘俭之叛

正元元年（254年），司马懿此时已经病故。魏国大臣李丰与夏侯玄及张缉等人意图联手推翻司马师的专权统治，但不幸计划败露，李丰、夏侯玄和张缉等人皆被捕杀。由于李丰等人平日与曹芳关系密切，所以李丰等人被杀后，曹芳深感不平，这也引起了司马师的不满。于是在数月后，司马师假借太后诏书的名义，强行废掉了曹芳而改立高贵乡公曹髦为帝。李丰等人被诛杀和曹芳被废黜，令当时驻守寿春的镇东将军毌（guàn）丘俭和扬州刺史文钦非常不安，害怕会株连到自己；而毌丘俭儿子毌丘甸此时亦劝父亲应当举兵保卫曹魏。于是毌丘俭和文钦二人一拍即合，决心起兵反抗司马师。

正元二年（255年），二人在寿春誓师起兵，共同讨伐司马师，并率军直逼项城（今河南三门峡项城县）。东吴在得知毌丘俭叛乱的消息后，也决定出兵援助，实际上是想趁火打劫。于是，丞相孙峻率领吕据、留赞二位将领及其兵士，前往寿春支援毌丘俭。此时，司马师正患眼疾，卧病在床。但见淮南的叛乱声势浩大，且与东吴联合，司马师觉得情势不妙，被迫带病亲自率军讨伐，并派遣荆州刺史王基率兵抢先占领南顿（今河南项城境内），阻挡叛军的

《文鸯单骑退雄兵》插图

达了扬州境内，直逼扬州州治寿春城（今安徽寿县）。

王凌直到此时才发现情况不妙。由于手中没有虎符，王凌根本不能调动手下士兵和司马懿大军抗衡。眼看已无胜算，王凌为避免寿春城遭受战火，只得亲自到司马懿大船前面自缚投降。最终，王凌在被押回洛阳的途中饮药自尽。然而司马懿还不满足，又把王凌、令狐愚尸体挖出暴露示众三日，参与政

进攻。不久，诸葛诞、胡遵和邓艾都领军赶赴前线，与司马师会合。

当一切准备就绪后，司马师却命令诸军不得与叛军交战。然而毌丘俭和文钦作为反叛一方，却无法安稳地与司马师相持。二人见司马师避战不出，又怕撤退时寿春老巢被袭，一时间进退维谷。而军中的淮南将士因为家属都在北方，思乡心切，毌丘俭军心于是开始溃散，只剩下新归附的农民仍然效命。此时，邓艾驻屯乐嘉，毌丘俭见邓艾势力单薄，便派文钦攻击。但等文钦赶到乐嘉后，却发现中了计，被司马师亲率主力包围，文钦只得硬着头皮边战边退。最终，多亏其子文鸯的奋战，文钦才得以全身而退。

毌丘俭知道文钦败退后乘夜逃走，叛军的兵士们一时间全线崩溃。毌丘俭逃到慎县被当地村民张属射杀，斩首被送到洛阳示众。等到文钦回到项县后，发现大军已经溃散，寿春也被诸葛诞占领。走投无路之下，文钦父子只得逃亡到东吴。而东吴方面的援军在孙峻的带领下，赶到东兴时，得知毌丘俭兵败身亡，诸葛诞也已经占领寿春后，只得悻悻退兵。

诸葛诞之叛

诸葛诞（？—258年），字公休，琅邪阳都人，是诸葛亮的族弟，与夏侯玄、邓飏等名士关系甚好，在京师颇有名气，但魏明帝对诸葛诞博取名声的行为十分厌恶，一度将诸葛诞免官禁锢。明帝死后曹爽秉政，诸葛诞才被起用，最终官至扬州都督。由于在平定毌丘俭、文钦之乱中立有大功，诸葛诞也被封高平侯、征东大将军，继续都督扬州军事。

但诸葛诞之前与夏侯玄关系密切，夏侯玄被杀以后，王凌和毌丘俭等又相继覆灭。诸葛诞于是心不自安，便开始积蓄财富，收买人心，由此聚集了数千亡命之徒为其卖命。

甘露元年（256年）八月，文钦带领吴国将领吕据等将进犯魏国边境。司马昭估计诸葛诞所督兵马足可抵御，但诸葛诞仍然要求朝廷再征调十万军队帮助守卫寿春（今安徽寿县），还要在淮水旁边筑城以防备吴国，

文鸯像
文鸯（238年—291年），字次骞，本名文俶，鸯是小名，沛国谯县人，魏末晋初名将，历仕魏、吴、晋势力。初时随父文钦反叛司马氏当权下的魏国，后兵败与父和弟投奔东吴。文钦在诸葛诞叛乱中，与诸葛诞意见分歧而被杀，文鸯因而投降返回魏。

实际是想加强自己的实力。九月，吴国内乱，吴军因此退还。

甘露二年（257年）五月，贾充向司马昭秘密报告了诸葛诞图谋不轨的举动。司马昭立刻下诏，征调诸葛诞回朝升任司空。司马昭此举，其实是将其明升暗降，剥夺诸葛诞的兵权。诸葛诞在得到诏书后，觉得事情不妙，便立刻举兵反叛，并派人到吴国称臣归降，以求援军。六月，吴将文钦、唐咨、全端、全怿等率步骑三万赶来救援。司马昭为了防止后院起火，只得带着皇帝和太后到项城（今河南项城东北）督战，并命令王基和陈骞率军围攻寿春城。等王基等人率军到了寿春城下，尚未将城完全围住时，文钦、全怿等军已从寿春的东北面突入城中。不久，吴将朱异也率三万人进屯安丰（今安徽霍丘西南），与进入城内的吴军相呼应。王基见情势紧急，立刻将寿春四面合围。文钦等屡次出城攻围，但均被击退。司马昭见寿春包围圈已经形成，于是使出"围点打援"的计策，命令石苞、徐

诸葛诞像
诸葛诞（？—258年），字公休，三国时期琅邪郡阳都（今山东临沂）人，三国时曹魏后期的重要将领，官至征东大将军，诸葛丰之后，诸葛亮和诸葛瑾的堂弟。后于寿春发动叛乱，兵败被杀。

质、州泰等人率领机动部队在寿春周边巡逻，数次击退了吴军的救援。

甘露三年（258年）正月，诸葛诞和文钦及唐咨等再次突围失败，死伤惨重，只得退回城内固守。而城内粮食也已经接近枯竭，城中已有数万人出降，文钦亦意图尽释城中的北方人，仅以吴兵据守以减省粮食消耗，但诸葛诞不听，更因忌恨文钦而将他杀害，文钦子文鸯和文虎知道文钦被杀，于是也投降了司马昭。文鸯二人获封赏更令寿春的兵民丧失战意。最终，司马昭在二月攻克寿春，诸葛诞兵败出城逃亡，被胡奋部下士兵击杀；吴将于诠亦力战而死。

淮南三叛先后被司马氏所平定，意味着支持曹魏皇室的武装力量基本被消灭殆尽。司马氏也终于扫除了通向权力巅峰的最大障碍。而魏国的命运已经不可逆转，司马氏篡立的脚步也越逼越近。

三国魏·白玉杯

1958年出土于河南洛阳,以新疆和田玉为材料雕琢而成,筒身直腹,圆饼形高足。玉质光洁滋润,细腻温润,通体无纹饰,曲线优美。鉴于汉代厚葬之风盛行,曹操和曹丕父子发起和倡导薄葬,因此这是三国曹魏时唯一的一件玉杯。

▶ 260年

戊子夜，帝……自出讨文王……贾充自外而入，帝师溃散，犹称天子，手剑奋击，众莫敢逼。充帅厉将士，骑督成倅弟成济以矛进，帝崩于师。

——《魏氏春秋》

▎甘露之变

高平陵政变后，司马氏掌握了曹魏大权。正元元年（254年），司马师废掉魏帝曹芳，14岁的高贵乡公曹髦被立为皇帝。然而随着曹髦一天天长大，他开始对司马昭的专权产生不满。终于，在甘露五年（260年），曹髦率领身边的侍从讨伐司马昭。但终因势单力薄，被司马昭的手下成济刺死，年仅19岁。

时间
260年

背景
高平陵政变后，司马氏掌握曹魏大权。魏帝曹芳被废后，司马氏又拥立曹髦为皇帝

主角
曹髦、司马昭

地点
洛阳

结果
曹髦无法忍受傀儡的身份，率宫中侍从起兵讨伐司马昭，最终兵败被杀

后世典故
司马昭之心，路人皆知

少年天子

正始十年（249年）正月，司马懿父子趁皇帝曹芳与曹爽兄弟出京谒魏明帝高平陵之机，发兵控制了京城局势。后又将曹爽骗回京城，以谋反族诛。司马氏自此掌握了曹魏大权。嘉平三年（251年），司马懿病故，其子司马师接替掌权。正元元年（254年），由于李丰等人密谋反对司马氏而被杀，曹芳心生不满，最终司马师废掉魏帝曹芳。后在郭太后的力主下，14岁的高贵乡公曹髦被立为帝，改年号为"正元"。

曹髦年纪太小，不能治国理政，其实只是司马师手中的一个傀儡而已。但曹髦少年聪慧，颇具雄心。一次，司马师曾问钟会，曹髦的能力如何，钟会对其评价颇高，形容其："文同陈思（曹植），武类太祖（曹操）。"这使司马师心中颇为不安。此后，司

三国魏·陶案

马师眼疾复发病故，由其弟司马昭继续掌权。随着曹髦年龄的增长，日渐对司马昭的专权产生不满。不久，他写了一首《黄龙歌》，其中暗含自己的雄心壮志。此诗随后被司马昭发现，使他对小皇帝开始有了戒备之心。

司马昭之心，路人皆知

眼看曹髦到了要亲政的年纪，但政务都被司马昭及其手下把持着。曹髦眼睁睁地看着自己被牢牢束缚在深宫之中，却没有任何办法去改变这现实，便感到不胜愤恨。

于是，年轻气盛的曹髦决定铤而走险，拼死一搏。

甘露五年（260年）五月初六夜里，曹髦命亲信焦伯等人在陵云台部署甲士，准备武装反抗司马昭，并召见侍中王沈、尚书王经、散骑常侍王业三人，对他们说："司马昭的野心昭然若揭，连路上的行人都知道！我不能坐等被废黜的耻辱命运，今日我将带着你们与司马昭决一死战！"王经面对着越说越激动的皇帝，自己还保持着最后的冷静，他劝曹髦说："古时鲁昭公因不能忍受季氏的专权，就率兵讨伐季氏，但最终失败后仓皇逃脱，丢掉了国家，所以被天下人所耻笑。如今朝政大权掌握在司马昭之手已经很久了，朝廷内外都

《曹髦驱车死南阙》插图
魏甘露五年（260年）夏，魏丞相司马昭与贾充合谋篡位，贾充事成后于南阙刺死魏主曹髦。

为他效命,而不顾什么忠臣之节,这样的情况也不是一天两天了。况且,宫中宿卫的兵士不足,陛下您想凭借着什么跟司马昭对抗呢?所以您现在这么做,无异于治病不成反而越治越糟。另外,如果此事不成,后果不堪设想,所以请您三思啊!"

但曹髦此时心意已决,对于王经的逆耳忠言听得很不耐烦了,于是,他还没等王经说完,就从怀中拿出黄绢诏书扔在地上说:"就这么决定了!就算死了又有什么可怕的,何况不一定会死呢!"说罢,曹髦就冲入内宫准备禀告太后,要与司马昭势不两立。

王沈和王业之前就是司马昭安插在皇帝身边的亲信,此时见大事不妙,连忙要出宫向司马昭告密。他们二人想叫王经与他们一起去,但王经此时已下定了决心要与皇帝站在一边,于是严词拒绝了二人的请求。

天子玉碎

曹髦在聚集了兵士之后,随即拔出佩剑、登上御辇,率领殿中宿卫和奴仆们大呼小叫着出了宫,直奔司马昭的府邸而去。此时,司马昭的弟弟屯骑校尉司马伷正在宫外巡逻,正巧在东止车门外遇到曹髦的军队,曹髦及其左右之人都怒声呵斥他们。司马伷的兵士见到皇帝龙颜大怒,都被吓得纷纷逃走了。

得到消息的中护军贾充见司马伷战败,立刻率军从外而入,迎面与曹髦交战于南面的宫阙之下,曹髦身先士卒,亲自用剑拼杀,于是士气大振,贾充的军队开始逐渐败退下来。此时,中书舍人成济问贾充:"现在事情到了危急关头,你说怎么办才好?"贾充见如果再不采取行动,曹髦的势力越来越大,就再也难以控制,于是便动了杀心,对成济说道:"司马公平时养你们这些人,正是为了今日。今日之事,还有什么好

司马昭像
司马昭(211年—265年),字子上,司马懿次子。三国时期魏大臣,河内郡温(今河南温县西)人。曹魏后期著名政治家和军事家,西晋奠基者之一。

问的？"成济立刻就明白了贾充的暗示，于是立即抽出长戈上前，一戈将曹髦刺下御辇。曹髦的随从见皇帝被杀，大惊失色，立即丢盔弃甲，四散逃走。

司马昭弑魏主

曹操师模司马昭，
熔成成弑济君刀，
恢恢天纲原无漏，
报施何曾差一毫。
——宋·金朋说

兔死狐悲

司马昭听闻皇帝被杀的消息后，大惊失色。他连忙赶到事发现场，故作悲伤地跪倒在地上，磕头谢罪。司马昭的叔叔太傅司马孚也闻讯赶来，他把曹髦的头枕在自己的腿上，哭得十分悲哀，边哭边喊道："陛下被杀，是我的罪过啊！"其实，这都是司马氏的危机公关而已。司马昭篡逆之心虽然路人皆知，但他并不愿意承担"弑君"这一千古恶名。成济将曹髦刺死，这大大地超出了他的预料。于是，为了堵塞悠悠之口，也为了维护自己的威信，司马昭才不得不导演出这么一出兔死狐悲的闹剧。

曹髦死后，司马昭随即威逼郭太后下旨，罗织曹髦的种种罪名，为自己弑君的行为辩护。不久，司马昭又以"教唆圣上""离间重臣"等借口杀死了曹髦的心腹王经。王沈因为告密有功而免死，因功封安平侯，食邑二千户。时隔二十余天，但人们的议论越来越多，都说是司马昭杀了皇帝。司马昭不堪压力，就将成济推了出来当替罪羊，下令诛杀成济三族。但成济认为自己是听命于贾充，是司马昭的忠臣。于是，成济拒不认罪，光着身子跑到屋顶大骂司马昭。司马昭怕事情闹越大，就下令军士将成济乱箭射杀。

千古恶名

曹髦被杀，也让司马昭背上了千古骂名，甚至连其子孙都看不下去这样的行为。东晋晋明帝时，大臣王导、温峤一起谒见晋明帝，晋明帝问温峤西晋为什么能统一天下。当温峤还没有回答时，王导说："温峤年轻，还不熟悉这一段的事，请允许臣为陛下说明。"王导就一一叙说司马懿开始创业的时候，诛灭有名望的家族，宠幸并栽培赞成自己的人，以及司马昭晚年弑杀高贵乡公曹髦的事。晋明帝听后，掩面伏在坐床上，羞愧地说："如果像您说的那样，晋朝天下又怎能长久呢？"

三国魏·竖鼻四系陶罐
唇口，鼓腹下敛，肩部饰四个竖鼻小系。

> 238年—262年

姜维粗有文武，志立功名，而玩众黩旅，明断不周，终致陨毙。老子有云："治大国者犹烹小鲜。"况于区区蕞尔，而可屡扰乎哉？

——《三国志·姜维传》

九伐中原

诸葛亮死后，由蒋琬和费祎先后主持蜀汉政局。此二人对于北伐的谨慎态度，一直制约着姜维的北伐活动。费祎死后，姜维开始主导蜀汉军政大权，同时也由此拉开了新一轮蜀汉北伐的大幕。姜维在十余年间，频繁出兵北伐，不仅大都劳而无功，反倒使蜀汉的国力耗损过度，为之后蜀国的覆灭埋下了伏笔。

时间
238年—262年

背景
诸葛亮死后，姜维逐渐掌握了蜀汉的军政大权，再度拉开北伐大幕

主角
姜维

结果
姜维数次兴兵北伐，但大都劳而无功，致使国库空虚，民不聊生

典故
九伐中原

姜维像
姜维（202年—264年），字伯约，凉州天水郡冀县（今甘肃天水甘谷）人。三国时期蜀汉著名军事家。原为曹魏天水郡中郎将，后降蜀汉，深受诸葛亮器重。

蜀汉新星

姜维（202年—264年）字伯约，凉州天水郡冀县（今甘肃天水甘谷）人，其家族在当地是有名的豪族。他的父亲姜冏曾是魏国天水郡的功曹，当时正逢羌、戎叛乱，叛军围攻天水郡，姜冏在护卫太守时死在战场。由此，姜维因为父亲的因公殉职而受赐官为中郎将，后来担任天水郡参军。由于姜维幼年丧父，所以一直与寡母一起生活。蜀汉建兴六年（228年），丞相诸葛亮军出兵北伐，姜维投降了诸葛亮。

诸葛亮此次北伐，虽然前期取得较多进展，但最终马谡兵败街亭，使诸葛亮前功尽弃，不得不撤回汉中。而姜维也跟从诸葛

亮班师回营，这就使得姜维与身在冀县（今冀州市）老家的母亲分开了。

姜维到了蜀汉之后，诸葛亮十分器重他。先提拔姜维做了仓曹掾，此后又加了奉义将军的称号，受封当阳亭侯。不仅如此，诸葛亮还曾给其指定的接班人蒋琬写信，盛赞姜维："忠勤时事，思虑精密，考其所有，永南、季常诸人不如也。其人，凉州上士也。"并让姜维统领蜀汉最精锐的部队——虎步军。不久后，诸葛亮又提拔姜维为中监军（掌管禁军）。

建兴十二年（234年）秋，诸葛亮在北伐途中病逝五丈原。回到成都后，姜维被任命为右监军、辅汉将军，受封平襄侯。

初露锋芒

诸葛亮死后，由蒋琬接替了他的位子，总管蜀国军政大权。延熙元年（238年），姜维随蒋琬驻扎汉中，多次率领小股部队向西进发，骚扰魏国的边境地带。

延熙九年（246年），汶山郡（今四川汶川西南）平康县（今四川松潘西）的少数民族聚众起事，反抗蜀汉统

蒋琬像

蒋琬（？—246年），字公琰，三国时蜀汉的重臣。荆州零陵湘乡（今湖南双峰）人。初随刘备入蜀，诸葛亮卒后封大将军，辅佐刘禅，主持朝政，统兵御魏。采取闭关息民政策，国力大增。官至大司马，安阳亭侯，谥号恭侯。

治。姜维率军征讨，恩威并施，迅速平定了叛乱。也就是在这一年，蒋琬病逝。在蒋琬执政时期，虽然蒋琬总管军事，但具体领兵出征的却是姜维。由此，在一次次的战斗中，姜维逐渐树立了在军中的威信。所以在次年（247年），姜维升任卫将军。不仅如此，他还获得了与蒋琬的继任者——大将军费祎共同处理政务的权力。同年，汶山郡平康县的夷族起事，姜维率兵讨平。不久，雍州、凉州等地区的羌胡族人背魏降蜀。姜维率兵出陇右接应，与魏雍州刺史郭淮、讨蜀护军夏侯霸战于洮西。胡族首领白虎文、治无戴等率部降蜀，姜维将

祭姜维

天水夸英俊，凉州产异才。
系从尚父出，术奉武侯来。
大胆应无惧，雄心誓不改。
成都身死日，汉将有余哀。
——元末明初·罗贯中

其迁至蜀境。

姜维认为自己熟悉凉州的风土人情，又对自己的能力颇为自信，于是便想联合凉州的少数民族，一举攻占凉州。因此，他常常提出大举兴兵的计划。但费祎多次制止他，拨给他的部队也从未超过万人。

虽然费祎对北伐持反对意见，但在姜维的策动下，蜀汉在这一时期还是进行了两次北伐行动。

一次是在延熙十二年（249年）秋天。姜维举兵进攻雍州（今陕西关中及甘肃东部），在曲山地区（今甘肃岷县东百里）修筑了两座城池，这两座城像两枚钉子一样，牢牢楔进魏国的领地。于是，姜维便以曲山为战略基地，派句安和李歆等人驻守，并联合周围的羌族和胡族攻打附近的郡县。魏军方面，则派遣征西将军郭淮与雍州刺史陈泰统兵抵御。

郭淮为了拔掉曲山这两颗钉子，便采取围城打援的策略，命徐质和邓艾率军包围曲山，并切断了交通及水源。守城的蜀军因为缺水而变得困窘不堪。姜维见曲山不保，被迫领兵救援。途经牛头山（今甘肃岷县东南，洮河南岸）时，被陈泰的军队阻击，使姜维不能驰援曲山。此时，郭淮又亲率大军，打算抄小路截断姜维的退路，企图一举围

费祎像

费祎（？—253年），字文伟，荆州江夏（今河南罗山）人，三国时代蜀汉的政治家和将领，官至大将军。被降将郭修刺杀而亡，死后谥号敬侯。

歼姜维。姜维闻讯大惊，立刻放弃了救援曲山的计划，率军撤回。而守城的句安、李歆等人则因孤立无援，最终投向了魏国。此后，郭淮又向西平定依附于姜维的少数民族，姜维本想再度出击，牵制魏军主力，但又遭到邓艾的抵抗，最终失败。至此，姜维第一次的北伐行动以彻底失败告终。

延熙十三年（250年）十二月，姜维再次出兵陇右（今甘肃陇山、六盘山以西），联合羌人，进攻魏国的西平郡，但没有攻克。最终只是俘获了魏国的中郎将郭修，草草收场。

全力北伐

延熙十六年（253年）春，费祎去世，姜维终于摆脱了束缚，得以实现自己长期以来大举北伐的想法。

恰好此时，吴太傅诸葛恪在东兴之战后，再次兴师攻魏，发兵20万进攻淮南。姜维见机不可失，于是也乘机率数万人包围南安郡（今甘肃陇西东南），魏国雍州刺史陈泰率军解围，但

还没赶到南安时，姜维就因粮草不济而主动撤走。

延熙十七年（254年）二月，魏国大臣李丰和国舅张缉等人密谋反对司马氏，欲以太常夏侯玄代替司马师为大将军，但最终事情败露。司马师将李丰、夏侯玄等人处死，并废掉了张皇后，魏国一时陷于混乱。魏狄道（今甘肃临洮）县长李简秘密向蜀汉请降。六月，姜维乘机率军攻魏，李简献城归降，姜维由此得以占领狄道。十月，姜维率军进围襄武（魏陇西郡治，今甘肃陇西南）。最终击败魏军，斩杀了守将徐质。在魏军撤退时，姜维又乘胜进击，一举击破了河关（今甘肃临夏西北）、临洮（今甘肃岷县）等县，并将三县民众迁徙到蜀国境内，最终得胜而归。

在此之后，姜维又趁司马师病故、诸葛诞起兵淮南的机会，先后于延熙十八年（255年）、延熙十九年（256年）、延熙二十年（257年）连续三年北伐，但最终都无功而返。

姜维屡次北伐，不但未见成效，反而弄得民困兵疲。于是不再轻易对外用兵，转过头来，致力于加强汉中的守御。

在休养生息了五年后，景耀五年（262年）十月，姜维起兵再度攻入魏国洮阳县（今甘肃临洮）境内。魏征西将军邓艾率兵迎战，他抓住姜维悬师远征，补给困难，难以持久的弱点，抢占有利地势，在洮阳以东的侯和（今甘肃卓尼东北）设阵，以逸待劳，阻击蜀军。在双方激战的关键时刻，邓艾率魏军突然发起进攻，蜀军由此大败。由于此次损失过于惨重，姜维怕回朝后遭受指责，只得率残部退往沓中（今甘肃舟曲西北）县屯田。此后，蜀军实力大减，被迫转为被动防御态势。

姜维北伐，虽然取得了一定的效果，使魏国在西部边境只剩招架之力，但连年北伐和两次惨败使蜀汉国力大损，民不聊生，为蜀国最终的灭亡埋下了种子。

《姜维兵败牛头山》插画

263年

冬十月，艾自阴平行无人之地七百余里，凿山通道，造作桥阁，山高谷深，至为艰险。又粮运将匮，濒于危殆。艾以毡自裹，推转而下，将士皆攀木缘崖，鱼贯而进。先登至江油，蜀守将马邈降。

——《三国志》卷二十八《邓艾传》

蜀汉悲歌

曹髦被杀使司马昭面临着"弑君"的指控，此刻的司马昭急需一场对外的大胜来稳固自己的威望。于是，魏景元四年（263年），司马昭决定向蜀汉发动战争，蜀汉政权迎来了最严峻的挑战。

时间

263年

背景

蜀汉内部斗争激烈，姜维连年用兵，国内民疲不堪
司马昭急欲转移魏国国内对其不满，决定对外起战

战役

剑阁道之战

结果

刘禅投降，蜀汉灭亡

钟会像

钟会（225年—264年），字士季，川长社（今河南长葛）人，魏太傅钟繇幼子，是三国后期魏国重要的策臣与谋士。景元年间，钟会独力支持司马昭的伐蜀计划，从而被任命为镇西将军，假节都督关中诸军事，主持伐蜀事宜。

三国局势

贾充手下成济公开弑君后，一方面司马氏得以进一步控制了曹魏朝政。但另一方面，这种大逆不道的恶行也让司马氏蒙羞，从而逐渐失去了舆论的支持和人心，延缓了司马昭禅代的步伐。此刻司马昭急需一场对外的大胜，寻求政治上的突破，为篡位累积资本。

因此，景元三年（262年），司马昭分析了当时的局势后，认为蜀汉已经"师老民疲，我今伐之，如指掌耳"，决定采取"今宜先取蜀，三年之后，因巴蜀顺流之势，水陆并进"再并东吴，统一全国的战略方针。但朝内群臣都持反对意见，邓艾更是数次上言，称未到伐蜀时机。唯独司隶校尉钟会鼎力支持，并与司马昭一同"筹度地形，考论事势"。

为此，魏国任钟会为镇西将军，都督关中，做伐蜀准备。同时扬言要

先攻吴国，以迷惑蜀汉。姜维闻讯，连忙把情况上报刘禅，建议派兵把守阳安关口（即阳平关，在今陕西宁强西北）和阴平（今甘肃文县西北）的桥头，做好防备。但后主听信黄皓的鬼巫之说，以为魏军不会进攻，不理会姜维的建议，也不让朝内群臣知道此事。

邓艾像

邓艾（195年—264年），字士载，义阳棘阳（今河南新野）人，三国时期魏国杰出的政治家、军事家、名将。邓艾多年在曹魏西边战线防备蜀汉姜维，后来偷渡阴平，逼使蜀帝刘禅投降，建立灭蜀奇功，获封太尉。

魏军南下

景元四年（263年）八月，18万魏军分三路南下：西路军总共有3万多人由邓艾所率，从狄道出发，从沓中直接进攻姜维本部；中路军3万多人马由诸葛绪率领，自祁山向武街、阴平之桥头切断姜维后路；而东路军作为主力，总计约10万人，由钟会率领。东路军再分三路分别从斜谷、骆谷、子午谷进军汉中。

刘禅见魏军真的开始了南下行动，于是急忙命廖化增援姜维；派张翼和董厥到阳安关口防守钟会军。九月，魏军正式全面发动攻势，蜀国方面依照姜维的布防计划，命汉中的蜀军不得战斗，退至汉、乐二城驻守。钟会派李辅进攻乐城、荀恺进攻汉城，自己则带兵直取阳安关。阳安关守将傅佥想要坚守不出，但部将蒋舒因被降职怀恨在心，遂建议傅佥出战。等傅佥出战后，蒋舒便投降魏军，傅佥遭到前后夹击后奋战而死。阳安关被攻破后，汉中的其他要塞也相继被魏军占领。于是，钟会便率东路大军长驱直入，直逼通往四川盆地的咽喉要塞——剑阁。

与此同时，西路军也展开攻势，邓艾命天水太守王颀、陇西太守牵弘、金城太守杨趋分别从东、西、北三面进攻沓中的姜维。而姜维因获悉魏军已进入汉中的消息，担心阳安关失守，剑阁孤危，便不做抵抗，且战且退，希望尽快驰援阳平关。但中路诸葛绪军此时已从祁山进达阴平之桥头，切断了姜维的退路。

姜维为引开魏军，便率军从孔函谷绕到诸葛绪后方，诈称攻击。诸葛绪怕自己的后路被切断，慌忙后退30里，姜维趁机立即回头越过阴平桥头。当诸葛绪察觉自己上当时，已经与姜军相差一天的路程，追赶不及。姜维在成功穿过桥头后，一路南撤，途中与正在北上的廖化、张翼、董厥等蜀汉援军会合。诸将听闻阳平关被攻破，只得退守剑阁，抵抗魏军入川。

《邓士载偷渡阴平》插图

偷渡阴平

在这个关键时刻,邓艾提出了一条奇策,建议从阴平由邪径(小道)经汉德阳亭(今四川剑阁西北)直插涪城(在今四川绵阳东)。这样一来便可绕过剑阁天险,直接深入蜀汉腹地。如果计划成功,直达涪城,那么离成都就是咫尺之遥了。到那时,剑阁的守军必然会回援涪城,剑阁则势孤易破,钟会大军即可前进;若蜀军不援涪城,魏军破涪城后,便可切断姜维后路,直指成都。这条计策最终被钟会接纳,并由邓艾直接执行。

邓艾于是挑选精兵,想与诸葛绪联合经江油避开剑阁,直取成都。但诸葛绪以自己只受命攻击姜维,不可自作主张为由,拒绝邓艾联军之议,率军东去与钟会军会合。不过,钟会为扩大军权,密告诸葛绪畏懦不前,使其被征还洛阳,其部归属钟会统辖。

从阴平到江油,高山险阻,人迹罕至,十分艰难,不过也因为这样,蜀汉没在此设防。这年十月,邓艾率军3

剑阁在今四川剑阁县,西有相连的小剑山和大剑山,地形险峻,道小谷深,易守难攻。姜维便利用这种有利地形,在此列营守险。而刘禅此时也派人向东吴求救,吴国为了避免唇亡齿寒,于是派出丁封、孙异等人救援蜀国。

等钟会大军抵达剑阁时,发现此地地势易守难攻,又有蜀汉主力把守,真是"一夫当关,万夫莫开"。但剑阁又是通往成都的主要通道,没有其他更好的道路可以选择。于是钟会便写了一封信给姜维,劝原为魏人的姜维归降。姜维不予回答。钟会无奈之下,只得硬着头皮布置了几次进攻,但都铩羽而归。此时,魏军已深入蜀国境内数百里,导致运粮不便,于是钟会便商议退兵。

赞郭嘉

天生郭奉孝,豪杰冠群英。
腹内藏经史,胸中隐甲兵。
运筹如范蠡,决策似陈平。
可惜身先丧,中原栋梁倾。
——罗贯中

万自阴平道出发,一路凿山通道,造作桥阁。邓艾身先士卒,遇到及其险峻的地方,邓艾便"以毡自裹,推转而下",将士们也都沿着悬崖攀着树枝,鱼贯而进。在克服了这些难以想象的困难之后,魏军终于通过了阴平险道,到达江油。魏军面前的江油关亦是"险峰壁立,直插云天;关下江流湍急,浊浪翻卷"的天险,但蜀国江油守将马邈见魏军从天而降,大惊失色,于是不战而降。

蜀汉悲歌

江油失守后,刘禅派诸葛瞻抗击邓艾,尚书郎黄崇多次劝他迅速抢占险要地势,不让敌人进入平原。但诸葛瞻犹豫不决,最终没有采纳他的意见。果不其然,邓艾见蜀军没有把守险要,得以长驱直入,蜀军屡战屡败,诸葛瞻只得退守锦竹,邓艾遣使送信诱降诸葛瞻:"你如果愿意投降,我一定上表封你为琅琊王。"诸葛瞻大怒,斩杀邓艾使者,率军据守绵竹关。

诸葛瞻在绵竹关前摆好阵势等待邓艾来攻。邓艾见诸葛瞻阵容齐整,便派遣其子邓忠从右包抄,又派遣师纂从左包抄,夹击诸葛瞻。最终,邓忠、师纂击败蜀军,诸葛瞻、张遵等人战死。诸葛瞻之子诸葛尚听说军败后,叹息说:"我们父子受了国家那么多的恩惠,而没有提早斩除黄皓,以致惨败,还有什么面目活下去呢?"于是也毅然冲入阵内,奋战而死。魏军进占绵竹后,立即进军成都。

当时蜀汉兵多在剑阁,而成都兵少。当蜀君臣闻魏军到来时,都慌得不知所措。有人建议先逃向南中地区,也有人建议东投孙吴,其中谯周则力主降魏,群臣多附和。十一月,刘禅接受谯周意见,开城降魏,魏军占领成都,同时遣使令姜维等投降。

而在坚守剑阁的姜维,先闻诸葛瞻兵败,但未知刘禅确切消息,恐腹背受敌,便引军东入巴中。钟会率魏军进驻涪城,另派胡烈、田续、庞会等追赶姜维。姜维再退到郪县,得知真实情形后,姜维便率廖化、张翼、董厥等人投降钟会军。由此,蜀汉政权彻底灭亡。

《蜀后主舆榇出降》插图
蜀汉灭亡后,投降的刘禅移居魏国都城洛阳,被封为安乐县公。刘禅就这样在洛阳安乐地度过了余生。

> **265年**

十二月壬戌，天禄永终，历数在晋。诏群公卿士具仪设坛于南郊，使使者奉皇帝玺绶册，禅位于晋嗣王，如汉魏故事。

——《晋书》卷三《武帝纪》

魏晋禅代

景元四年（263年），司马昭指挥魏军攻灭蜀汉，这使司马氏的功业和威望得到了提升。两年后（265年），正当司马氏积极筹备篡立之时，司马昭病逝，其子司马炎嗣位晋王。然而，司马昭的故去并不能阻碍司马氏的行动。此年十二月，曹魏皇帝曹奂禅位于司马炎，改元泰始，是为晋武帝。

时间
265年

背景
司马氏在曹魏政权中的势力与日俱增，曹魏皇帝完全沦为傀儡

主角
司马炎、曹奂

地点
洛阳

影响
魏晋禅代，司马炎称帝，晋朝开始

大势已定

甘露之变后，司马昭推举曹奂继承大统。曹奂（246年—303年），本名曹璜，字景明，出生于正始七年（246年），是魏文帝曹丕的侄子，燕王曹宇的儿子。年仅19岁的曹奂，虽然名义上是皇帝，但与曹髦一样，实际上手中毫无权力，在大臣和军队中也没有任何势力。加之曹奂又没有曹髦的雄心壮志，所以，曹奂在一开始就完全沦为司马氏的傀儡，毫无反抗的机会。

然而，虽说司马氏在朝中一手遮天，但距离最终"取魏帝而代之"的目标还是差了那么一步。当年，曹魏代汉的时候，是以曹操统一北方的巨大功业为基础。而反观司马氏执政时期，除了继承曹魏既有的事业、平定叛乱、抵御外敌之外，在开疆拓土和统一全国方面毫无建树。更糟糕的是，甘露之变让司马氏背上了"弑君"的骂名，在天下人眼中，司马氏篡逆的形象更加突出。如此一来，即使司马氏拥有足以取代曹魏的实力，也无法令天下的

臣民信服。

因此，在"甘露之变"后，司马氏急切地需要建立属于自己的功业，一方面企图以此来堵住天下人的悠悠之口，从而掩盖"弑君"的骂名；另一方面，也打算以此为"篡立大业"增添砝码，增加篡立的合法性。于是在景元四年（263年），司马氏首先对国力最弱的蜀汉下手。司马昭派钟会、邓艾等将领率师伐蜀，一路势如破竹，最终一举击灭蜀汉。

平定蜀汉，暂时缓解了司马氏的燃眉之急，也加速了其通向至尊宝座的步伐。由于司马昭伐蜀有功，在景元五年三月三十日（264年5月2日），魏元帝曹奂下诏，拜司马昭为相国，封为晋王，加九锡。这在当时已经是大臣能享受到的极致待遇了，而这也是模仿当年曹丕代汉之前的步骤。

魏晋禅代

咸熙二年（265年），司马昭病死，司马炎继承相国、晋王位，掌握全国军政大权。经过精心准备，同年12月，仿效曹丕代汉的故事，为自己登基做准备。在司马炎接任相国后，就有一些人受司马炎指使劝说魏帝曹奂早点让位。不久，曹奂下诏书说："晋王，你家世代辅佐皇帝，功勋高过上天，四海蒙受司马家族的恩泽，

曹操、曹植、曹丕父子"三曹"塑像
位于四川成都浣花溪公园诗歌大道。

上天要我把皇帝之位让给你，请顺应天命，不要推辞！"司马炎却假意多次推让。司马炎的心腹太尉何曾、卫将军贾充等人，带领满朝文武官员再三劝谏。司马炎多次推让后，才接受魏帝曹奂禅让，封曹奂为陈留王，随后将其迁居到金墉城。

当曹奂离开宫城的时候，司马炎的叔叔、太傅司马孚与他辞别，还颇为动情地拉着曹奂的手，流泪说："我到死都是大魏的忠臣！"到了后来，曹奂也受到了西晋的礼遇：曹奂不仅获得了食邑万户，并且被允许使用天子出行时的仪仗。同时，也可以继续使用魏国的正朔，郊祀天地礼乐制度都仿效魏国初期的制度，上书不称臣，受诏不拜。其地位、待遇、结局可以说是历代亡国之君中最好的。

于是，司马炎于咸熙二年（265

《再受禅依样画葫芦》插画

当年曹丕筑受禅台，逼迫汉献帝退位，称帝改国号为大魏。45年后历史重演，司马炎重修受禅台，逼魏主曹奂将帝位让给自己，并改国号为晋。

年），登上帝位，国号晋，史称西晋。改元为泰始，曹魏遂亡。但曹奂被封到的"陈留国"却绵延不绝，它历经两晋、刘宋，传至南齐而终，享国214年。

历史贡献

曹魏政权虽然在名义上只存在了短短45年（220年—265年），但其历史贡献不可小觑。

首先，曹魏政权自曹操时代起，就致力于北部中国的统一。曹操通过徐州之战、官渡之战、潼关之战等大大小小数十次战役，基本平定了北方为数众多的割据势力，实现了黄河流域的政治统一。黄河流域在曹操统治下，政治在一定程度堪称清明，社会风气有所好转。可以说，曹魏的局部统一为此后西晋的全国统一打下了坚实的基础。

其次，曹魏政权为北方经济的恢复与发展做出了重要贡献。东汉末年长期的战乱使中原地区遭到了毁灭性的破坏。著名政论家仲长统曾经描述过当时的惨状，所谓："名都空而不居，百里绝无民者，不可胜数。"广阔的中原地区由此变成一片荆棘丛生的荒野。在这种情况下，曹操为了恢复和发展北方的经济，解决军粮不足与群众生活需要的问题，就吸取两汉在边疆屯田的成功经验，推行了屯田制度，保护了社会生产力。据《晋书·食货志》载："郡国例置田官，数年之中，所在积粟，仓廪皆满。"而到曹魏后期"自寿春到京师，农官兵田，鸡犬之声，阡陌相属。每东南有事，大军出征，泛舟而下，达于江淮，资食有储"。虽然这些描述存在夸张的成分，但在一定程度上也反映了昔日荒凉残破的局面已经得到了明显的改观。

曹魏虽然是以军事起家，但在文化方面的发展依然值得瞩目。比如，曹氏一族在文学上就具有相当成就，曹操和其子曹丕、曹植都善于写诗，时称"三曹"，后世又将其与"建安七子"并称为建安文学。曹操的诗文，深沉慷慨；曹丕的《燕歌行》是现存最早的纯粹的七言诗；曹植的《洛神赋》、王粲的《七哀诗》、蔡文姬的《悲愤诗》，都是传颂千古的佳作。即使到了后期其君主也颇有艺术造诣，如曹髦擅长诗文、绘画，被誉为"才子"。此外，始于曹魏正始年间的"玄学"之风，在此后几乎影响了一代文人的精神风貌，成为中国思想史、哲学史上的一朵奇葩。

在科技方面，曹魏也是人才辈出。马钧改造的织绫机，可以提高效率四五倍；他创制的龙骨水车，可以连续不断提水，大大地提高了生产效率。著名地理学家裴秀创制了《制图六体》，即编制地图所应遵循的六条准则。自此以后，直至明代利玛窦的世界地图传到中国前，中国绘制地图的方法基本上都

《海岛算经》
三国魏时数学家刘徽所著。刘徽（约225年—295年），山东邹平县人，魏晋期间伟大的数学家，中国古典数学理论的奠基人之一。其著作《九章算术注》和《海岛算经》，是中国最宝贵的数学遗产。

依据裴秀所规定的"六体"，可见其影响之大。在数学方面，刘徽完成《九章算术注》，其中提出的极限概念和"割圆术"等一系列数学方法，在世界数学史上占有相当重要的地位。

魏晋时地图学家裴秀的"制图六体"

六体	内容
分率	用以反映面积、长宽之比例，即今之比例尺
准望	用以确定地貌、地物彼此间的相互方位关系
道里	用以确定两地之间道路的距离
高下	即相对高程
方邪	即地面坡度的起伏
迂直	即实地高低起伏与图上距离的换算

> 凤皇元年，西陵督步阐据城以叛，遣使降晋。抗闻之，日部分诸军，令将军左奕、吾彦、蔡贡等径赴西陵……抗命旋军击之，矢石雨下，肇众伤死者相属。肇至经月，计屈夜遁……祜等皆引军还。
>
> ——《三国志》卷五十八《陆抗传》

西陵之战

吴凤凰元年，晋泰始八年（272年），驻守西陵（今湖北宜昌东南）的东吴将领步阐叛乱，投降晋朝，由此西晋与东吴展开了一场正面交锋，史称"西陵之战"。

时间

272年

背景

西晋建立后，图谋一举平定天下。恰逢此时，驻守在西陵的孙吴将领步阐归降晋朝，这令西晋君臣看到了统一的希望

参战双方

东吴：陆抗
西晋：羊祜、步阐

地点

西陵（今湖北宜昌东南）

结果

陆抗成功地平定了内部叛乱，同时在西陵大败晋将羊祜，维持了孙吴在长江中游的稳定统治

孙皓像

孙皓（242年—284年），字元宗，为废太子孙和之子，吴大帝孙权之孙，三国时吴国末代皇帝。在位期间，初期也采取过一些明政，不久就沉溺酒色，专于杀戮，终致亡国。

战略要地

西陵原名夷陵，章武二年（222年），江东主将陆逊在夷陵大败刘备，同年，孙权称吴王，改元黄武，建立吴政权，并改夷陵为西陵。西陵地处吴与魏、蜀交界之地，扼守三峡，地势十分险要，控制西陵，对东吴维持与魏、蜀的均势具有重要的作用。正因为如此，驻守西陵的都是孙吴的大将，夷陵之战后，陆逊受命掌管荆州，屯于西陵。黄龙元年（229年），孙权称帝，步骘接替陆逊都督西陵。孙权死后，东吴局势走向失衡，继任的两位皇帝在位期间都伴随着严重的权力之争，经历了十二年的动荡后，永安七年（264年），孙权的孙子孙皓继位，对内部派系重新洗牌，将政权牢牢控制在自己手中，才维持了近二十年的统治。

君臣失信

永安六年（263年），蜀汉灭亡，两年后西晋建立，这给东吴敲响了警钟，如今，中华大地上主要势力只有北方的西晋和东南的孙吴。不同于三国鼎立，尚可借一方之力应对第三方；两国对峙，终有一败。且无论是疆域还是军事实力，东吴都远在西晋之下，形势对东吴是很不利的。然而东吴也有对抗西晋的资本，那就是长江天险，加上孙氏在江东累积数代的统治，君臣在固守的原则上保持高度一致，就使得东吴成为难以轻易攻破的壁垒。孙皓很清楚晋、吴对峙的形势，也在思考如何扭转局面。守卫都城建业（今江苏南京）上游的西陵，在这样的背景下就显得更为重要。步骘死后，先后由他的两个儿子步协、步阐任西陵督，步氏在西陵驻守超过40年，根基深厚，难免引起吴主的猜忌。

凤凰元年（272年）八月，孙皓诏令西陵督步阐回京任绕帐督，在西陵驻守多年的步阐突然收到召回的旨意，难免心生疑惑，他自知任职期间有所失职，害怕朝廷有人进谗言陷害他，此次回京凶多吉少。同时，他觉得自己在西陵根基稳固，手握重兵，便有恃无恐，索性在这年九月投降西晋，派侄子步玑和步璿赴洛阳为人质。晋王朝任命步阐为都督西陵诸军事、卫将军、仪陵太守，封为江陵侯。东吴方面进攻步阐的是镇守江陵一带、时任镇军大将军的陆抗。

名将陆抗

陆抗（226年—274年）字幼节，吴郡吴县（今江苏苏州）人，他是东吴名将陆逊之子，陆逊含冤去世后，他在孙权面前据理力争，为父亲讨回清白。他治军严整，心思缜密，是东吴后期著名的将领。

在得知步阐叛变后，陆抗迅速派遣将军左奕、吾彦等讨伐，西晋则派车

急就章

皇象（生卒年不详），字休明，三国时吴国广陵江都（今江苏扬州）人，官至侍中、青州刺史。善八分，小篆，尤善章草。其章草妙入神品，有"书圣"之称。代表作品有《天发神谶碑》《文武帖》和《急就章》。他的草书与曹不兴的绘画、严武的围棋、菰城郑姬的算相、吴范的善候风气、赵达的算术、宋寿的解梦、刘敦的天文并称"吴之八绝"。

羊祜像
羊祜（221年—278年），字叔子，泰山郡南城县（今山东省新泰市羊流镇境内）人。西晋军事家、政治家、文学家。羊祜出身泰山名门望族羊氏家族，家族人才辈出，东汉名臣蔡邕为其外祖父，世代皆有人在朝为官。

骑将军羊祜、荆州刺史杨肇等协助步阐抵抗东吴。羊祜、杨肇率步军出江陵（今湖北荆州），巴东监军徐胤率水军攻打建平（今重庆巫县东北），形成对东吴军双面夹击之势。陆抗曾于永安二年（259年）镇守西陵，对城中的防御工事了如指掌。他并不急于攻打西陵，命令在西陵的吴军在赤溪至故市（今湖北宜昌）沿线筑造坚固的防御工事，对内可以包围步阐，对外可以抵御晋军。陆抗对工事建设日夜催促，军士不堪其苦，诸将恐敌军快要攻来，就向陆抗进谏："现在应该趁着三军士气正盛，攻打步阐，就算晋军前来，我们也能攻下西陵，何苦耗费时间和精力做包围圈

呢？"陆抗说："西陵城位置险要，城墙坚固，粮草充足，而且城中的防御器具，都是我当年布置的，现在反而去攻打它，不可能迅速占领。届时晋军的援兵赶来，我们腹背受敌，如何应对呢！"诸将依然坚持要出兵，陆抗想让他们彻底信服，便同意攻打一次，果然攻不下来。包围圈完成后不久，羊祜就率领五万军队到达江陵了。此刻陆抗驻守乐乡（今湖北荆州西南），准备向西陵进发。诸将都认为不能前往西陵，陆抗说："江陵城虽然兵多，但是不足为虑。假若敌人占领江陵，肯定守不了多久，我们的损失不大；可一旦晋军占据西陵，南山的蛮夷就会群起而生变动，这样后果不堪设想！"就亲自率军赶赴西陵。

江陵北面道路平整易行，陆抗过去曾指示江陵督张咸筑大堤堵住水流，形成堰塞湖以防止当地人叛乱；如今羊祜准备用船运粮，宣称要将堤堰破坏以通步军。陆抗得知后，令张咸即刻破堤，众将不明就里，劝阻陆抗，陆抗不听。羊祜到达当阳（今湖北荆门西南）时，得知堤堰被毁，只好用车运输物资，大费人力。这年十一月，杨肇到达西陵，陆抗命令公安（今湖北公安西北）督孙遵顺长江南岸抵御羊祜，水军督留虑抵御徐胤，陆抗则指挥大军依凭工事应对杨肇。这时，吴军将领朱乔帐下的营都督俞赞叛逃到杨肇那里，陆抗得知后说："俞赞是我军中的旧吏，熟悉我军的虚实。我一直忧虑蛮夷兵一

向不听指挥，如果敌军攻打我们的包围圈，一定会先从蛮夷兵入手。"于是立即将蛮夷兵换下，全部用精锐部队防守。第二天，杨肇果然对原来蛮夷兵驻扎的区域展开攻势，陆抗下令进攻，万箭齐发，矢如雨下，杨肇军队伤亡惨重，尸体堆积在一起。杨肇无可奈何，在十二月一天夜里撤军，陆抗准备追击，又考虑到步阐在城中养精蓄锐，伺机而动，不能分兵应对，就只是擂鼓警戒，做出要追击的样子。杨肇的部队以为后有追兵，丢盔卸甲慌忙逃命。陆抗只派一小支部队轻装追赶，杨肇军队就被打得大败，羊祜见状，撤兵返回。没有了晋军的支援，西陵城很快被陆抗攻下，步阐及其同党数十人被杀，夷三族，陆抗请求赦免了其余的数万民众。回到乐乡后，陆抗脸上毫无骄傲的神色，依然像以前一样谦恭。

西陵之战是三国时期围城打援的经典战例，吴军胜利后，孙皓加封陆抗为都护。而西晋这边，羊祜从车骑将军贬为平南将军，连贬十四级；杨肇则被免为庶人。战胜西晋的孙皓以为自己有老天相助，让方士卜测他的未来，方士说："大吉，到了庚子年，陛下的青盖车会进入洛阳。"孙皓很高兴，不再修整自己的德行，只专注于兼并之事，此后多次发起对西晋的战争，对内则实行恐怖统治，用峻法酷刑排除异己，东吴的衰落已经变得不可逆转。

三国吴·铜瓶

羊续悬鱼拒贿

羊续（142年—189年），字兴祖，泰山平阳（今属山东泰安）人，名将羊祜的祖父，东汉地方官员，是著名清官，有"悬鱼太守"之称。羊续很讨厌土豪权贵追求奢华生活的行径，他自己则保持节衣缩食的生活，出入的车驾都很破旧，马匹亦很瘦弱。一次，其属下南阳府丞以生鱼作礼，献予羊续，希望能讨好羊续，羊续把生鱼悬挂在住所的前庭处，让鱼风干；其后府丞再次向羊续进献生鱼，羊续便使出示之前那条风干了的生鱼，表示以后不会再收受他作为礼物所奉献的鱼，明确拒绝收受贿赂。这行径成了古代官员廉洁的榜样，因此后世有"前庭悬鱼""羊续悬鱼""挂府丞鱼"的成语传世。

280年

王浑、周浚与吴丞相张悌战于版桥，大破之，斩悌及其将孙震、沈莹，传首洛阳。孙皓穷蹙请降，送玺绶于琅邪王伷。

——《晋书》卷三《武帝纪》

三分归一

魏景元四年（263年），魏灭蜀，让饱经战乱的天下百姓看到了重归一统的曙光。然而由于种种原因，司马氏政权此后放缓了统一的步伐，使得西晋与孙吴对峙长达17年之久。当晋武帝司马炎下定决心大举南伐时，距离天下归一，只差一步之遥。

时间

280年

背景

魏灭蜀后，由于种种原因推迟了统一步伐，致使魏（晋）与孙吴长期对峙

双方主要指挥官

晋：杜预、王濬、王浑
吴：孙皓、张悌、陆景

地点

荆州、扬州

结果

晋军灭吴，天下重归一统

前期筹备

泰始八年（272年），晋武帝听从羊祜建议，任命王濬为益州刺史，都督益、梁州诸军事，命其在巴蜀地区大量建造战船，训练水军。打算通过增强长江上游的军事实力，为以后顺流而下渡江作战进行筹备。晋朝对此也是花了血本：晋军所建造的大型战船，长120步，可装载2000余人，上构木城，筑起楼橹，四面开门，船上可骑马驰骋。起初，王濬在巴蜀只奉令统领五六百屯田兵造船，此后为了加快造船进度，晋朝政府又从各郡抽调了1万余人补充王濬的造船队伍。由此，工期得以被大大缩短，王濬只用了一年就完成了造船任务。此时，晋朝的水军力量已经空前强盛，史书称其"舟楫之盛，自古未有"，这为实现"水陆并进"灭吴提供了重要的军事力量。

哨探巡逻的快船——游艇

咸宁二年（276年）十月，晋灭吴的准备工作基本完成。征南大将军羊祜奏请伐吴，指出伐吴的条件已经成熟，应不失时机地向东吴进军，并根据"因顺流之势，水陆并进"的战略方针，提出了灭吴的部署。司马炎接受了羊祜的建议，但由于鲜卑首领秃发树机能在凉州起兵反晋，致使晋朝后方不稳，加之太尉贾充等人的反对，因此使伐吴战争拖延了下来。

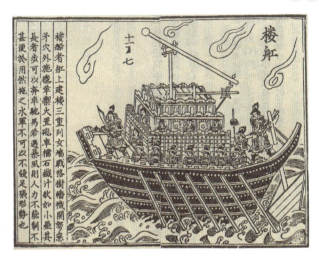

楼船

中国古代战船，因船高首宽、外观似楼而得名。因其船大楼高，远攻近战皆合宜，故为古代水战之主力。西晋泰始八年（272年）晋武帝升王濬为益州刺史，并密命其于四川组建楼船，以灭东吴，其所造之船，最大的可载2000多人，且能在船上驰马往来。

而在孙吴方面，也早早地感知到了晋军的动向。因此，吴国的一些大臣对此深感忧虑。他们认为吴国虽有长江天险，但"长江之险，不可久恃"，因此向孙皓建议，在政治上"省息百役，罢去苛扰""养民丰财"，以加强内部的安定和经济实力；在军事上，为防晋军从上游顺流而下，加强建平（郡治在今湖北秭归）、西陵（今湖北宜昌东南西陵峡口）的防务。东吴名将陆抗指出："西陵、建平，国之蕃表（屏障）。""如其有虞，当倾国争之。"因此，他担任乐乡都督后，请求在止西陵屯精兵3万人。泰始八年（272年），王濬在巴蜀造战船，大量碎木顺流而下，漂至吴国境内。建平太守吾彦见后，知道晋军即将发兵顺流而下，于是请求增强建平守备。泰始十年（274年），陆抗再次上疏，陈述加强建平、西陵防守的重要性。但是，这些有重要战略价值的建议，都没有被采纳。

大军压境

太康元年（280年）正月，安东将军王浑所统率的10多万大军向横江（今安徽和县东南）方向进军。他兵分两路，一方面，派出参军陈慎等率部分兵力攻击寻阳（今湖北武穴东北）；另一方面，则派殄吴将军李纯率军向高望城（今江苏江浦西南）进攻吴军俞恭部。正月二十五日，李纯占领了高望城，击破俞恭军，推进至横江以东，夺占了渡江的有利渡口。与此同时，参军陈慎军攻取了阳濑乡，大败吴牙门将孔忠等。

吴厉武将军陈代、平虏将军朱明等率部众降于晋军。

十一月,司马炎采用羊祜生前拟制的计划,发兵20万,分6路进攻吴国:一路镇军将军、琅邪王司马伷自下邳(今江苏邳州南)向涂中(今安徽滁河流域)方向进军;二路安东将军王浑自扬州(州治在今安徽寿春),向江西(指今安徽和县方向)出横江渡口进军;三路建威将军王戎自豫州(州治在今河南许昌东南)向武昌(今湖北鄂州)方向进军;四路平南将军胡奋自荆州向夏口(今湖北武汉武昌)方向进军;五路镇南大将军杜预自襄阳向江陵(今属湖北)方向进军,而后南下长江、湘水以南,直抵京广;六路龙骧将军王濬,广武将军、巴东(郡治在今四川奉节)监军唐彬自巴蜀顺江东下,直趋建业。以太尉贾充为大都督,冠军将军杨济为副,率中军驻襄阳,节度诸军;中书令张华为度支尚书,总筹粮运。总的作战意图是:以司马伷、王浑两军直逼建业,牵制吴军主力,使其不能增援上游;以王戎、胡奋、杜预三军夺取夏口以西各战略要点,以策应王濬所率的7万水陆大军顺江而下;然后由王濬、司马伷、王浑军南下东进,夺取建业。

二月,吴主孙皓得知晋王浑率大军南下,即命丞相张悌统率丹阳(今江苏南京)太守沈莹、护军孙震、副军师诸葛靓率兵3万,渡江迎战,以阻止晋军渡江。三月初,张悌军渡江后,于杨荷(今安徽和县)遭遇王浑部将张乔所统率的7000兵马。张悌倚仗自己人多势众,便立刻将张乔军包围。张乔见敌我实力相差悬殊,便闭寨请降。此时,张悌的副军师诸葛靓认为,张乔是以假投降行缓兵之计,应急速进兵予以歼灭。但张悌却固执己见。最终,正如诸葛靓所料,张乔果真是诈降。而吴军因此也遭到了前后夹击,张悌、沈莹等人力战身亡。晋军也由此得以将战线推进到了长江北岸。

琅琊王司马伷所率的一路大军,自正月出兵以来,迅速进至涂中后,令琅琊相刘弘率兵进抵长江,与建业隔江相峙,以牵制吴军;同时派长史王恒率诸军渡过长江,直攻建业。王恒军进展顺利,一一击破吴沿江守军,歼灭吴军五六万人,俘获吴督蔡机。王濬军

杜预像
杜预(222年—285年),字元凯,京兆杜陵(今陕西西安东南)人,西晋著名的政治家、军事家、科学家、学者,为人谋略多智,被称为"杜武库"。以破竹之势一举歼灭东吴,帮助西晋完成统一的工作。

在长江上中游获胜之后,也便挥军顺流而下,三月十四日到达牛渚。当进至距建业西南五十里时,吴主孙皓才派遣游击将军张象率水军1万前往迎击。但吴军此时已成惊弓之鸟,张象的部队一望见晋军的旌旗便不战而降。王濬的兵甲布满长江,旌旗映亮天空,声势十分盛大,继续向前推进。

原先孙皓派往交趾平叛的将军陶濬,行至武昌时,听到晋军大举进攻的消息便收兵回朝。此时,吴主孙皓授其符节,命其率军2万迎击晋军。但吴军此时已经军心涣散,2万军队出兵前夜便逃散一空。

天下归一

此时,王浑、王濬和司马伷等各路大军已逼近吴国京师建业长江的北岸,吴国司徒何值、建威将军孙宴等交出印信符节,前往王浑军前投降。吴主孙皓见自己内部已分崩离析,便采用光禄勋薛莹、中书令胡冲等人的计策,分别派遣使者送信给王浑、王濬、司马伷,请求降服,企图挑唆三人互相争功,引起晋军内部分裂。但这一计谋最终并没有得逞。

王濬此时正挥军直进建业,三月十五日行至三山(今江苏南京西南)时,王浑派使者命其暂停进军,等待王浑的部队一起渡江。但王濬并不理会,而是以风急浪高,无法停船为由,扯起风帆直冲建业。当日,王濬统率水陆八万之众,方舟百里,进入建业。吴主孙皓见势穷力孤,只得放弃了最后的抵抗,自己反绑双手、拉着棺木,前往王濬军门投降。至此,晋军连克东吴4州、43郡,降服吴军23万,东吴政权宣告灭亡。

胜利消息传来,司马炎激动得热泪盈眶,不禁想起了已经亡故的羊祜,于是执杯流涕道:"此羊太傅之功也,惜其不亲见之耳!"而在吴国,先前已经投降晋朝的骠骑将军孙秀悲愤异常,向南而哭说道:"昔讨逆壮年,以一校尉创立基业;今孙皓举江南而弃之!悠悠苍天,此何人哉!"

《降孙皓三分归一统》插图
晋都督杜预上表请伐吴,晋主许之。东吴孙皓让工匠于江边造铁锁、铁锥,以抵御晋军。晋军势如破竹,直至石头城下,晋兵入城,孙皓不得已而降。

195年—280年

二年春正月……遣将军卫温、诸葛直将甲士万人浮海求夷洲及亶洲。亶洲在海中……世相承有数万家,其上人民,时有至会稽货布,会稽东县人海行,亦有遭风流移至亶洲者。

——《三国志》卷四十七《吴主传》

江南的曙光

从孙策占据江东起,一直到孙皓投降晋朝,孙氏政权占领江东长达八十多年。然而就在这八十年间,江南地区的经济、文化都得到了很大的发展,这为此后江南经济的不断飞跃打下了基础。此外,孙吴政权对于台湾岛的探索,也成为有文字记录以来大陆与台湾的第一次交往,从而开启了两岸交流的大门。

时间
195年—280年

背景
两汉时期,中原地区的经济、文化发展迅速,但长江以南地区还较为落后

开发者
孙权

地点
江南

结果
经过数十年的开发,江南社会得到了较快的发展

《三国志》书影
《三国志》有关吴国经营"夷洲"(台湾地区)的记载,现藏于中国福建泉州中国闽台缘博物馆。

先天不足

东汉末年,长江以南地区虽然地域广阔,但人口稀疏,经济、文化发展十分落后。此外,长江以南还有大片区域未曾开化,被诸多蛮夷占据,他们不仅不向政府提供赋税和劳役,更是经常起兵作乱。所以,为了在群雄争霸中占据一席之地,孙吴统治者必须克服这些困难。因此,孙吴统治者采取了三项措施来扭转颓势,分别是:征服山越、发展农业、探索海外。

征服山越

在孙吴政权占领江东之前,江南地区的经济、文化与中原相比较为落后,但也得到了一定的发展。孙权时期,江南的开发主要在长江沿岸

和长江下游三角洲地带,岭南珠江流域也在逐步兴起。而在广大内陆地区,依然较为落后。在东南内部地区居住的是越族。因为他们居住的地区多是山地,所以时人称他们为"山越"。除去居住平原地区的已经汉化的少数越人外,其余大部分的山越人仍然很落后。他们居住在山谷丛林之中,不服从政府的统治,自然也不会向政府提供赋税和徭役。

然而,山越人口众多,地区广大。他们居住地区又靠近孙权统治地区中心的吴郡、会稽、建业等地,因而成为孙吴政权的心腹大患。这也使得孙吴统治阶层不得不考虑如何征服山越的问题。其实,对于孙吴来说,征服山越实在是一件一举两得的美事:一方面可以稳固统治,而另一方面又可以通过战争获得大量的人口。在当时,获得人口就意味着获得士兵和赋税。

孙吴与山越人的战争从孙策占领江东时开始,直到孙吴灭亡,其间几十年未曾中断,几乎与吴国的统治相始终。其中几次规模较大的战争,都发生在孙权统治时期。每次征讨之后,孙吴政权先将俘虏的山越人进行分类,其中强壮的收编为士兵,羸弱的划归郡县务农。孙权死后,战事也没有停止。诸葛恪征讨丹阳郡山越时,一次就获得了三四万可以补充军队的壮丁。

据史书中所载,如果将孙吴政权征讨山越所得士兵的人数加起来,人数已不下十三四万。吴国灭亡时,士兵人

三国吴·青瓷卣形壶
器型仿青铜卣造型,圆唇,椭圆形口,直领稍内倾,窄平肩,椭圆腹,假圈足外撇,器底内凹。非常精美。

数大约有20多万,其中山越人在半数以上,可见征服山越对于孙吴政权在军事上的巨大意义。

发展农业

由于江南地区的耕作条件不如北方,所以为了发展农业,孙吴政权特别注重水利设施的建设。据史料记载,孙吴曾在建业东南15里处修建了方圆7里的娄湖,以扩大京畿地区的灌溉面积。农田灌溉面积的扩大,使江南耕地面积增加,粮食产量也相应提高。这不仅为孙吴政权提供了充足的军粮,在客观上也使江南地区得到了必要的开发。

此外,为了进一步提高粮食生产效率,孙吴与曹魏一样,也注重用屯田这种方式进行生产。所谓"屯田",是

孙权"示范耕犁"彩塑
位于江苏南京东吴大帝孙权纪念馆。

指政府将一些失去土地的民众或正在服役的士兵,集中到一定范围内的土地上进行耕作,而最终产出的粮食,则由政府与民众分成。通常,这种分成的比率要比正常地租高得多,可以说是一种战时状态下的非正常剥削形式。

孙吴的屯田与曹魏相似,也有"民屯"和"军屯"之分。所谓"民屯",是指政府组织民众进行屯田,而"军屯"则是组织士兵进行屯田。民屯的来源,主要是征服山越、蛮、夷所取得的民户,这些民户一部分成为郡县编户,一部分也被用来屯田。屯田的规模都是相当大的。在皖城的屯田,就有稻田四千余顷。而在江北的屯田,也有屯田兵数千家。民屯中的屯田者不服兵役。军屯中的佃兵,平时耕田种地,疆场有事则参加战斗。

探索海外

为了扩大兵源、财源,孙吴政权不仅对内发展江南经济,对外也进行了不遗余力的探索。其中,探索夷洲就是其中的标志性事件。夷洲,就是我们现在所说的台湾。当时夷洲居民还处在原始社会阶段。据《临海水土志》记载:"当时的夷洲多山地,其中分布着大大小小的多个部族各自为政。那里的人都将头发剃光,并且穿耳洞。战斗时用的武器大都是用鹿角、石器制成。此外,那里的物产丰富、土壤肥沃适合耕作,并且有丰富的铁矿、铜矿资源。"可以看出,当时的夷洲居民还处在石器时代,没有产生城邑,也还没有国家组织。

黄龙二年(230年),孙权"遣将军卫温、诸葛直将甲士万人浮海求夷洲及亶洲。亶洲在海中……其上人民,时有至会稽货布。会稽东县人入海行,亦有遭风流移至亶洲者。所在绝远,卒不可得至,但得夷洲数千人还。"亶洲,据专家推测可能是今琉球群岛。孙权使万人至夷洲,可能事先对夷洲已有很多的了解。不然,他不会进行这样大规模的海上活动。由此可见,早在孙吴之前,两岸人民就已经开始自发地进行贸易往来和文化交流。

除了探索夷洲之外,北到辽东半岛,南到南洋诸国,都曾有吴的使臣和商人活动。当时公孙渊割据辽东,并与孙权勾结,魏明帝曹叡曾发布诏书警告公孙渊,其中提到孙权"复远遣船,越渡大海,多持货物,狂诱边民"的事。由此可见,江南地区与辽东地区在当时也有了贸易往来。孙吴与南海各地的海上来往和贸易也比前代有所发展。比如,孙吴的交州刺史就曾派康泰和朱应二人出使南海各国,"所经及传闻,则有百数十国"。二人回国后,康泰著《外国传》,朱应著《扶南异物志》,为当时人了解南海诸国提供了宝贵资料。但遗憾的是,这两本书至今都已经亡佚。

总而言之,孙吴政权立足于江南,并以江南为本,其一系列措施在客观上促进了江南地区经济社会发展,为此后东晋、南朝在江南的统治奠定了良好的基础。

孙吴都城建业图
明陈沂绘制。建业,位于今南京市区中南部,是孙吴和前后相继的东晋、宋、齐、梁、陈共六个朝代的都城。

> 151年—230年

钟书有三体：一曰铭石之书，最妙者也；二曰章程书，传秘书教小学者也；三曰行狎书，相闻者也。三法皆世人所善。

——《法书要录》

楷书鼻祖——钟繇

钟繇，字元常，三国时期曹魏著名书法家、政治家。钟繇早年为司隶校尉，镇守关中，功勋卓著。此外，钟繇在书法方面颇有造诣，是楷书（小楷）的创始人，被后世尊为"楷书鼻祖"。与东晋书法家王羲之并称为"钟王"。南朝庾肩吾将钟繇的书法列为"上品之上"，唐张怀瓘在《书断》中则评其书法为"神品"。

主角
钟繇

籍贯
颍川长社（今河南许昌长葛东）

擅长领域
书法

代表作品
《贺捷表》《力命表》《宣示表》《荐季直表》

后世赞誉
"楷书鼻祖"

钟繇像
钟繇（yáo，一作yóu）（151年—230年），字元常。颍川长社（今河南许昌长葛东）人。三国时期曹魏著名书法家、政治家。

早有贵相

钟繇还是个孩子的时候，就显露不凡的相貌，并且聪慧过人。一日，钟繇与叔父钟瑜一起乘马前往洛阳，途中遇到一个善于相面的人。相面先生看到钟繇后，端详片刻，便对钟瑜说："这个孩子面相富贵，但是将有被水淹的厄运，所以行路时要多加小心啊！"

钟瑜起初并不以为意。然而叔侄二人在与相面先生告别后，走了不到十里路，在过桥时，钟繇所骑的马突然受惊，将钟繇一下子掀翻在水里。如果不是叔父搭救及时，钟繇差点就被淹死在水里。惊魂未定的钟瑜此时突然想起了相面先生的话，不禁又惊又喜，认为钟繇将来一定会大富大贵，于是便越来越欣赏钟繇。当钟繇步入学龄后，钟瑜便一直供给他钱财，使他专心学习。

谋助献帝

数年后，钟繇学有所成，便被察举为孝廉，入朝做官，先后担任尚书郎、阳陵令等职。此后虽因病离职，但不久后又被三府征召，担任廷尉、黄门侍郎。当时，汉献帝被劫至西京长安，李傕、郭汜等人专权跋扈。为了防止献帝东逃，李、郭二人阻断了献帝和关东的联系。

兴平二年（195年），李傕胁迫献帝至自己的军营中，万分危急之下，钟繇与尚书郎韩斌共同谋划献帝出逃。同年，献帝成功逃出长安，得以东归。钟繇由于忠心为国，协助皇帝逃出魔掌，因功陆续被升迁为御史中丞、侍中、尚书仆射等职，并被封为东武亭侯。此后，曹操奉迎汉献帝，跟随皇帝的钟繇也自然归到了曹操麾下效力。

关中柱石

建安四年（199年），当时以马腾、韩遂为首的军事联盟雄踞关中。对曹操造成了不小的威胁，曹操也因此忧心忡忡。此时，曹操的谋士荀彧对曹操说，如果要平定关中，非钟繇不能胜任。于是，曹操便任命钟繇以侍中的身份兼职司隶校尉，持节监督关中各路人马，并将关中的事务全部委托给他，并

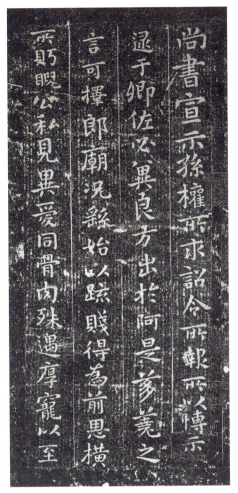

钟繇楷书《宣示表》局部

梁武帝萧衍誉《宣示表》"势巧形密，胜于自运"。笔法质朴浑厚，雍容自然。相传王导东渡时将此表缝入衣带携走，后来传给逸少，逸少又将之传给王修，王修便带着它入土为安，从此不见天日。现藏于中国北京故宫博物院。

特别授予他见机行事的权力。而钟繇也没有让曹操失望。当钟繇到达长安后，便致信马腾、韩遂等人，为他们陈述利弊祸福，说服马腾、韩遂都将自己的儿子送到朝廷为人质，并效忠于朝廷。

建安五年（200年），曹操在官渡

与袁绍相持,正当局势胶着之时,钟繇将两千匹战马送至官渡前线,供给军用。曹操对此非常感动,在给钟繇的回信中说:"我已经得到您送来的马匹了,这真是解了燃眉之急。关中地区安稳如常,使朝廷没有了后顾之忧,这都是足下的功勋啊!当年萧何镇守关中,粮草充足,最终为刘邦的统一奠定基础,但这也不过与您的功劳相当!"

自从献帝西迁后,洛阳城屡遭劫掠,百姓急剧减少。官渡之战结束后,中原初定,钟繇便将关中民众迁徙至洛阳,又招降纳叛,将大批流民安置在洛阳。几年之内,洛阳百姓的户口逐渐充实起来。建安十六年(211年),曹操征讨马超时,便因钟繇充实洛阳周边人口,得以用来保障供给,为曹操的部队提供了良好的后勤保障。曹操为了表彰钟繇的功勋,便上表任钟繇为前军师。

建安十八年(213年),魏国建立,以钟繇任魏国大理,后又升为相国。曹丕当时还是魏太子时,便赏赐给钟繇"五熟釜"以嘉奖其功绩,并在釜上铭刻文字说:"堂堂魏国作汉室屏障。可作相国的人唯有钟繇,您实在像心脏和脊骨一样重要,每天毕恭毕敬,不知怎样安处,您是百官的师长,所以将功勋记在这里以为众人的楷模。"

建安二十五年(220年),曹丕即王位,钟繇再任大理。同年,曹丕称帝,改任钟繇为廷尉,进封崇高乡侯。黄初三年(222年),代贾诩为太尉,转封平阳乡侯。太和四年(230年),钟繇去世。魏明帝曹叡身穿素服亲自前往吊唁,并赠谥号"成",足见当时钟繇的地位之高。

书法造诣

钟繇一人兼通篆、隶、真、行、草多种书体,但他写得最好的是楷书,《宣和书谱》评价他说:"备尽法度,为正书之祖。"钟繇所处的时期,正是汉字由隶书向楷书演变并接近完成的时期。在完成汉字的这个重要的演变过程中,钟繇继往开来,起了有力的推动作用,所以被后人尊为"正书之祖"。究其原因,一方面是因为钟繇能适应时代潮流,善于学习新书体;另一方面则是因为他勤奋学习,善于思考与钻研。

《荐季直表》墨迹

钟繇书于魏黄初二年(221年),楷书,书时钟繇已七十高龄。此表内容为推荐旧臣关内侯季直的表奏。

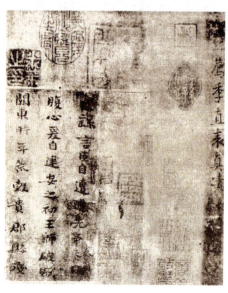

钟繇墓
位于河南许昌长葛田村。

据史书记载,钟繇练字不分白天黑夜,不论场合地点,有空就写,有机会就练。与人坐在一起谈天,就在周围地上练习。晚上休息,就以被子做纸张,结果时间长了被子划了个大窟窿。见到花草树木、虫鱼鸟兽等自然景物,就会与笔法联系起来,有时去厕所,竟忘记了回来。

此外,钟繇的书法艺术之所以取得巨大成就,还在于钟繇善于博采众长。宋代陈思《书苑菁华》中就记述了钟繇的书法学习经过,说他少年时就跟随一个叫刘胜的人学习过三年书法,后来又学习曹喜、刘德升等人的书法。加之此前模仿蔡邕的笔法,钟繇不拘泥于一家,博采众长,最终臻于化境,自成一体。以致在钟繇之后,许多书法家竞相学习钟体,如著名的王羲之父子就多次临摹钟繇的真迹,以获取灵感。

钟繇不但自我要求严格,对于弟子门生同样严格。据说钟繇的弟子宋翼学书认真,但成效不大,钟繇当面怒斥,结果宋翼三年不敢面见老师。最后宋翼终于学有所成,名震一时。对于儿子钟会,钟繇也是苦口婆心,百般劝诫,钟会的书法最后也取得了巨大成就,钟繇、钟会父子被人们称为"大小钟"。

钟繇的书法古朴、典雅,整体布局严谨、缜密,后世评价极高。梁武帝撰写的《观钟繇书法十二意》,就称赞钟繇书法"巧趣精细,殆同机神"。庾肩吾将钟繇的书法列为"上品之上",说"钟天然第一,工夫次之,妙尽许昌之碑,穷极邺下之牍"。张怀瓘更将钟书列为"神品"。

> 145年—208年

华佗字符化，沛国谯人也……晓养性之术，时人以为年且百岁，而貌有壮容。又精方药，其疗疾，合汤不过数种，心解分剂，不复称量，煮熟便饮，语其节度，舍去辄愈。

——《三国志》卷二十九《方技传》

神医华佗

华佗，字元化，东汉末年著名的医学家，与董奉、张仲景并称为"建安三神医"。少时曾在外游学，行医足迹遍及安徽、河南、山东、江苏等地，钻研医术而不求仕途。他医术全面，尤其擅长外科，精于手术。内、妇、儿、针灸各科都很精通。晚年因遭曹操怀疑，下狱被拷问致死。

主角
华佗

籍贯
沛国谯县（今安徽亳州人）

擅长领域
医术

主要成就
外科鼻祖、发明麻沸散、创制五禽戏

结果
华佗行医数十载，救死扶伤，但最终为曹操所杀

料病如神

华佗（约145年—208年），字元化，一名旉，沛国谯县人。早年就离开家乡，到徐州求学。华佗勤学善思，不出数年就可通达数种经书，因而受到了当时不少名人的重视，沛国国相（相当于郡太守）陈珪打算将他举为孝廉，太尉黄琬也要征辟他做属吏，但华佗都没有去就任，而是云游四方，以行医为生。

在华佗多年的医疗实践中，非常善于区分不同病情和脏腑病位，对症下药。有一次，有两个军吏，他们患病的症状相同，都是头痛发烧。但华佗

东汉画像石·针灸行医图
描绘了人身凤尾的华佗正给病人施针行灸图。

给二人的处方却截然相反：一用发汗药，一用泻下药，二人颇感奇怪，但服药后均告痊愈。原来华佗诊视后，已经知道这两人的病症，一为表症，必须用发汗法才可缓解；另一个为里热症，必须通过泻药才能排出内热。

此外，华佗又精通医方医药，对于药物的用量和配比都烂熟于心。所以在治病时，华佗也用不着称量药物，只是随手抓药，把药煮熟就让病人服饮即可。另外，告诉病人服药的禁忌及注意事项，等到病人喝完药，药渣倒掉的时候，病就痊愈了。华佗对于药物的精熟程度，由此可见一斑。如果病人需要灸疗，华佗需要施治的也不过就是一两个穴位，每个穴位不过烧灸七八根艾条，病人的病痛就手到病除了。如果需要针疗，也不过就是扎一两个穴位，下针时对病人说："我的针刺你的感觉应当延伸到某处，如果到了，你就告诉我。"当病人说到了的时候，华佗应声起针，病痛很快就痊愈了。

而华佗最令后人称道的是，他不但善于用药，更精通外科手术。华佗首创用全身麻醉法施行外科手术，被后世尊为"外科鼻祖"。华佗到处走访了许多医生，收集了一些有麻醉作用的药物，经过多次不同配方的炮制，终于把麻醉药试制成功，他又把麻醉药和热酒配制，使患者服下，失去知觉，再剖开腹腔，割除溃疡，洗涤腐秽，用桑皮线缝合，涂上神膏，四五日除痛，一月间康复。因此，华佗给它起了个名字——麻沸。华佗也是中国历史上第一位创造手术外科的医生，更是世界上第一位发明麻醉剂的先驱者。"麻沸散"为外科

华佗像
华佗（约145年—208年），字元化，幼名旉，沛国谯县（今安徽亳州）人，东汉末年的方士、医师，华佗与董奉、张仲景并称为"建安三神医"。据传，华佗精通内、外、儿、妇、针灸各科，尤其擅长外科，在世界上首创使用麻沸散进行手术。还依照虎、熊、猿、鹿、鸟的形体动作，创五禽戏，用以强健身体，治疗百病，达到延年益寿的目的。本图出自清人绘《历代名医画像册》。

医学的发展开创了新的研究领域。他的发明比美国的牙科医生摩尔顿(1846年)发明乙醚麻醉要早1600多年!

华佗在医疗体育方面也有着重要贡献,他创编了一种锻炼方法,叫作"五禽戏"。所谓"五禽戏",是指虎戏、鹿戏、熊戏、猿戏、鸟戏五种锻炼方法。可以用来防治疾病,同时可使腿脚轻便利索,用来当作"气功"。身体不舒服时,就起来做其中一戏,流汗浸湿衣服后,接着在上面搽上爽身粉,身体便觉得轻松便捷,食欲大增。他的学生吴普施行这种方法锻炼,活到九十多岁时,听力和视力都很好,牙齿也完整牢固。五禽戏是一套使全身肌肉和关节都能得到舒展的医疗体操。华佗认为"人体欲得劳动,……血脉流通,病不得生,譬如户枢,终不朽也"。五禽戏的动作是模仿虎的扑动前肢、鹿的伸转头颈、熊的伏倒站起、猿的脚尖纵跳、鸟的展翅飞翔等。相传华佗在许昌时,天天指导许多瘦弱的人在旷地上做这个体操,说:"大家可以经常运动,用以除疾,兼利蹄足,以当导引。体有不快,起做一禽之戏,怡而汗出,因以着粉,身体轻便而欲食。"

屈死狱中

随着华佗医治的病例越来越多,其"神医"的名声也越来越大,就连曹操都知道了华佗的事迹。后来曹操由于忙于军务,得了头风病,痛苦不已。于是便召来华佗专门为他治疗。但华佗在诊断过后,发现此病并不好医治,便向曹操说:"这病在短期之内很难治好,即便长期治疗也只能延长寿命。"华佗见曹操的病需要长期治疗,而自己又不想长期被困于深宫,于是萌生去意,便借口家中有事,请假回到了家乡。等到家之后,华佗又说妻子病了,多次请求延长假期而不

现代·赵成伟·治风疾神医身死

返。之后曹操三番五次写信让华佗回来，又下诏令郡县征发遣送。但华佗本就非常讨厌依靠官府谋生，于是又接连推辞，仍然不去面见曹操。曹操见华佗屡次推托，非常生气，便派人去查看。并下令：如果华佗的妻子真的病了，便赐小豆四十斛，放宽假期期限；如果华佗有意欺骗，就立刻逮捕押送。结果等使者到了华佗家乡后，发现华佗撒谎，他的妻子根本没有生病。于是便依照曹操的命令，用囚车将华佗押送到许昌监狱。经审讯验实，华佗供认服罪。荀彧向曹操求情说："华佗的医术确实高明，关系着人的生命，应该包涵宽容他。"曹操说："不用担忧，天下难道缺像他这样的无名鼠辈吗？"于是，华佗在狱中最终被拷问致死。临死前，华佗将凝结着自己毕生成果的医书交给狱吏，说："这书可以用来救活人。"想让狱吏将自己的医术传承下去。但狱吏害怕触犯法律，最终没有接受，华佗无奈之下，只好忍痛将书付之一炬！

华佗的医书虽然被全部焚毁，但他的学术思想却并未完全消亡，尤其是华佗在中药研究方面。其弟子吴普则是著名的药学家，《吴普本草》的很多内容都可以在后世医书中看到。

华佗为关云长刮骨疗毒

> 曹魏中后期

马先生之巧,虽古公输般、墨翟、王尔,近汉世张平子,不能过也。公输般、墨翟皆见用于时,乃有益于世。

——《三国志》卷二十九《方技传》

当世公输——马钧

马钧,字德衡,扶风(今陕西兴平)人,是中国古代科技史上最负盛名的机械发明家之一。木讷少言,却巧思绝伦。他的鬼斧神工,是三国历史上一抹不可被忽视的亮色。

主角
马钧

籍贯
扶风(今陕西兴平)

擅长领域
机械发明

主要成就
复原指南车、翻水车、水转百戏、改良织绫机

结果
马钧改良了诸多兵、农用具,极大地提高了生产效率和战斗力

翻车模型
根据《三国志·杜夔传》裴松之注引《马钧别传》记载并参考洛阳旧式手转翻车按1:1比例制作而成,现藏于中国国家博物馆。

沉默的天才

马钧(生卒年不详),字德衡,三国时期魏国扶风(今陕西兴平)人。但根据年龄推测,他大概出生于汉末,成年后出仕魏国,与曹爽兄弟均有联系,所以应当是活跃在曹魏中后期的人物。

马钧少年时出身贫寒,并且有些口吃,所以不善言谈。但是他很喜欢思索,善于动脑,同时注重实践,勤于动手,尤其喜欢钻研机械方面的问题。由于马钧早年长时间住在乡间,所以对贴近农民生活的生产工具特别留意,这为他后来改良农业用具奠定了基础。

但当时朝廷选拔人才的标准并不是看发明创造,而是看是否能够熟读儒家经典。所以,马钧当时并没有认识到自己在机械发明方面的才华,而是

农书中的龙骨水车

通过熟读经典，被朝廷选拔做了博士（秦汉时是掌管书籍文典、通晓史事的官职，后成为学术上专通一经或精通一艺、从事教授生徒的官职）。然而，当上了博士的马钧依然不能摆脱贫困的生活。于是，穷则思变，马钧为了贴补家用，便灵机一动改进了织绫机，大大提高了织绫效率。但马钧并没有因此炫耀，依然是沉默寡言。但这样的消息慢慢不胫而走，马钧因此而出名。后来，马钧升任给事中，同时也兼职研制机械。

改良织绫机

中国是世界上生产丝织品最早的国家。在花样繁多的丝织品中，绫是一种表面光洁的提花丝织品。由于生产工艺复杂、生产周期较长，所以绫在当时也是最为贵重的丝织品之一。最初时，专门用来生产绫布的织绫机有120个蹑（踏具），人们用脚踏蹑来织绫。而在当时织一匹花绫，差不多得用两个月的时间。后来，这种织绫机虽经多次简化，可到了三国时，仍然是50根经线的织机50蹑，60根经线的织机60蹑，非常笨拙。马钧见这种织绫机不仅难以操作，而且生产效率很低，就下决心改良这种织绫机，以提高织绫的效率。于是，他深入生产过程中，对旧式织绫机进行了认真研究，重新设计了一种新式织绫机。新织绫机简化了踏具（12蹑），改造了桄运动机件（开口运动机件）。经过这样一改进，新织绫机不仅更精致，也更简单适用，更重要的是，生产效率也比原来提高了四五倍，织出的提花绫锦，花纹图案奇特，花型变化多端。新织绫机的诞生，是马钧一生中最早的贡献，并使他开始闻名于世。这样的改良，不仅大大加快了中国古代丝织工业的发展速度，并为中国家庭手工业织布机的诞生奠定了基础。

复原指南车

指南车在古代是一种辨别方向的工具。据说在4000多年前，黄帝和蚩尤作战，蚩尤为使自己的军队不被打败，便施妖法大作雾气，致使黄帝的军队迷失了方向。黄帝为了应付大雾，于是便制造了指南车辨别方向，最终打败了蚩尤。又传说在3000年前，远方的越裳氏派使臣到周朝，迷失了回去的路线，周公就以自己制造的指南车相赠，以作为指向工具。这些故事，虽然是传说，特别是蚩尤作雾，更是一种神话，但至少可以说

古代指南车（模型）
发明者为三国时期的马钧，现藏于中国人民革命军事博物馆。

明，指南车在中国曾经出现过，而且历史颇为悠久。到了东汉时期，科学家张衡就曾利用纯机械的结构，创造出了指南车，可惜由于汉末战乱，张衡造指南车的方法失传了。

到三国时期，人们只从传说上了解到指南车，但谁也没见过指南车真正的样子。当时，身为给事中的马钧对传说中的指南车极有兴趣，决心把它重造出来。然而，当人们知道了马钧要重制指南车的消息后，纷纷讥笑他痴人说梦。但马钧却不以为意，他在没有资料、没有模型的情况下，苦钻苦研，反复实验，没过多久，终于运用差动齿轮的构造原理，制成了指南车。事实胜于雄辩，马钧用实际成就成功地结束了这一场争论。马钧制成的指南车，在战火纷飞、硝烟弥漫的战场上，不管战车如何翻动，车上木人的手指始终指南。这引起了满朝大臣的轰动，从此，"天下服其巧也"。马钧凭着复原了传说中的指南车，名震天下。

水转百戏

马钧在传动机械方面的研究，也有很高的造诣，并创造了不同凡响的杰作。

一次，有人进献给魏明帝一种木偶百戏，造型相当精美，可那些木偶只能摆在那里，不能活动，明帝觉得很遗憾，

于是问马钧道:"你能使这些木偶活动吗?"马钧不假思索地答道:"能!"明帝大喜过望,于是命马钧加以改造木偶百戏。没有多久,马钧就成功地改造了木偶百戏:他用木头制成原动轮,以水力推动,通过传动机构使其旋转。这样,上层的所有陈设的木人都动起来了。有的击鼓,有的吹箫,有的跳舞,有的舞剑,有的骑马,有的在绳上倒立,还有百官行署,变化无穷。并且这些木人出入自由,动作极其复杂,巧妙程度是原来的百戏木偶远远无法比拟的。"水转百戏"的研制成功,在中国古代木偶艺术中,应当算是非常卓越的创造。它虽然是供统治者消遣的玩物,但从另一方面看,马钧已能熟练掌握和巧妙利用水力和机械方面传动的原理。

《魏主拆取承露盘》插图
青龙三年(235年),魏主曹叡在洛阳大兴土木,建造宫殿,又欲长生不老,派马钧赴长安拆取柏梁台上的铜人、承露盘,众官上表谏诤皆不听。

科技达人

在农业技术方面,马钧还改良了原来用于农业灌溉的翻车,使改良后的翻车易于操作,连小孩也能转动。它不但能提水,而且还能在雨涝的时候向外排水。可见进步之多,功效之高。这种翻车,也成为当时世界上最先进的生产工具之一,从那时起,一直被中国乡村历代所沿用,直至实现电动机械提水以前,它一直发挥着巨大的作用。除此之外,马钧改良的诸葛连弩和投石车也提高了军队的战斗力,为曹魏以及此后西晋统一全国打下了军事科技上的基础。

正是由于在机械制造方面的卓越贡献,马钧也被当时的人所盛赞,称赞他:"即使公输班(鲁班)和墨翟(墨子)在世,也比不过马钧。"

建安七子

建安七子,是汉建安年间七位文学家的合称,包括孔融、陈琳、王粲、徐干、阮瑀、应玚、刘桢。这七人大体上代表了建安时期除曹氏父子(即曹操、曹丕、曹植)外的优秀作者,所以"七子"之说,得到后世的普遍承认。因建安七子曾同居魏都邺(今河北临漳西)中,又号"邺中七子"。

● 七子之首王粲

王粲(177年—217年)字仲宣。东汉末文学家。山阳高平(今山东微山)人,"七子"之一。少有才名。汉献帝初平元年(190年),董卓劫持汉献帝迁长安,其父时任大将军府长史,王粲随父西迁,在长安见到了当时著名学者蔡邕,深为蔡邕所赏识。初平二年(191年),因关中骚乱,王粲前往荆州依附刘表,客居荆州十余年。但王粲在刘表麾下有志难伸,心情颇为抑郁。建安十三(208年),曹操大军南下,刘表病卒,其子刘琮投降,王粲遂归曹操。此后深得曹氏父子信赖,赐爵关内侯。建安十八年(213年),曹操晋爵魏公,魏国建立,王粲官任侍中。二十二年(217年),从曹操南征孙权,北还途中病卒,终年41岁。据史书记载,王粲善属文,其诗赋为建安七子之冠。据史料记载,王粲著有诗、赋、论、议近

襄阳古城仲宣楼
仲宣楼始建于东汉,为纪念东汉末年诗人王粲在襄阳作登楼赋而建,因王粲字仲宣而名,又名王粲楼。1993年重建。王粲擅长辞赋,被誉为"七子之冠冕"。

60篇。但现如今传下来的只有23首诗,即便如此,后人仍评价其为"七子之冠冕"。

● "可成一家"徐干

徐干(171年—217年),字伟长,北海(今山东潍坊)人,建安七子之一。少年勤学,潜心典籍。汉灵帝末,世族子弟结党权门,竞相追逐荣名,徐干闭门自守,穷处陋巷,不随流俗。建安初,曹

王粲像

建安七子像
建安七子又号邺中七子，是指东汉末年汉献帝年间的七位文学家：孔融、陈琳、王粲、徐干、阮瑀、应玚、刘桢。同时代曹丕的《典论·论文》首次将他们相提并论，七子与"三曹"往往被视作三国时期文学成就的代表人物。

操召授司空军师祭酒掾属，又转五官将文学。数年后，因病辞职，曹操特加旌命表彰。后又授以上艾县长，也因病不就。建安二十二年（217年）二月，瘟疫流行，徐干不幸染疾而亡，曹丕因此十分悲痛。徐干的主要著作是《中论》，曹丕称赞此书为"成一家之言，辞义典雅，足传于后"。

◉ 少年奇才阮瑀

阮瑀（约165年—212年），字元瑜，陈留尉氏（今河南开封）人。年轻时，阮瑀曾受学于蔡邕，蔡邕称他为"奇才"。所作章表书记很出色。擅长章、表、书、记等实用性文体，其代表作是《为曹公作书与孙权》。当时曹魏政府的书檄文字，多为阮瑀与陈琳所写。后徙为丞相仓曹掾属。阮瑀的诗歌语言朴素，往往能反映一般的社会问题。诗有《驾出北郭门行》，描写孤儿受后母虐待的苦难遭遇，比较生动形象。此外，阮瑀的音乐修养颇高，他的儿子阮籍，孙子阮咸皆是当世名士，均位列于"竹林七贤"之中，妙于音律。

◉ 汝南才子应玚

应玚（177年—217年），字德琏，汝南南顿县（今河南项城南顿镇）人。应玚出身于书香门第，应玚的祖父应奉才思敏捷，能"五行俱下"，著有《后序》十余篇。其伯父应劭博学多识，撰述甚丰。有《风俗通》百余篇。二人均是当时的儒者，而应玚的父亲应珣也因其才学著名,任司空掾官职。应场自幼生长在这样一个家庭,诗学文章自然大为长进。但因他生逢乱世,到处飘零,虽踌躇满志而壮志难酬。

应场擅长作赋,代表性诗作《侍五官中郎将建章台集诗》。他的弟弟应璩,字休琏,也是一个文学家。兄弟二人在当时均被称为"汝南才子",兄弟俩的作品合为一集《应德琏休琏集》。

应场初来邺都时,曹植、曹丕都很敬重他,经常邀他和众人一起宴游吟诗,曹操闻其名,任命他为丞相掾属,后又转平侯庶子,曹丕任五官中郎将时,应场为将军府文学(掌校典籍、侍奉文章)。

建安二十二年(217年),曹魏境内暴发大规模疾疫,应场与徐干、陈琳、刘桢相继染病而亡。

"名追扬、班"孔融

孔融(153年—208年),字文举,鲁国(治今山东曲阜)人。是孔子的二十世孙,太山都尉孔宙之子。少有异才,勤奋好学,与平原陶丘洪、陈留边让并称一时俊秀。汉献帝即位后任北军中侯、虎贲中郎将、北海相,时称孔北海。建安元年(196年),袁谭攻北海,孔融与其激战数月,最终败逃山东。不久,被朝廷征为将作大匠,迁少府,又任太中大夫。性好宾客,喜抨议时政,言辞激烈,后因触怒曹操而为其所杀。

孔融能诗善文,曹丕称其文"扬(扬雄)、班(班固)俦也"。散文锋利简洁,代表作是《荐祢衡表》,其六言诗反映了汉末动乱的现实。

文锋如刀陈琳

陈琳(?—217年),字孔璋,广陵射阳(今江苏宝应,一说盐城盐都区大纵湖)人。汉末著名文学家,"建安七子"之一。生年无确考,唯知在"建安七子"中比较年长,约与孔融相当。汉灵帝末年,任大将军何进主簿。何进为诛宦官而召四方边将入京城洛阳,陈琳曾谏阻,但何进不纳,终于事败被杀。董卓肆虐洛阳,陈琳避难至冀州,入袁绍幕府。建安五年(200年),官渡之战爆发,陈琳为袁绍作《为袁绍檄豫州文》,痛斥曹操。曹操当时正苦于

孔融像

孔融(153年—208年),字文举,东汉末文学家,鲁国曲阜人,建安七子之一,孔子二十代孙,高祖父孔尚,钜鹿太守。父孔宙,太山都尉。由于曾任北海相,亦称孔北海,后因得罪相国曹操,遭处死,夷灭全家。

头风，病发在床，因卧读陈琳檄文，竟惊出一身冷汗，翕然而起，头风顿愈，足见其文风之犀利。

袁绍失败后，陈琳为曹军俘获。曹操爱其才，对陈琳既往不咎，任命他为司空军师祭酒，使与阮瑀同管记室（书记官）。后又升任为丞相门下督。建安二十二年（217年），与刘桢、应玚、徐干等同染疫疾而亡。

陈琳像

建。曹植被刘桢的饱学所折服，为进一步深层密交，将其领到丞相府，日夜解文作赋，志同道合，关系日笃。后来他又结识孔融等其他五学子，他们常聚论学问，"仰齐足而并驰，以此相服"。

建安年间，刘桢又被曹操召为丞相掾属。与曹丕兄弟颇相亲爱。后因在曹丕席上平视丕妻甄氏，以不敬之罪服劳役，后又免罪被任命为小吏。这对刘桢自然是一次极为沉重的打击，在《赠徐干》一诗中流露了他的痛苦心情。

● 人生坎坷刘桢

刘桢（？—217年）字公干，东平（今山东东平县）人。据史料记载，刘桢5岁能读诗，8岁能诵《论语》《诗经》，赋文数万字。因其记忆超群，辩论应答敏捷，而被众人称为神童。建安二年（197年），因避兵乱，11岁的刘桢随母兄躲至许昌，在驿馆中结识曹子

铜雀台

铜雀台于建安十五年（211年）曹操所建，位于河北邯郸临漳县西南，同时修建的还有金虎、冰井两台，这里是建安文学的发祥地，是当时邺下文人创作活动的乐园。建安文学的发起人和响应者经常聚集在铜雀台，用自己的笔直抒胸襟，掀起了中国诗歌史上文人创作的一个高潮。

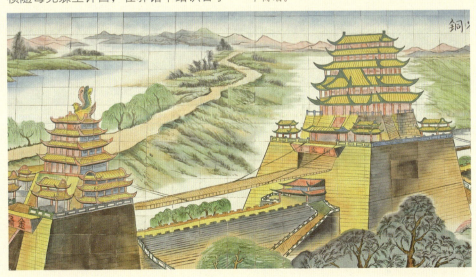

220年—280年

- **219年** / 刘备击败曹操，攻克汉中，进位汉中王。同年，吕蒙袭杀关羽，夺取荆州
- **220年** / 曹操病故，曹丕代汉称帝
- **221年** / 刘备称帝，夷陵之战爆发。陆逊火烧连营，刘备大败
- **223年** / 刘备白帝托孤，刘禅即位
- **225年** / 诸葛亮平定南中
- **227年** / 诸葛亮上《出师表》，开始第一次北伐
- **229年** / 孙权称帝，三国鼎立局面正式形成
- **234年** / 诸葛亮六出祁山。同年，诸葛亮病逝五丈原
- **235年** / 罗马社会陷入『三世纪危机』，蛮族开始越境入侵
- **238年** / 北非发生奴隶和隶农起义，反对罗马帝国统治
- **239年** / 日本邪马台女王卑弥呼遣使到中国
- **249年** / 高平陵之变，司马氏掌控朝政
- **260年** / 甘露之变，司马昭杀曹髦
- **263年** / 魏灭蜀
- **265年** / 司马炎受禅，晋代魏
- **280年** / 西晋灭吴，三国结束

中外大事年表对比

- 184年 / 张角发动黄巾起义
- 189年 / 汉灵帝病亡。同年，董卓入京，废少帝，立献帝
- 190年 / 诸侯起兵讨伐董卓。同年，董卓挟持汉献帝迁都长安
- 192年 / 王允谋杀董卓，李傕、郭汜入长安诛杀王允
- 195年 / 李傕、郭汜反目交兵，献帝向东出逃，曹操迎献帝
- 200年 / 官渡之战爆发
- 207年 / 曹操征乌桓，袁尚、袁熙遭公孙康斩杀，河北由此平定。同年刘备三顾茅庐
- 208年 / 赤壁之战，孙、刘联军大破曹操
- 211年 / 潼关之战，最终曹操击败马超，平定关中
- 214年 / 刘备夺取西川

- 180年 / 古罗马著名法学家盖尤斯逝世
- 193年 / 罗马塞维鲁王朝建立
- 212年 / 罗马皇帝卡拉卡拉颁布敕令，把罗马公民权授予境内自由人

少年中国史
Chinese History for Teenagers

创作团队

【项目策划】 尚青云简

【文稿提供】 李凯凯

【图片支持】 Fotoe.com　Wikipedia
　　　　　　郝勤建　秋若云　堂潜龙